Hans-Joachim Griep

Geschichte des Lesens

Hans-Joachim Griep

Geschichte des Lesens

Von den Anfängen bis Gutenberg

PRIMUS
VERLAG

Für Ria, Luna und Mira

Die Deutsche Bibliothek verzeichnet diese Publikation
in der Deutschen Nationalbibliografie;
detaillierte bibliografische Daten sind im Internet über
http://dnb.ddb.de abrufbar.

Die Herausgabe des Werkes wurde durch die Vereinsmitglieder der WBG ermöglicht.
Umschlaggestaltung: Jutta Schneider, Frankfurt a. M.
Umschlagabbildung: Lesende Hl. Magdalena,
Rogier van der Weyden (1399/1400–1464), London, National Gallery
Foto: akg-images, Berlin
Satz: Setzerei Gutowski, Weiterstadt
Gedruckt auf säurefreiem und alterungsbeständigem Papier
Printed in Germany

www.primusverlag.de

ISBN 3-89678-514-1

Inhalt

Einleitung

„Lesen" – wie beschreibt man diese Tätigkeit? Bedeutet sie das Lesen von Buchstaben, die in Holz oder Stein geritzt sind? Ist damit das Lesen von Schriftzeichen auf unterschiedlichen Materialien gemeint? Handelt es sich also um das Entziffern von codierten Zeichen?

Der Arzt liest z.B. an den Symptomen des Körpers Krankheiten ab, der Sternenhimmel füllte sich mit Bedeutung und man versuchte, aus der Maserung von Schildkrötenschalen die Zukunft zu entdecken. Alberto Manguel gibt in seiner „Geschichte des Lesens" noch mehr Beispiele. So lesen japanische Architekten die Beschaffenheit des Grundstücks, auf dem sie ein Haus errichten wollen. Jäger und Naturforscher lesen die Wildfährten im Wald. Kartenspieler lesen die Gesten und Mienen ihrer Partner, bevor sie die entscheidende Karte ziehen. Balletttänzer lesen die Notierungen des Choreografen und die Zuschauer später die Figuren des Tanzes auf der Bühne. Teppichweber lesen die verschlungenen Muster eines gewebten Teppichs, Organisten lesen simultane Stimmen, um sie zu einem orchestralen Klang zusammenzuführen. Dies tut auch der Dirigent, der eine Partitur liest, um die einzelnen Orchesterstimmen zu vereinen. Eltern lesen im Gesicht ihres Babys, um nach Anzeichen der Freude, der Angst oder des Staunens zu suchen. Was bezeichnen wir nun als „Lesen"?

Manguel fasst den Begriff des Lesens sehr weit:

> (...) Liebende lesen den Körper der Geliebten nachts im Dunklen unter der Decke. Psychologen helfen ihren Patienten, die eigenen befremdlichen Träume zu lesen; hawaiische Fischer lesen die Meeresströmungen, indem sie die Hand ins Wasser halten; der Bauer liest am Himmel, welches Wetter zu erwarten ist und alle teilen sie mit den Lesern von Büchern die Fähigkeit, Zeichen zu erkennen

> und mit Bedeutung zu füllen. Manche dieser Lesevorgänge sind durch das Wissen geprägt, dass das Gelesene eigens zu dem Zweck von anderen Menschen geschaffen wurde – Notenschriften oder Verkehrszeichen zum Beispiel – oder von den Göttern – etwa der Schildkrötenpanzer oder der nächtliche Himmel. Andere sind dem Zufall zuzuschreiben.
> Doch in jedem Fall ist es der Leser, der den Sinn in die Zeichen hineinliest, der einem Gegenstand, Ort oder Ereignis die Lesbarkeit abgewinnt. Der Leser ist es, der einem System von Zeichen Bedeutung beimessen muss, um es zu entziffern. Wir alle lesen in uns und der uns umgebenden Welt, um zu begreifen, wer wir sind und wo wir sind. Wir lesen, um zu verstehen oder auf das Verstehen hinzuarbeiten. Wir können gar nicht anders: Das Lesen ist wie das Atmen eine essentielle Lebensfunktion.[1]

Manguels Sicht ist eine sehr literarische, für ihn fallen Deuten und Lesen zusammen. Daraus ergibt sich eine prinzipielle Lesbarkeit der Welt, eine Metapher, die in diesem Band nur in den Mythen über die Anfänge des Lesens berücksichtigt werden soll.

Das Lesen ist ein Produkt der Evolution. Was wir lesen oder lesen können, ist kulturspezifisch angelegt. Aber beim Entziffern von Zeichen finden wir dennoch in allen Kulturen Ähnlichkeiten. Die Bedeutung von Lesen kann nur metaphorisch sein, da sie immer von dem abgeleitet ist, was wir jeweils darunter verstehen. Diese Nicht-Eindeutigkeit der Bedeutung von Lesen finden wir auch in einem Passus unter dem Stichwort „Lesen“ im Lexikon wieder:

> Der Begriff L. ist nicht eindeutig. Normalerweise bezeichnet er eine individuelle Tätigkeit (oder eine allgemeine Fähigkeit), die das Rezipieren von geschriebener Sprache durch das Auge (Augenbewegung beim Lesen, Saccade) oder den Tastsinn (Blindenschrift) bezeichnet, wobei das Entnehmen von Bedeutung und Informationen im Mittelpunkt steht.[2]

Da Lesen sich nicht eindeutig definieren lässt, gibt es die vielfältigsten, kulturspezifischen Zugangsweisen zu diesem Phänomen. Wann, wo und aus welchen Gründen Menschen anfingen zu lesen, wissen wir nicht. Die Frage nach dem Beginn der Geschichte des Lesens ist mit so vielen anderen Fragen verknüpft, dass sie sich nicht beantworten lässt. Die ältesten archäologisch identifizierten Höhlenmalereien sind ca. 50 000 Jahre alt und zeigen hauptsächlich Tiere. Ob sie schon als Schriftzeichen wahrgenommen wurden, ist ungewiss. Zumindest konnte man ihnen damals Bedeutungen und Informationen entnehmen, die sich nicht mit denen vergleichen lassen, die wir heute dem Bild eines röhrenden Hirsches entnehmen, das über dem Wohnzimmersofa hängt. Wenn hier als erstes Beispiel für die Anfänge des Lesens Höhlenmalereien erwähnt werden, die eingebettet sind in eine jeweils spezifische und sicher sehr stark magisch geprägte Lebensform, impliziert dies nicht eine geradlinige Entwicklung vom Bild zur Schrift. Der Weg zur Schriftlichkeit verläuft nicht von roh gezeichneten Bildern zu komplexen Wortschriften. Wortschriften haben sich nicht aus Bildern entwickelt, auch nicht in einem weiteren Abstraktionsschritt die Silben- und Buchstabenschrift. Eine solche teleologische Betrachtungsweise der Entwicklung der Schrift, die uns das abendländische Denken nahe legt und an deren Ende die beste aller Schriften mit der größtmöglichen Lesbarkeit steht, unterliegt dem Irrtum der Linearität.

Über die Anfänge des Lesens existieren zahlreiche Mythen. Stellvertretend seien hier nur zwei genannt, die damals wie heute für die Entwicklung der menschlichen Kultur extrem wichtig waren. Zum einen ist dies die Lesbarkeit des Sternenhimmels, zum anderen die Lesbarkeit der Körpersymptomatik bei Krankheiten. Die eine diente der Orientierung in Raum und Zeit, die andere dem Überleben des Stammes. Beide waren zwingende Voraussetzungen zur Entwicklung einer Kultur und Ethik.

Die Quellenlage für die prähistorische und historische Entwicklung des Lesens ist sehr unterschiedlich. Häufig ist nur aus Sekundärquellen späterer Zeiten ein Rückschluss auf das Leseverhalten möglich. Genau daran wird die Problematik wissenschaftlicher Erkenntnis über das Lesen deutlich, denn Sekundärquellen waren schon immer Interpretationen, von unterschiedlichsten Interessen bestimmt. Die Quellenlage besserte sich erst mit dem Beginn der Neuzeit, dem Aufkommen der Renaissance, dem Erstarken des Humanismus und der Erfindung des Buchdrucks mit beweglichen Lettern. Gleichzeitig entstand mit der Reformation das Bedürfnis, alles aufzuschreiben, was als Wille Gottes gedeutet werden konnte. Deshalb ist die Geschichte des Lesens seit Beginn der Neuzeit auch relativ gut erforscht. Diese Untersuchung möchte stattdessen die wenig bekannten Anfänge erhellen. Sie endet daher mit Gutenberg. Der Vorrang des „lebendigen“, gesprochenen Wortes vor den „toten“ Buchstaben zieht sich seit Platon durch die gesamte Geschichte des Abendlandes. Es gilt darum, dem Lesen zu seinem Recht zu verhelfen und die Schrift zu würdigen, denn ohne sie wäre die Entwicklung des menschlichen Geistes nicht möglich gewesen.

Anmerkungen

[1] A. Manguel: Eine Geschichte des Lesens. Berlin 1998, S. 15f.

[2] Metzler-Lexikon Sprache. Hrsg. von H. Glück, 2., überarb. und erw. Aufl., Stuttgart/Weimar 2000, S. 405.

Das Lesen des Sternenhimmels

1. Ägypten

Als es in prähistorischer Zeit gelungen war, Tiere zu domestizieren, war das Überleben der Sippe nicht mehr vom Jagderfolg abhängig. Die Tierhaltung erforderte aber eine aufmerksame Bewachung, besonders in der Nacht, wenn der Feind sich im Schutz der Dunkelheit näherte. Das Spurenlesen beschränkte sich sich nun auf die Fährten wilder Tiere, die der Sippe und den mitgeführten Herden gefährlich werden konnten. Die nomadischen Hirten, die nachts die Herden hüten mussten, hatten genügend Muße, den nächtlichen Himmel mit seinen zunächst unerklärlichen Lichterscheinungen zu betrachten. Sie erblickten in den unterschiedlichen Stellungen der Sterne die Umrisse ihnen vertrauter Tiere und erkannten, dass einige Sterne ihren Platz beibehielten, während andere einzeln oder in Gruppen über den Himmel wanderten. Ihr nomadisches Leben spiegelte sich so am Himmel wider. Diese Beobachtungen der Hirten und ihr Versuch einer ersten Sinngebung stellen die nicht datierbare Geburtsstunde von Astrologie (griech. *astron* = Stern und *logos* = Kunde) und Astronomie (griech. *nomos* = Gesetz) dar, einem Zwillingspaar, das sich erst mit dem Beginn der Aufklärung im 17. Jahrhundert trennen lassen sollte.

Etwa im 5. und 4. Jahrtausend vor unserer Zeitrechnung setzten die Ägypter den Aufgang des hellsten Sterns am Morgenhimmel mit dem Beginn des Jahres gleich und schufen so die Voraussetzungen für einen Kalender, einem System zum Datieren vergangener und zukünftiger Ereignisse mit einer Zeitskala von Jahren, Monaten, Wochen, Tagen und Stunden. Da sich dieser hell leuchtende Stern, der Sirius (griech. *seirós* = brennend, heiß), im Sternbild des Großen Hundes als dessen „Auge" befand, nannten ihn die Ägypter Hundsstern.

Es gibt viele Theorien darüber, warum gerade der strahlende Sirius, den die Ägypter mit ihrer Göttin Sopdet gleichsetzten und die Griechen mit dem Namen Sothis belegten, als brauchbarer Ausgangspunkt für die Bestimmung des geeigneten Datums des Neujahrstags angesehen wurde. Am wahrscheinlichsten scheint die Annahme zu sein, dass es eine Verbindung zum Wasserstand des Nils gab: Der Nil begann genau dann besonders schnell zu steigen, wenn der Sirius sich kurz vor Sonnenaufgang zum ersten Mal wieder am Himmel beobachten ließ, nachdem er längere Zeit unsichtbar gewesen war. Dies geschieht zur Zeit der Sommersonnenwende. In der Antike haben die Griechen den Aufgang des Hundssterns mit der sommerlichen Hitze in Verbindung gebracht. Unsere Bezeichnung „Hundstage", die wir für besonders heiße Tage gebrauchen, geht auf diese griechische Betrachtungsweise zurück. In hieroglyphischen (griech. *hierós* = heilig und *glyphé* = [in Stein] Geritztes) Inschriften und in einem Papyrus, der im Tempel von El-Lahun entdeckt wurde, finden sich Berichte von den Aufgängen des Sirius.

Das Jahr der Ägypter hatte 365 Tage und war in drei Jahreszeiten zu je vier Monaten mit 30 Tagen eingeteilt. Dazu kamen noch fünf Tage, die sog. Epagomenen, die „fünf auf dem Jahre Befindlichen", die ähnlich wie unser Schaltjahr dem zeitlichen Ausgleich dienten. Die Jahreszeiten wurden nach den drei wichtigsten Phasen der ägyptischen Landwirtschaft als „Überschwemmung", „(Aufgehen der) Saat" und „Ernte" bezeichnet. Dieser offizielle Kalender hatte jedoch den Nachteil, dass er vom astronomischen Jahr abwich, das etwas mehr als 365 ein Viertel Tage umfasst: Fiel demnach im Jahre 4236 v. Chr. der Neujahrstag mit dem Beginn der Überschwemmung zusammen, war im Jahr 3756 v. Chr. die Differenz schon auf vier Monate angewachsen, d. h., die Jahreszeit „Überschwemmung" entsprach jetzt dem „(Aufgehen der) Saat". In einem Zeitraum von 1460 Jahren glich sich dieser Fehler wieder aus und die Überschwemmung am 19. Juli ereignete sich wieder am Neujahrstag. Die Ägypter hatten also als offizielle Zeitrechnung ein wanderndes Jahr, das nicht mit den natürlichen Jahreszeiten übereinstimmte, aber wegen seiner Praktikabilität allgemein angenommen wurde. Bauern und Priester achteten sicherlich noch auf das natürliche Jahr, die einen wegen der notwendigen Ackerbestellung, die anderen wegen der Riten und Feste (Festtagskalender), die an eine bestimmte Jahreszeit gebunden waren. Wie wir aus fragmentarisch erhaltenen ägyptischen und griechischen Quellen schließen können, kristallisierte sich im Laufe der Zeit ein Pantheon von

Gottheiten heraus, das sich aber in der Folge mehrfach wandelte. So gehörten zu den ägyptischen Hauptgöttern Re, der Sonnengott, und die Göttin Isis, die für den Ackerbau zuständig war. Da die astronomische Bezeichnung für Sothis Isis war, erschien dieser Stern als der Göttin heilig. Um den Zusammenhang von Götter- und Sternenhimmel zu verdeutlichen, sei an dieser Stelle ein älterer Teil der ägyptischen Göttersage erwähnt: In der Urzeit erschien der Gott Re auf dem dunklen Meer des Gottes Nun. Er herrschte über Götter und Menschen, war aber wie die Menschen der Zeit und damit dem Altern verhaftet. Seine Glieder wurden steif, seine Knochen zu Silber, sein Fleisch zu Gold. Die Untertanen gehorchten ihm nicht mehr, die Götter auch nicht. Die Göttin Isis, die wie Re alles wusste, was auf der Welt vorging, nur nicht den „eigentlichen“ Namen von Re, wandte eine List an, um ihn zu erfahren. Re nannte Isis seinen Namen und sie gab ihm seine Gesundheit zurück. Als Dank widmete ihr Re den Stern Sothis.

An Re, den astralen Sonnengott, werden in der späteren Mythologie alle anderen Gottheiten angeglichen, sie werden ebenfalls zu Astralgottheiten. Die heliopolitanische Sonnentheologie durchdringt mit der Zeit alle religiösen Vorstellungen, bis schließlich sämtliche Gottheiten mit Re identifiziert werden. Ihren Höhepunkt findet diese Entwicklung unter der Herrschaft des Pharaos Amenophis IV. (um 1351–1334 v. Chr.), der aber vergebens versuchte, die Sonnenscheibe in den Mittelpunkt des religiösen Lebens zu stellen und einen astralen Monotheismus zu schaffen. Durch das Verschmelzen religiöser Vorstellungen aus den verschiedenen Teilen des ägyptischen Reiches wurden nach Ende der Regierung Amenophis' IV. (Echnaton) auch anthropomorphe Götter, Pflanzengottheiten und Götter mit Tierköpfen verehrt.

Bedingt durch den Wandel in der Mythologie erlahmte das Interesse der Ägypter an der Astrologie schließlich und kam erst in hellenistischer Zeit zur erneuten Blüte.

Die ägyptische Mythologie ist nur ein Beispiel für die nahezu in allen Mythologien enthaltene Fülle der Deutungen bzw. Lesarten von Sternen und Sternbildern. Religiöse Motive wurden dabei stets auf magische Weise mit wirtschaftlichen Notwendigkeiten verknüpft. Der Sonnenkult hatte in Ägypten auch die Entdeckung zur Folge, dass sich die Sonne in ungefähr 365 Tagen und Nächten einmal vollständig um die Kugel mit den Fixsternen dreht. Es herrschte nämlich die Auffassung vor, dass die Fixsterne an einer durchsichtigen Kugel, welche die Erde umschließt, befestigt seien.

2. Babylonien

Neben Ägypten war Mesopotamien (griech. *mesopotamia* = Land zwischen den Strömen) eines der frühesten Zivilisationszentren im Gebiet des heutigen Irak und Ostsyriens zwischen den Flüssen Euphrat und Tigris. Erste größere Ansiedlungen lassen sich auf die Zeit 6000 v. Chr. datieren, im 4. Jahrtausend v. Chr. entstanden die ersten Städte mit Häusern und Tempeln aus Lehmziegeln. Die Gründer dieser Stadtstaaten waren die Sumerer, ein aus dem Norden eingewanderter Volksstamm, der die vorhandene semitische Kultur überformte. Die Mythologie der Sumerer wurde im 2. Jahrtausend v. Chr. von den nachfolgenden Königreichen Babylonien im Süden und Assyrien im Norden Mesopotamiens übernommen. Die Sumerer glaubten, das Universum würde von einem Pantheon regiert, an dessen Spitze vier Gottheiten standen, entsprechend den vier Elementen, aus denen die Welt zusammengesetzt war: der Himmelsgott Anu, die Erdgöttin Ki, der Sturmgott Enlil und der Wassergott Enki. Neben diesen vier Schöpfergottheiten standen drei zentrale Astralgottheiten: Nanna, der Mondgott, Utu, der Sonnengott, und Inanna, die Himmelsgöttin. Die Sumerer teilten den Weg der Sonne über den Himmel in jene zwölf Zonen ein, die auch heute noch in der Astrologie Gültigkeit besitzen, und sie gaben den einzelnen Zonen Namen, die wir als Tierkreiszeichen kennen. Die Namen der Tierkreiszeichen haben sich allerdings teilweise geändert: Der Tierkreis „Widder" entspricht dem sumerischen „Tagelöhner", aus den „Plejaden" wurde der heutige „Stier", aus dem „Tischler" wurde der „Krebs", aus der „Feldfurche" die „Jungfrau" und aus dem „Zicklein" der „Steinbock". Die heutigen Bezeichnungen der Tierkreiszeichen gehen auf Ptolemaios zurück, einen griechischen Astronomen und Astrologen aus dem 2. Jahrhundert v. Chr.

Die Priester der Babylonier, aus dem Stamm der Chaldäer, betrachteten die Himmelserscheinungen als Offenbarungen der Gottheiten, die es zu lesen galt. Beobachtet wurden besonders der Mond, die Sonne und die Mond- und Sonnenfinsternisse sowie die Bewegungen der damals bekannten fünf Planeten Merkur, Venus, Mars, Jupiter und Saturn. Die Priester notierten über Jahrhunderte hinweg die Bewegungen der Sterne auf Tontafeln. Ab dem Jahr 747 v. Chr. sind solche Aufzeichnungen überliefert. Die Beobachtungen waren so genau, dass die babylonischen Priesterastrologen Sonnen- und Mondfinsternisse voraussagen konnten. Um den Lauf der Gestirne mathematisch zu berechnen, verwendeten sie das hexagesimale Ziffernsystem der Sumerer, das sich durch die zweckmäßige Einrichtung des sogenannten Stellenwertsystems, das dem heutigen Dezimalsystem ähnlich ist, auszeichnete. Längen-, Flächen-, Hohl- und Gewichtsmaße, die früher schon von den Sumerern vereinheitlicht wurden, blieben weiterhin in Gebrauch.

Die Prognostizierbarkeit astronomischer Ereignisse dehnte die Priesterkaste auf sämtliche Geschehen aus. Es wurden Voraussagen über Krieg und Frieden, Aufstände und Thronwechsel, Überschwemmungen, Seuchen und Hungersnöte, vor allem aber über Gnade und Ungnade der Götter gemacht. Das erste persönliche Horoskop lässt sich auf das Jahr 407 v. Chr. datieren.

Um ihren Kalender zu vervollkommnen, erforschten die Astrologenpriester den Lauf von Sonne und Mond. Als ersten Tag eines Monats bezeichneten sie den Tag nach Neumond, wenn der zunehmende Mond zum ersten Mal nach Sonnenuntergang erscheint. Ursprünglich wurde dieser Tag durch Beobachtung ermittelt, später konnten ihn die Chaldäer vorausberechnen. Etwa 400 v. Chr. bemerkten sie die unregelmäßige Geschwindigkeit, mit der sich Sonne und Mond von Westen nach Osten über den Tierkreis bewegen. Die Himmelskörper scheinen sich auf der Hälfte der Bahn immer schneller zu bewegen, bis sie eine bestimmte Höchstgeschwindigkeit erreichen, um dann wieder langsamer zu werden und zur Ausgangsgeschwindigkeit zurückzukehren. Die Priester versuchten, diesen Zyklus arithmetisch darzustellen, indem sie z. B. dem Mond zwei verschiedene Geschwindigkeiten zuordneten: eine feste Geschwindigkeit für die erste Hälfte des Zyklus und eine andere feste Geschwindigkeit für die zweite Hälfte. Später verfeinerten sie diese mathematische Methode, indem sie die Geschwindigkeit des Mondes als Faktor darstellten, der während der ersten Hälfte des Umlaufs linear vom Minimum auf das Maximum größer wird und dann bis zum Ende des Zyklus wieder auf das Minimum abnimmt. Mit diesen Berechnungen der Bewegung von Mond und Sonne konnten die Sternforscher im Zweistromland die Zeit des Neumondes und damit den Beginn des neuen Monats vorhersagen. Darüber hinaus gewannen sie Kenntnisse über die Positionen von Mond und Sonne für jeden Tag des Monats. Auf ähnliche Art und Weise wurden die Positionen der Planeten berechnet, ihre Bewegung nach Osten und Westen dargestellt. Archäologen haben Hunderte von Tontafeln mit diesen Berechnungen ausgegraben. Viele dieser Tafeln stammten aus den Städten Babylon und Uruk am Euphrat.

Die Babylonier verfügten über ein Weltbild, in dem sinnliche und übersinnliche Geschehnisse zu einem kosmischen System vereint waren, das das gesamte religiöse und kultische Leben beherrschte. Die Sterne waren die Schrift des Himmels, die Priester konnten diese Schrift lesen und damit den für andere verborgenen Willen der Götter erforschen. Wie sehr der Sternenhimmel das irdische Geschehen bestimmte, zeigt sich auch an der ältesten Form der Keilschrift: Das Zeichen für Gott ist ein Stern. Somit liegen die Anfänge der Astrologie in Mesopotamien.

Ausgangspunkt jeder Astrologie ist ein Analogiegedanke: Weltliches Geschehen entspricht dem himmlischen. Die Voraussetzungen eines solch elementaren Gedankenganges geraten leicht in Vergessenheit: Für die Astrologie ist die Erde der Mittelpunkt der Welt, der Mensch ist als Mikrokosmos ein Spiegel des Makrokosmos, er unterliegt den gleichen Gesetzen. Jeder Mensch ist gleichsam durch unsichtbare Fäden von der Stunde der Geburt bis zu seinem Tod mit den Urbildern am Himmel verknüpft. Die Kunst der Chaldäer bestand nun darin, die Bildschrift der Sterne zu lesen, sie in Worte zu fassen und sie auf die irdischen Ereignisse anzuwenden, also zu interpretieren. Die Fähigkeit, den Sternenhimmel zu lesen, verlieh den babylonischen Priestern eine enorme Macht, denn sie hatten das Interpretationsmonopol für diese Schrift und damit letztlich auch die Möglichkeit zur Manipulation.

3. Mittelamerika

Auf dem höchsten Stand der Sternenkunde waren die Mayas in Mittelamerika. Die Mayakultur, die sich ca. 1500 v. Chr. formierte, kannte weder Eisen noch Reit- oder Zugtiere. Von Tempelpyramiden aus beobachteten die Priester der Mayas wie die Priester der Sumerer die Sterne noch ohne optische Hilfsmittel. Aus dieser Priester-Astronomie entwickelte sich eine Mathematik, die im Gegensatz zu allen anderen antiken Kulturen die Zahl Null sowie den jeweils verschiedenartigen Stellenwert einer Zahl kannte, d. h., auch bei den Mayas repräsentierte – wie heute – jede der beiden Dreien in der Kombination „33“ eine andere Anzahl von Einheiten. Wir würden sagen, dass die erste Drei für dir Zehner und die zweite Drei für die Einer steht. Die Mayapriester gingen aber nicht wie die christlich-islamische Welt von einem Dezimalsystem aus. Ihre Grundzahl war die 20.

Aus der Sternenbeobachtung entwickelten die Mayas ein Kalendersystem. Das Jahr begann am 16. Juni, wenn die Sonne den Zenit überschritten hatte, und bestand aus 365 Tagen. 364 Tage wurden in 28 Wochen zu jeweils 13 Tagen eingeteilt, das neue Jahr begann am 365. Tag. Daneben wurden 360 Tage des Jahres auch in 18 Monate zu je 20 Tagen eingeteilt, die Mayas kannten also auch das Sonnenjahr. Die Reihen der Wochen und Monate verliefen beide gleichzeitig und unabhängig voneinander. Alle 260 Tage jedoch, d.h. 13 multipliziert mit 20, begannen Woche und Monat am selben Tag.

Die Mayas scheinen eine geradezu neurotische Bindung an den Zeitbegriff besessen zu haben. Sie beschäftigten sich ununterbrochen mit Fragen der Datierung und Chronologie, was die historische Quellenforschung belegt. Alle fünf oder 10 Jahre errichteten sie Gedenksäulen. Nicht nur die Festtage oder Jahre, sogar die einzelnen Tage wurden von den Sternen beeinflusst oder besser ausgedrückt: Die Tage selbst waren ein Götterpaar. Jeder Tag wurde mit einer Zahl und mit einem Namen bezeichnet, z.B. „13 Ahau", und jeder Teil dieses Namens war ein Gott. Obwohl der Mayakalender äußerst komplex war, blieb er bis zur Einführung des gregorianischen Kalenders im 16. Jahrhundert der genaueste Kalender der Welt. Die Anwendung dieses Kalenders reicht bis in die Gegenwart, da er noch immer im Hochland von Guatemala benutzt wird. So sprechen die Indios noch heute über ihre Vorfahren und Ahnen, indem sie diese bestimmten Zeiten zuordnen. Diese Zeiten werden von ihnen mit Gottheiten benannt. Die vergangenen Tage werden also wie lebendige Götter behandelt.

Jede einzelne Zahl galt nämlich als göttlicher Träger, der eine bestimmte Last durch die Ewigkeit schleppte. Die Lasten wurden auf dem Rücken getragen und waren durch Stricke gesichert, die über die Stirn gelegt wurden. Diese Art des Lastentragens empfinden wir heute als typisch für die Lebensart der Indios, sie galt aber auch für die Sterne und ihre Sterngötter. Wenn man die Vorstellungen der Mayas an einer Datumsangabe aus dem europäischen Kalender verdeutlichen will, sieht dies etwa so aus: Für den 2. August 1999 braucht man fünf Götter als Träger. Die Götter der Zwei tragen den August, die Götter der Eins das Jahrtausend, die Götter der Zahl Neun die Jahrhunderte, die Götter der Zahl Neun ebenfalls die Jahrzehnte und noch einmal die Götter der Zahl

Neun die Jahre. Am Ende des Tages tritt eine kurze Pause ein, bevor die Träger sich erneut in Bewegung setzen. In dieser Pause lösen die Götter der Zahl Drei die Götter ab, die bisher den August trugen. So haben die Mayapriester die Zeit als eine Kolonne von göttlichen Trägern verstanden, die ihre Lasten aufnahmen, absetzten oder verloren, die Rast machten, göttliche Ereignisse erfuhren, Glück oder Unglück mit sich trugen. Die Deutung der verschiedenen Zeitlasten, die genaue Berechnung aller Daten, war die vordringlichste Aufgabe der Priesterschaft. So förderte das Lesen des Sternenhimmels die Entwicklung komplexer mathematischer Kenntnisse.

Wie die Sumerer waren auch die Mayas von der Vorherbestimmtheit aller Ereignisse überzeugt. In keiner anderen Hochkultur hat es eine so sklavisch genaue Beachtung mathematisch-astronomischer und astrologischer Zusammenhänge gegeben. Mit seiner bewundernswerten Genauigkeit kombinierte der Kalender der Mayas sowohl eng- als auch weiträumige Zeitrechnungen, die alle, z. B. bei Opferhandlungen, berücksichtigt werden mussten, wollte man nicht den Zorn der Götter auf sich ziehen. Thompson[1] vergleicht diese Art der Zeitbeachtung und Zeitbetrachtung mit einem Tachometer im Auto, der gleichzeitig Kilometer, Seemeilen, römische Stadien, russische Werst und englische Fuß anzeigt und außerdem auch Geschwindigkeits- und Entfernungsangaben berücksichtigt. Zusätzlich müssen wir uns aber noch vorstellen, dass es z. B. Unglück brächte, wenn alle Skalen eine Sieben anzeigen, oder Glück, wenn die Skalen eine Neun anzeigen. Je nach Anzeige müsste der Fahrer beschleunigen oder bremsen. An ihre Zahlen und Gestirne haben die Mayas mit einer Inbrunst geglaubt, die wir uns heute in dieser Form nicht mehr vorstellen können.

Spekulationen über den Sternenhimmel und Astralreligionen haben verschiedene Völkergruppen wahrscheinlich unabhängig voneinander entwickelt. Dabei war, wie schon erwähnt, der zentrale Gedanke ein Analogieschluss: Der Mikrokosmos des Menschen entspricht dem Makrokosmos des Universums. Dieses spiegelbildliche Denken finden wir zunächst in Mesopotamien ca. 3000 Jahre vor unserer Zeitrechnung, etwa 1000 Jahre später dann auch in der chinesischen Kultur.

4. Griechenland und Rom

Erste Hinweise, dass sich auch die Griechen für Astrologie interessierten, finden wir in der griechischen Literatur bei Platon, z. B. in seinem Dialog „Timaios“ und dem daran anschließenden Dialogfragment „Kritias“. Der Pythagoreer Timaios berichtet in diesen Dialogen von einem Wissen über die Vorgeschichte Griechenlands, das ägyptische Priester dem athenischen Staatsmann und Dichter Solon (ca. 640–560 v. Chr.) mitgeteilt hatten. Danach sind die Sternengötter älter als die Menschen und unsterblich, die Konstellation der Sternengötter bestimmt das Schicksal der Menschen.

Aus der Literatur lässt sich aber auch ersehen, dass im frühen und klassischen Griechenland die Astrologie weitgehend abgelehnt wurde. Die in der „Ilias“ und „Odyssee“ (ca. 800 v. Chr.) erwähnten Sternbilder (Großer Bär, Orion, Plejaden) dienten hauptsächlich der räumlichen Orientierung. Lediglich der Aufgang des Sirius wird in der „Ilias“ als fieberbringend bezeichnet („Hund des Orion lautet der Name, den Menschen ihm geben. Prächtig erglänzt er, aber sein Aufgang bedeutet ein Unheil, bringt er doch furchtbare Hitze über die elenden Menschen“, 22. Gesang, 29 ff.), und im 4. Gesang, 75 ff., werden Meteore als Vorzeichen für Unglück gedeutet. Diese beiden Hinweise auf den Einfluss der Sterne auf das irdische Geschehen lassen sich als alter Volksglauben deuten, der noch nicht auf eine ausgebildete Astrologie verweist. Die „Erga kai hemerai“ („Werke und Tage“) von Hesiod (ca. 700 v. Chr.) unterrichteten die Bauern, welche Sternbilder zu verschiedenen Jahreszeiten vor dem Morgengrauen aufgehen, um den richtigen Zeitpunkt zum Pflügen, Ernten und Säen zu bestimmen. Auch in der klassischen Periode Athens im 5. Jh. v. Chr. blieb die Astrologie den Griechen verhältnismäßig fremd, obwohl die Philosophen Thales von Milet (um 625–546 v. Chr.) und Pythagoras von Samos (um 570–ca. 500 v. Chr.) sich mit Mathematik, Astronomie und Astrologie beschäftigt hatten. Von beiden sind keine Originalschriften erhalten. Der Komödiendichter Aristophanes (ca. 445–385 v. Chr.) lässt jedenfalls in seinem Theaterstück „Eiréne“ („Der Frieden“) nur die Barbaren Sonne und Mond als Götter verehren.

Die Astrologie begann ihren Siegeszug erst im Hellenismus mit Berossos, einem Bel-Priester aus Babylon, der um 270 v. Chr. auf Kos eine Astrologenschule gegründet haben soll. Etwa um die gleiche Zeit entwickelte Aristarchos von Samos (ca. 320–250 v. Chr.) ein heliozentrisches Weltbild. Dieses Weltbild widersprach der bisherigen Grundannahme der Astrologie, dass die Erde der Mittelpunkt der Welt sei. Die kühne Theorie des Aristarchos, auf die sich Kopernikus etwa 1800 Jahre später berufen sollte, hat sich in der Antike nicht durchsetzen können, wahrscheinlich weil sie mit der aristotelischen Naturphilosophie unvereinbar war, die die Erde in den Mittelpunkt des Weltalls stellte. Diese geozentrische Sichtweise hat unser christliches Abendland weitgehend geprägt. Von den bekannten Astronomen der Antike ist nur Seleukos von Seleukeia Aristarchos gefolgt. Seleukos war ein babylonischer Astronom, der in der ersten Hälfte des 2. Jahrhunderts v. Chr. lebte. Er war ein überzeugter Anhänger der heliozentrischen Theorie, die er nicht nur wie vor ihm Aristarchos als Hypothese, sondern als bewiesene Tatsache ansah. Seleukos hatte vor allem Beobachtungen über die Gezeiten angestellt und ihre periodischen Veränderungen in ursächlichen Zusammenhang mit dem Mond gebracht. Durchgesetzt haben sich aber die Ansichten von Klaudios Ptolemaios, einem Astronomen, der vermutlich von 100–170 n. Chr. in Alexandria gelebt hat, also während der Regierungszeit des Kaisers Mark Aurel. Von seinem Leben sind nur spärliche und ungesicherte Daten bekannt, aber sein Werk war ähnlich wie die Geometrie Euklids und die Algebra Avicennas ein Standardwerk der mittelalterlichen wissenschaftlichen Literatur und hat ein geozentrisches Weltsystem überliefert, das erst durch das 1543 von Kopernikus aufgestellte heliozentrische Planetensystem abgelöst wurde.

Ptolemaios' Werk, das ursprünglich „Größte Zusammenstellung" hieß, nämlich griech. „Megále" oder „Megíste sýntaxis", wurde als „Al Majisti" ca. 800 n. Chr. ins Arabische übersetzt. Wahrscheinlich wurde es durch die Übersetzerschulen in Toledo in das Lateinische übertragen und gelangte im 15. Jahrhundert unter dem Titel „Almagesti" oder „Almagest" in das nördliche Europa. Ptolemaios stellte darin anhand eines geometrischen Modells seine Theorie vor, die die sichtbaren Bewegungen und Positionen von Planeten, Sonne und Mond vor dem Hintergrund unbeweglicher Sterne in 13 Büchern mathematisch erklärte. In den ersten beiden Büchern begründet Ptolemaios die Grundannahmen der geozentrischen Theorie, wonach Erde und Himmel eine Kugelform haben. Die Erde ruht im Zentrum des geschlossenen Universums, d. h. im Mittelpunkt der Fixsternsphäre. Der Erde am nächsten ist der Mond, weiter nach außen folgen nahezu auf einer geraden Linie Merkur, Venus und die Sonne. Es schließen sich Mars, Jupiter und Saturn an, gefolgt von den sog. Fixsternen. Später ergänzten die Astronomen dieses System um eine neunte Sphäre, deren Bewegung vermutlich das Vorrücken der Tag-und-Nacht-Gleichen erklären sollte. Eine weitere, die zehnte Sphäre (lat. *Primum mobile* = Haupttriebkraft), sollte die Bewegung aller anderen Sphären antreiben und steuern. Die komplizierten Bewegungen der Planeten werden im ptolemäischen System dadurch erklärt, dass diese Körper sich auf kleineren Kreisbahnen, den Epizykeln, bewegen, deren Mittelpunkte jeweils eine Bahn beschreiben, die Deferent genannt wird. Alle Sphären bewegen sich von West nach Ost. Ptolemaios schreibt jedem Planeten eine „Lebenskraft" zu, die die Epizykel antreibt. Insofern ist er nicht nur Astronom, sondern auch Astrologe. Um seine Theorie glaubhaft zu machen, musste er aber Abweichungen von der traditionellen Mathematik in Kauf nehmen. Nach dem Niedergang der klassischen griechischen Kultur versuchten arabische Astronomen, das System zu vervollständigen. Dazu führten sie weitere Epizykel ein, um bestimmte Abweichungen der Planetenbahnen zu deuten. Aber auch damit konnten die Mängel und Widersprüchlichkeiten des ptolemäischen Systems nicht behoben werden. Die geozentrische Theorie des Ptolemaios verband mathematische Astronomie mit Astrologie, eine Verbindung, die bis zum Ende des 16. Jahrhunderts ihre Gültigkeit behielt.

Mit Hilfe von Berechnungen und eines bei Ptolemaios beschriebenen *Astrolabium planisphaerium* (griech.-lat. = Sternnehmer), einer stereographischen Projektion der Himmelskugel, über der eine drehbare Scheibe mit Tierkreiszeichen und anderen Sternen angebracht ist, erstellten die Astrologen Karten, die die Basis für Voraussagen bildeten. Diese Voraussagen konnten sich auf das Schicksal ganzer Völker beziehen (Universalastrologie) oder auf die Zukunft eines Einzelnen (Individualastrologie). Das entscheidende Faktum war der Stand des Geburtssterns. Ohne diesen astrologischen Zusammenhang zu kennen, lesen wir deshalb heute das Zeichen * als gleichbedeutend mit „geboren". Diese Voraussagen wurden auch Horoskope genannt, wobei Horoskop (griech. = Stundenschauer) ursprünglich den Priester meinte, der den Stundenstern beobachtete, später dann den Stern oder den Punkt der Eklipse, der aufgehend den Beginn eines Ereignisses anschaut und es magisch beeinflusst. Seit dem Mittelalter wird unter Horoskop die Figur verstanden, welche die gesamte Konstellation der Sterne in Raum und Zeit beschreibt. Im hellenistischen Griechenland hieß diese *thema* und im Römischen Reich *constellatio* oder, wenn die Konstellation der Sterne bei der Geburt eines Menschen sein Schicksal beeinflusste, *nativitas.* Schon im Neuplatonismus setzte sich die Überzeugung durch, dass die Bewegungen und Konstellationen der Sterne nicht die Geschichte oder das Schicksal des Einzelnen in irgendeiner Form magisch bestimmen. Dies blieb der Gottheit oder den Göttern vorbehalten. Sie galten nur als Vorzeichen (*omen*). Eine so verstandene Astrologie war auch mit dem Christentum vereinbar, das die Heiligen Drei Könige (Matthäus 2, 1–12) zunächst als Chaldäer bzw. Priesterastrologen verstand.

Ebenso wie die Griechen lehnten die Römer die Astrologie zunächst ab. Im 2. Jh. v. Chr. hatten auf Kriegen erbeutete Sklaven aus dem Osten astrologische Kenntnisse nach Italien gebracht und mit diesem Wissen besonders das ungebildete niedere Volk beeindruckt. Als erste Unruhen entstanden, erließ der Senat 139 v. Chr. ein Edikt, aufgrund dessen alle Astrologen aus Rom und Italien ausgewiesen wurden. Der Siegeszug der Astrologie ließ sich jedoch nicht mehr aufhalten. Obwohl sich die römischen Philosophenschulen in der Ablehnung der Astrologie einig waren, setzten sich die Ansichten des Philosophen Poseidonios aus Apameia (ca. 135–51 v. Chr.) durch. Er war ein Vertreter des Stoizismus und leitete etwa ab 97 v. Chr. eine Philosophenschule auf Rhodos.

In den Fragmenten seiner Schriften, die uns erhalten sind, behauptet er einen Zusammenhang von kosmischen Erscheinungen und weltlichem Geschehen. Zu seinen Schülern gehörten u. a. Cicero, Pompeius und Seneca d. J. Der römische Universalgelehrte Marcus Terentius Varro, (116–27 v. Chr.), ein Freund des Pompeius und erster Bibliothekar der neuen öffentlichen Bibliothek in Rom, nahm auch astrologisches Gedankengut in seine Schriften auf. Der Dichter Horaz pries ca. 30 v. Chr. Maecenas gegenüber den Gleichklang ihrer Sternbilder:

> Ob nun die Waage oder der schreckliche
> Skorpion als stärkre Macht auf die Stunde schaut,
> da ich geboren wurde, ob das
> Zeichen vom Steinbock, dem Herrn des Westmeers –
>
> es stehen unsre Sterne so wunderbar
> im Gleichklang: Dich schützt Jupiters Licht, entriss
> dich jüngst dem bösen Schein Saturns und
> hemmte den eilenden Flug des Schicksals …
> (Oden, 2. Buch, Ode 17)

Caesar wählte den Stier als Legionszeichen, da dieses Sternbild von dem Planeten Venus regiert wird, benannt nach der altrömischen Göttin der Schönheit und Liebe, der vermutlichen Urmutter der Familie, der Caesar angehörte. Augustus ließ den Steinbock, sein Nativitätsgestirn, auf Münzen prägen, und Tiberius, römischer Kaiser von 14–37 n. Chr., widmete sich während seiner freiwilligen Verbannung nach Rhodos von 4–2 v. Chr. dort astrologischen Studien. Im 2. Jahrhundert n. Chr. hatte sich die Astrologie im gesamten Römischen Reich durchgesetzt und die Lektüre von Horoskopen war wahrscheinlich genauso beliebt wie heute.

Wie wir gesehen haben, dienten Himmelskörper also in verschiedenen Kulturen ganz unbestritten der Orientierung in Raum und Zeit. Von einem eigentlichen Lesen des Sternenhimmels im Sinne einer für eine Kultur verbindlichen astronomisch-astrologischen Deutung der Himmelszeichen können wir jedoch erst in historischer Zeit sprechen. Erst die Lesbarkeit der Schrift bot die Voraussetzungen für die Lesbarkeit des Firmaments, nicht umgekehrt.

Anmerkung

[1] J. E. S. Thompson: Die Maya. Aufstieg und Niedergang einer Indianerkultur (Kindlers Kulturgeschichte). Zürich 1968.

Das Lesen von Körpersymptomen

1. Die Anfänge der Medizin

Lange vor der Entdeckung der Schrift wurde nicht nur die Bilderschrift des Sternenhimmels gelesen. Eine prägeschichtliche Medizin konnte auch die Symptome von Krankheiten lesen. Das Lesen von Körperzeichen ist älter als das Lesen von Schrift. Prähistoriker versuchen, die vorschriftlichen Perioden der Geschichte zu erforschen, Paläontologen wollen ergründen, welche Krankheiten die Menschen in prähistorischer Zeit plagten und wie sie behandelt wurden. Die Ergebnisse der Paläontologen belegen, dass zumindest einige Krankheiten behandelbar waren. Da aus dem Neolithikum, der Jüngeren Steinzeit (etwa 40 000–10 000 v. Chr.), nur Skelette oder einzelne Knochen erhalten sind, ist die Aufstellung einer Symptomatologie allerdings schwierig. Noch schwieriger ist es zu ermitteln, welche therapeutischen Maßnahmen damals ergriffen worden sind. Der hohe Stand der Chirurgie lässt sich an fossilen Schädelfunden ablesen. Etwa um10 000 v. Chr. finden wir Beispiele von gelungenen Schädeltrepanationen (Abb. 1). Bei einer Schädeltrepanation wird mit dem Trepan, einem kreisrund schneidenden Fräser, ein plattenförmiges Stück aus dem Schädelknochen entfernt, um Zugang zum Gehirn zu erhalten. Im Neolithikum wurden für solche Eingriffe steinerne, scharfkantige Werkzeuge benutzt, wobei die Technik des Schnitts je nach Epoche und Gegend variierte. Die gefundenen Schädel zeigen, dass die Mehrzahl der so behandelten Patienten überlebte und sich einige sogar mehrmals einer Schädeltrepanation unterzogen. Die Frage nach dem Grund für diese Eingriffe kann nicht eindeutig beantwortet werden. Alle Antworten gründen letztlich nur auf Analogieschlüssen zu einer schriftlichen Geschichte der Medizin. Nach Meinung der Experten gab es drei mögliche Indikationen für eine Trepanation:

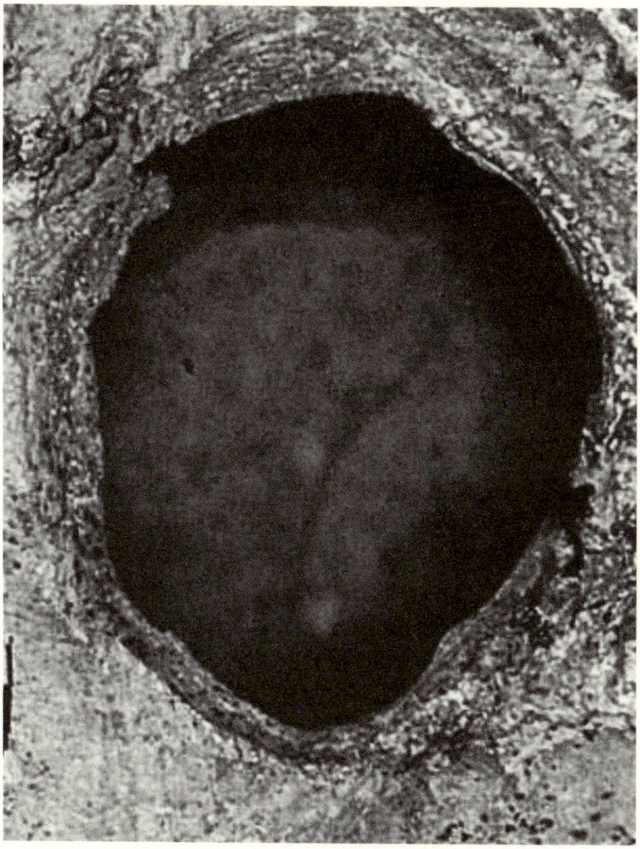

Abb. 1: Öffnung von einer prähistorischen Schädeltrepanation.
Sie zeigt keinerlei Ansätze zur Vernarbung.
Steinzeitlich, Vallée du Petit Morin.

- die Entfernung von Knochensplittern nach einer Schädelfraktur, die jedoch verhältnismäßig selten vorkam
- andauernde Kopfschmerzen
- Epilepsie.

Im Analogieschluss von Schriftkulturen auf nichtschriftliche Kulturen gehen Prähistoriker und Paläopathologen wiederum davon aus, dass Trepanationen durchgeführt wurden, um Menschen von Leiden zu befreien, für die böse Geister, Dämonen, verantwortlich gemacht wurden. Das Loch im Schädel sollte in diesem Fall dazu dienen, den Dämon ent-

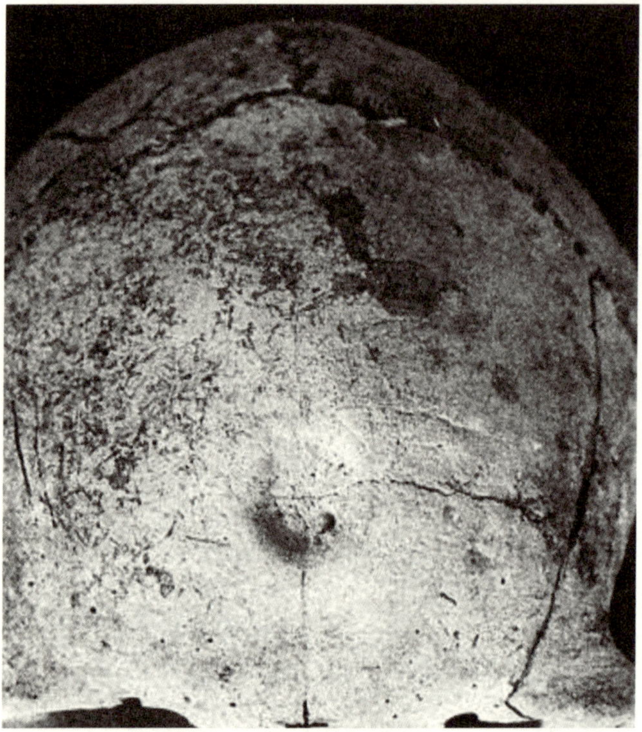

Abb. 2: Unvollständige, angeblich „symbolische" Trepanation in der Mitte der Stirn an einem senegalesischen Schädel aus dem Neolithikum.

weichen zu lassen. Solche Eingriffe setzten eine mündlich tradierte, religiös fundierte Dämonologie voraus (Abb. 2). Bisher ist nicht bekannt, welche Betäubunsmittel gewählt wurden, weil diese an prähistorischen Knochenfunden nicht belegbar sind. Da die damaligen Heiler ein großes Geschick bei der Trepanation erkennen ließen, können wir davon ausgehen, dass chirurgische Eingriffe an anderen Skelettpartien ebenfalls gelungen sind. Dauerhafte und charakteristische Spuren an Skeletten und Skelettteilen weisen zumindest darauf hin. Therapeutische Maßnahmen wurden in prähistorischer Zeit auch bei Frakturen und Verrenkungen einzelner Körperglieder ergriffen. Wie die Skelettfunde zeigen, kam es damals häufig zu Unterarmbrüchen. War nur die Elle betroffen, konnte diese ohne Unterstützung abheilen. Waren jedoch beide Unterarmknochen gebrochen, verschoben sich die Knochen und lagerten sich übereinander. Ohne entsprechende Behandlung führte dieser Vorfall zu einer Verkürzung und deutlichen Knickung des Unterarms. Diese Knickung war für einen „Heilpraktiker" leicht zu entdecken und mit einem für den Patienten schmerzhaften Handgriff zu beheben. Weniger häufig scheint es gelungen zu sein, eine Übereinanderlagerung der Knochen und ein damit verbundenes falsches Verwachsen zu verhindern.

Die frühzeitlichen Menschen scheinen die Behandlung von Frakturen hauptsächlich auf die Ruhigstellung des verletzten Gliedes beschränkt zu haben.

Verrenkungen entzogen sich oftmals jeder Therapie. Bei der Untersuchung einzelner Oberarmknochenköpfe stellten Pathologen jedoch fest, dass hier Verrenkungen vorlagen, die therapeutisch eingerichtet wurden.

2. Die Entwicklung der Medizin in Ägypten, Mesopotamien, Griechenland und Rom

Um 3200 v.Chr. begann mit Narmer (nach griechischer Tradition: Menes), dem ersten Pharao, dessen Name von alten Texten und Dokumenten überliefert wird, die dynastische, historisch überlieferte Geschichte des vereinigten Reiches von Ober- und Unterägypten. Die uns erhaltengebliebenen medizinischen Dokumente stammen aus dem Neuen Reich (1650–1070 v.Chr.), sie stellen aber wahrscheinlich Kopien sehr viel älterer Abhandlungen dar. Es sieht so aus, als sei die ägyptische Medizin in sehr früher Zeit entstanden und danach, abgesehen von einigen unbedeutenden Varianten, bis zum Neuen Reich keiner weiteren Veränderung unterworfen worden. Die Einführung von magischen Praktiken in die ägyptische Medizin ist nach den uns erhaltenen Quellen sehr viel später erfolgt.

Durch eine Inschrift aus der 5. Dynastie (2480–2320 v.Chr.) wissen wir, dass die Ärzte schon damals über Papyri fachwissenschaftlichen Inhalts verfügt haben müssen. Die Inschrift besagt: „Als sein Chefarchitekt, Uash-Ptah, erkrankt war, rief der Pharao Neferirkare den obersten der Ärzte herbei und 'befahl, die Truhe mit den Büchern zu bringen'." Georg Moritz Ebers, von 1870–1889 Universitätsprofessor für Ägyptologie in Leipzig, entdeckte auf einer seiner Reisen nach Ägypten eine medizinische Rezeptsammlung auf einem Papyrus, der aus einer Raubgrabung in einem thebanischen Grab stammte. Diese Übersicht über die von 1650–1552 v. Chr. in Ägypten benutzten Drogen, Pflanzen und Gewürze gab der Forscher 1874 heraus. Sie wurde daher nach ihm Papyrus Ebers genannt. Das Original befindet sich heute in der Universitätsbibliothek Leipzig. Es ist der umfangreichste Papyrus, der uns zur ägyptischen Medizin überliefert ist. Auf über 20 Metern enthält er 108 Spalten mit Rezepten und anderen kurzen Texten, die manchmal keine erkennbare Ordnung aufweisen. Ein Großteil kopiert medizinische Werke des Alten Reiches (2660–2160 v. Chr.), andere Vorschriften stellen persönliche Beiträge des Schreibers dar. Einige Passagen werden durch Kapitelüberschriften wie die folgenden eingeleitet: „Grundlage des ärztlichen Geheimnisses: das Wissen über die Bewegung des Herzens und die Kenntnis des Herzens selbst“ oder „Anweisungen, um jemanden zu (pflegen), der ein Magenleiden hat“ sowie „Grundlage der Arzneimittel, die man für Frauen zubereiten soll“. Im Ganzen stellt der Text mehr eine Formelsammlung dar als eine Symptomatologie von Krankheiten und ihrer klinischen Behandlung. Nach unseren heutigen medizinischen Maßstäben überwiegen jedoch die sachdienlichen Vorschriften die abergläubischen und magischen Vorstellungen. Die Religion war mit der Heilkunst sehr eng verbunden. Bei vielen Krankheiten wurden die Götter angerufen, besonders der falkenköpfige Horus, Gott des Himmels, des Lichtes und der Güte. Seine Mutter Isis galt als Erfinderin der Arzneimittel. Die wohlwollende Himmelsgöttin Hathor, die den Kopf einer Kuh besitzt, wurde bei Frauenleiden und schwierigen Geburten angerufen. Thot, der Mondgott, entweder mit Ibiskopf oder mit Paviankörper dargestellt, war der Schutzherr der Schreiber. Aber auch die Augenärzte widmeten ihm einen besonderen Kult, denn man glaubte, er habe das Auge des Horus, das dessen böswilliger Bruder Seth verletzt hatte, geheilt.

Im altägyptischen Gesundheitswesen finden sich schon Ärzte für unterschiedliche Fachgebiete. Ein „Sunu“ war ein Allgemeinmediziner, ein „Arzt für verborgene Krankheiten“ entsprach möglicherweise einem Internisten, und ein „Hüter des Afters“ könnte ein Proktologe gewesen sein. Daneben gab es noch Spezialisten für Augenkrankheiten, Leib- und Zahnschmerzen. Wie wir aus Inschriften und Darstellungen auf Sarkophagen, Grabstelen oder Wänden von Grabkammern entnehmen können, waren die Ärzte hierarchisch organisiert. Neben der Bezeichnung ihres Fachgebietes führten sie häufig noch die Stellung an, die sie besaßen. Daher wissen wir, dass es „Oberärzte", „Vorsteher der Ärzte", „Anführer der Ärzte" und „Aufseher der Ärzte" gegeben hat. Als sich nach dem Tod von Amenophis IV. immer mehr lokale Gottheiten in der Bevölkerung durchsetzten, drang auch die Magie in die Medizin ein. Bei der Behandlung von Krankheiten wurden neben den alten, bewährten Heilvorschriften nun immer häufiger magische Riten und Formeln von den Ärzten eingesetzt.

In Mesopotamien hatte die Gesundheit gleichfalls einen sehr hohen Stellenwert. Im Gegensatz zur ägyptischen Mythologie, die den Gläubigen im Jenseits ein schönes Leben versprach, erweist sich die sumerische Religion als viel pessimistischer. Das Jenseits wird von den Priestern als unwirtlicher Ort beschrieben, an dem ruhelose Schattengeister ihr Unwesen treiben. Diese Jenseitsvorstellung herrschte auch bei den nachfolgenden semitischen Kulturen in Mesopotamien vor. So wurde die Gesundheit des Einzelnen als Gunst der Sterne und damit als Zeichen göttlicher Gnade interpretiert. Krankheit und Tod wurden entsprechend als Strafe der Götter verstanden, der es sich zu entziehen galt. Erkrankungen konnten mehrfach gedeutet werden: Entweder hatten die Götter unmittelbar eingegriffen, oder sie hatten ihren Schutz entzogen, oder Schwarze Magie hatte die Krankheit hervorgerufen. Die Aufgabe der Priesterärzte bestand im Wesentlichen darin, die durch das direkte oder indirekte Eingreifen der Götter verursachte Krankheit zu erkunden. An Körperzeichen wurde die Krankheit identifiziert, eine Behandlung konnte der Priesterarzt jedoch nur dann vornehmen, wenn es ihm gelungen war, den Willen der Götter zu ermitteln. Dazu gab es mehrere Möglichkeiten: die Empyromantik, d.h., die Bewegungen der Flammen eines entzündeten Feuers wurden interpretiert; die Lekanomantik, d.h., die Formen, die bei der Vermischung von Wasser und Öl entstanden, wurden gelesen, und die Oniromantik (Traumdeutung), die Astrologie und die Leberbeschau, bei der die Leber von Opfertieren, besonders von Schweinen auf den Willen der Götter hin untersucht wurde. Auf kleinen Keilschrifttafeln wurden Aufzeichnungen von Krankheitsbildern gefunden, die man mittels der dominierenden Körpersymptome beschrieb. Diese kurzgefassten Texte haben häufig die Form: „Wenn jemand an … (Nennung des Symptoms oder der Symptome) leidet, soll der Arzt … (Indikation der Therapie)."

In den mesopotamischen Kulturen finden wir die Anwendung und Verordnung von Heilmaßnahmen immer in Verbindung mit religiösen mantischen Zeremonien. Die Priesterärzte teilten sich in drei unterschiedliche Gruppen, es gab die „Azu", die Mediziner, die „Barû", die Seher, und die „Ashipu", die zuständig waren, wenn die Krankheit durch Schwarze Magie ausgelöst worden war. Die Ärztepriester waren in der Bevölkerung hoch angesehen, nicht jedoch die Chirurgen, die zur Schicht der Handwerker zählten und deren Behandlungsfehler bestraft werden konnten.

Die griechische Medizin hat von der Heilkunst der Völker des Vorderen Orients in ihrem Bestreben nach Verwissenschaftlichung nur die empirischen Teile, insbesondere die Pharmakologie, übernommen. Erste Hinweise auf die Medizin der Griechen finden wir bei Homer. In der „Ilias" wurden ärztliche Behandlungen noch von Laien ausgeführt, und das medizinische Wissen wurde vom Vater an den Sohn weitergegeben. Die medizinkundigen Helden in der „Ilias" beriefen sich auf ihre Abstammung von Asklepios (lat. Aesculapius), dem Gott der Heilkunst. Ihm war die Schlange heilig. Bis heute hat sich als Symbol des Ärztestandes der schlangenumwundene Äskulapstab erhalten. In Homers etwas jüngerer „Odyssee" finden wir dann schon die ersten Berufsärzte. Im 7. und 6. Jh. v. Chr. bildete sich in Griechenland ein Ärztestand aus, der sich ausschließlich auf Empirie beruhender rationaler Heilmethoden bediente. Zeitgleich entwickelte sich eine Tempelmedizin. Die Kultstätten, an denen Asklepios verehrt wurde, waren Wallfahrtsorte für Heilung suchende Kranke. Daneben existierten in den niederen Volksschichten auch vom Aberglauben bestimmte, magische Praktiken wie die Austreibung von Dämonen oder die Anwendung von Zaubersprüchen. Die Berufsärzte vervollkommneten jedoch ihre Erkenntnisse und schufen die erste wissenschaftlich zu nennende Medizin und damit die Grundlage für die moderne Medizin. Sie beschäftigten sich mit den Ursachen und den wesentlichen Symptomen von Krankheiten, der Pathologie und der Anatomie. Die Verwissenschaftlichung der Medizin findet ihren ersten Höhepunkt in den Schriften des Hippokrates (ca. 460–370 v. Chr.), der die Ursachen als Ursprünge der Krankheiten naturwissenschaftlich erklärte und die Auffassung vertrat, ein Arzt sei durch die Beobachtung einer ausreichenden Zahl von Krankheitsfällen in der Lage, den Verlauf einer Krankheit vorherzusagen. Beeinflusst von der Philosophie des Aristoteles (384–322 v. Chr.) mit ihrer Systematisierung und Ausdifferenzierung der einzelnen

Wissenschaften, gewannen im 4. Jh. v. Chr. auch die in der Antike noch spekulativ-theoretischen Sachgebiete der Medizin wie Anatomie und Physiologie immer mehr an Bedeutung. Im 3. Jh. v. Chr. schufen die alexandrinischen Ärzte Herophilos (um 335–280 v. Chr.) und Erasistratos (um 304–ca. 250 v. Chr.) mit ihren anatomischen Studien die Grundlage für die Entwicklung der Chirurgie.

Von Alexandria aus beeinflusste die griechische Medizin auch die römischen Eroberer. Asklepiades, ein alexandrinischer Rhetor und Arzt, der 91 v. Chr. nach Rom kam, machte die griechische Medizin in Rom bekannt. Bis zu dieser Zeit führten die Römer zur Heilung von Krankheiten überlieferte religiös-magische Rituale durch. Die römische Medizin fand ihren Höhepunkt und zugleich Abschluss im 2. Jh. n. Chr. im Werk Galens (ca. 129–199 n. Chr.). Seine anatomischen Untersuchungen mit all ihren Erkenntnissen, aber auch Irrtümern, bestimmten das Bild vom menschlichen Körper für die folgenden 1400 Jahre.

3. Medizin und Ethik

Das Lesen von Krankheitssymptomen war auch mit der Entwicklung ethisch-religiöser Prinzipien verbunden. Viele Prähistoriker gehen davon aus, dass Kranke als arbeitsunfähige und damit nutzlose Esser das Überleben der Sippe oder Gemeinschaft eher gefährdeten. Die prähistorischen und historischen Funde sprechen jedoch gegen diese Annahme. Schon sehr früh wurden erste Therapien angewandt, die sich unmittelbar gegen bestimmte Beschwerden des Patienten richteten. Eingangs schon erwähnt wurden das Einrichten von Verrenkungen und Knochenbrüchen sowie das Schienen von Gliedmaßen. Inwieweit damals schon Arzneien verabreicht wurden, weiß man nicht. Aus historischer Zeit ist die Verwendung von Pflanzenextrakten mit betäubender, sedierender oder anregender Wirkung bekannt. Aus unterschiedlichen ethisch-religiösen Motiven ging es immer darum, das Leben eines Menschen zu erhalten. Sicherlich spielte in den frühen Kulturen auch der Rang eine Rolle, den der Kranke in der Gesellschaftsordnung einnahm. Die medizinische Ethik des Abendlandes fand um 400 v. Chr. ihren Ausdruck im Eid des Hippokrates, der die Grundlagen des ärztlichen Berufsethos verbindlich festlegte. Der Eid lautet:

Ich schwöre bei Apollon dem Arzt und Asklepios und Hygieia und Panakeia und allen Göttern und Göttinnen, die ich zu Zeugen anrufe, dass ich diesen Eid und diese Verpflichtung nach bestem Wissen und Können erfüllen werde.
Ich schwöre, den, der mich diese Kunst gelehrt hat, gleich meinen Eltern zu ehren und ihm Anteil an meinem Lebensunterhalt zu geben, und wenn er in Schulden geraten sollte, ihn zu unterstützen und seine Söhne meinen Brüdern gleich zu halten und sie diese Kunst zu lehren, falls sie den Wunsch haben sollten, sie zu erlernen, und zwar ohne jede Vergütung und ohne jede schriftliche Verpflichtung. Und an Vorschriften, am Vortrag und an allen sonstigen Belehrungen werde ich meine Söhne und die meines Lehrers teilnehmen lassen, wie auch die mit mir eingeschriebenen Jünger der Kunst, die durch den ärztlichen Eid gebunden sind, aber niemandem sonst.
Und ich werde meine Verordnungen nach bestem Wissen und Können zum Heile der Kranken treffen, nie zu ihrem Verderben oder Schaden.
Ich werde auch nie jemandem eine Arznei geben, die den Tod herbeiführt, auch nicht, wenn ich darum gebeten wurde, und auch nie einen Rat in dieser Richtung erteilen. Ich werde keiner Frau ein Mittel zur Vernichtung keimenden Lebens geben.
Ich werde mein Leben und meine Kunst stets lauter und rein bewahren. In welche Häuser ich auch gehe, ich werde es nur zum Wohle der Kranken tun. Ich werde mich jeglicher eigennützigen und verderblichen Handlung enthalten. Ich werde vor allem niemals eine Frau oder einen Knaben verführen, handle es sich nun um Freie oder Sklaven.
Was ich in meiner Praxis sehe und höre und außerhalb dieser im Verkehr mit Menschen erfahre, was niemals anderen Menschen mitgeteilt werden darf, darüber werde ich schweigen in der Überzeugung, dass man solche Dinge stets geheim halten muss.
Wenn ich nun diesen Eid treu halte und nicht entweihe, dann möge mir in meinem Leben und meiner Kunst Segen und Erfolg beschieden sein, und ich möge bei allen Menschen zu jeder Zeit in hoher Achtung stehen. Wenn ich ihn aber verletze und eidbrüchig werde, dann möge mich das Gegenteil hiervon treffen.

Der Eid des Hippokrates ist das erste ethische Dokument, das wir aus dem Bereich der Medizin kennen, aber da hatte die Medizin schon einen langen Weg zurückgelegt, wie wir gesehen haben. Der hippokratische Eid war in der zitierten Form für die nächsten 2000 Jahre verbindlich, wurde dann den veränderten Verhältnissen angepasst und entsprechend umformuliert, zuletzt 1948 im Genfer Ärztegelöbnis, das auch in die Präambel der Berufsordnung für deutsche Ärzte einging. So bildet der Eid des Hippokrates immer noch den Kern eines Regelkatalogs für moralisch-ethisches Verhalten der Ärzte gegenüber ihren Patienten.

Die Erfindung der Schrift

1. Die ersten Schriftzeichen

Das bisher Gesagte lässt sich als vorbereitende Einführung zu einer kleinen Geschichte des Lesens auffassen, die zumindest die erforderliche Interdisziplinarität und die Mehrdeutigkeit, die in diesem Thema enthalten ist, deutlich gemacht haben sollte. Die Mythen berichten von Menschen, die irgendwann einmal lernten, die Sternbilder am nächtlichen Himmel zu lesen und aus den Symptomen des Körpers auf die zu Grunde liegenden Leiden zu schließen. Doch erst als es gelang, die gesprochene Sprache in geeigneter Form grafisch auszudrücken und sie mit Mitteilungsabsicht einem Medium, z. B. Holz, Stein, Papyrus, Ton oder Schnüren, aufzuprägen, entwickelten sich das Schreiben und das Lesen und damit zentrale Verfahren zwischenmenschlicher Kommunikation. Aber wie kam es dazu, dass so etwas wie Schrift erfunden und weiterentwickelt wurde? Zumindest in diesem Punkt scheint bei den Historikern Einigkeit zu herrschen. Sie gehen davon aus, dass menschliche Gemeinschaften zu einem bestimmten Zeitpunkt so komplex geworden waren, dass das menschliche Gedächtnis nicht mehr in der Lage war, die für den Einzelnen und die Gemeinschaft überlebensnotwendigen Informationen zu speichern und mündlich weiterzugeben. Solche Informationen konnten sich auf gänzlich verschiedene Themen beziehen, etwa ökonomischer, politischer oder religiöser Art. Bisher galt Mesopotamien, das fruchtbare Land zwischen Euphrat und Tigris, als Wiege der Schrift. In der über 5000 Jahre alten Stadt Uruk, die der biblischen Stadt Exedi entspricht (heute Warak im Süden des Irak), wurden seit 1912 Grabungen durchgeführt. In ihrem Verlauf stieß man auch auf Tonkugeln, ungefähr so groß wie Tennisbälle, die mit Partikeln gefüllt waren. Anfangs deuteten die Archäologen und Historiker diese Partikel, die aus Kegeln, Scheibchen und

Bildern bestanden, als magische Amulette und schenkten ihnen wenig Aufmerksamkeit. Erst in jüngerer Zeit entdeckte man, dass es sich bei den gefüllten Tonkugeln auch um Dokumente gehandelt haben könnte. Möglicherweise wurden die Tonkugeln z.B. bei der Versendung von Waren verwendet. Anhand des Inhalts solch einer Tonkugel konnte der Empfänger der Ware überprüfen, ob er tatsächlich die Stückzahl erhalten hatte, die der Absender aufgegeben hatte. Die Leser der Tonkugeln waren also Händler und Kaufleute, die sich auf diese Weise vor Betrug schützen wollten. Ob damit die Geschichte der Schrift in Mesopotamien begann, bleibt ungewiss. Genauso ist denkbar, dass sich mehrere Verfahren gleichzeitig oder nacheinander entwickelten und sich dabei nicht oder nur wenig beeinflussten. Es scheint aber so, dass diese Vorformen des Schreibens und Lesens für eine effiziente Buchführung notwendig waren. Nicht nur die Kaufleute, auch die Politiker waren für die Verwaltung der wachsenden Stadtgesellschaft darauf angewiesen, in irgendeiner Form Zahlenmaterial zu bewahren. Verwaltungsbeamte und Händler bedienten sich unterschiedlich geformter Körper, um mit ihnen jeweils einen Zahlenwert auszudrücken. Die immer größer werdende Komplexität, mit der sich die Verwaltung u.a. durch den Bau gigantischer Tempelanlagen konfrontiert sah, erforderte neben der Möglichkeit, Zahlen zu speichern, auch ein System von Bildzeichen, ähnlich unseren heutigen Piktogrammen, denen die Leser Informationen und Handlungsanweisungen entnehmen konnten. Diese Bildzeichen waren wie die Körper zum Ausdruck unterschiedlicher Zahlenwerte sprachunabhängig. Viele Wissenschaftler gehen heute davon aus, dass sich aus diesen Bildzeichen die Keilschrift entwickelte. Durch sie konnte der Leser, in der Regel Verwaltungsbeamter und Priester in Personalunion, die Maße und die Menge von Waren erfahren, ohne diese selbst in Augenschein nehmen zu müssen. Gleichzeitig erhielt der Leser Auskunft z.B. über den Lieferanten, die Verwaltung und Versendung der Ware. Bei den Ausgrabungen in Mesopotamien hat man Zigtausende von Tontäfelchen gefunden, in die Keile eingeritzt waren. Als es gelang, diese Keile als Schrift zu entziffern, fanden sich Rezepte für unterschiedliche Biersorten, Rechnungen über Getreidelieferungen, Listen der Viehbestände, Anweisungen zur Verpflegung von Bauarbeitern etc. Natürlich wurden auch Keilschrifttexte mit religiösem und geschichtlichem Inhalt gefunden, wobei die Summe der Texte uns ein Bild des vorbiblischen und vorchristlichen Altertums vermittelt. Einiges sagt dieses Bild auch über den Leser aus: Er hatte sicherlich eine priesterliche Bildung genossen, übte aber unterschiedliche Funktionen in der Administration und im Handel aus.

Auch bei der Entstehung der ägyptischen Schrift spielten Bildzeichen eine große Rolle. Wissenschaftler vermuten, dass sich die ägyptische Schrift aus Verzierungen entwickelte, die auf Vasen und anderen Dingen des täglichen Gebrauchs eingeritzt wurden. Diese stellten dann eine Art visueller Mitteilung für den Leser dar. Von einer eigentlichen Schrift kann man jedoch erst sprechen, wenn die verwendeten Zeichen eine Umsetzung in Sprachlaute ermöglichen. In welcher Region die Schrift zuerst „erfunden" wurde, ob in Mesopotamien, Ägypten oder in der Induszivilisation, bleibt unter den Forschern umstritten. In den drei genannten Hochkulturen entwickelte sich die Schrift etwa in der Zeit von 5500–4800 v.Chr. Viele Sprachwissenschaftler nehmen an, dass aus zunächst noch eingeschränkten Schriftsystemen mit der Zeit vollständige Schriftsysteme hervorgingen, in denen alle Vorstellungen, die sich in gesprochener Sprache ausdrücken lassen, mehr oder weniger unzweideutig auch darstellen ließen, nun auch schriftlich dargestellt werden konnten. Am Beispiel der schon erwähnten Keilschrift soll solch eine mögliche Entwicklung skizziert werden.

Anhand von Täfelchen aus den sumerischen Tempelschulen, die auf der einen Seite die vom Lehrer geschriebene Vorlage, auf der anderen die vom Schüler gefertigte Abschrift tragen, kann man verschiedene Stufen der Keilschrift verfolgen. Die ersten Exemplare dieser Schrift, die nach Ansicht von Spezialisten eher eine Gedächtnishilfe war, sind vereinfachte Zeichnungen, die in stilisierter Form z.B. ein Rinderhaupt darstellen, um ein Rind zu bezeichnen, oder ein Schamdreieck mit einem Strich für eine Frau. Es sind Piktogramme, die jeweils auf einen Gegenstand oder ein Lebewesen verweisen. Heute kennen wir etwa 1500 verschiedene dieser Zeichen. Indem man mehrere davon verbindet, lässt sich dann ein Gedankengang ausdrücken. Daher stammt der Ausdruck „Ideogramm", dem man zuweilen begegnet. Ideogramme sind Schriftzeichen, die sich nun nicht mehr wie Piktogramme auf ein bestimmtes Lebewesen oder einen bestimmten Gegenstand beziehen, den sie in abstrakter Form abbilden. Sie geben stattdessen einen ganzen Begriff wieder, wie z.B. in der Hieroglyphenschrift und in der chinesischen Schrift. Fügt man etwa dem Schamdreieck das Zeichen für Gebirge hinzu, drückt dieses Ideogramm aus, dass es sich um fremde Frauen handelt, die von der anderen Seite des Gebirges stammen, d.h. Sklavinnen. Wir können sagen, Piktogramme,

Ideogramme oder Objekte haben die Aufgabe, Vorstellungen oder Eindrücke in Erinnerung zu rufen, die anschließend durch die Sprache ausgedrückt werden.

In den Fluss- und Sumpfgebieten Mesopotamiens gab es Ton und Schilf in Hülle und Fülle, so dass es nicht an Schreibmaterial fehlte. Anfänglich ritzten die sumerischen Beamten ihre Zeichen mit Griffeln aus angespitztem Schilfrohr in die Tontäfelchen. Diese Griffel, die Vorfahren unserer Federhalter und Bleistifte, hatten scharfe Kanten und hinterließen charakteristische Abdrücke im feuchten Ton, z. B. Ecken, Keile, Nägel oder auch Kreise. Die weichen Tontäfelchen ließ man an der Sonne trocknen oder brannte sie in einem Ofen. Die primitiven Zeichnungen entwickeln sich mit der Zeit zu aus Keilen zusammengesetzten Gebilden, daher der Name für diese Schrift: Keilschrift. Man darf jedoch nicht glauben, die Form der Schriftzeichen sei der Freiheit der einzelnen Künstler überlassen gewesen. Vielmehr existierten ganze Register von von Schreibern angelegter Listen, eine Art einfacher Lexika, in denen die Formen der Zeichen festgelegt waren.

2. Die Phonetisierung der Schrift und ihre Entwicklung

Etwa gegen 2900 v. Chr. beginnt eine einzigartige Entwicklung. Die Piktogramme verlieren durch die jahrhundertelange Umformung ihre ursprüngliche Funktion und ihren realen Bezug. Die Griffel werden zu Schreibwerkzeugen entwickelt, die nur noch konisch zulaufende Abdrücke hinterlassen. So werden die Konturen der Piktogramme nach und nach in keilförmige Muster umgewandelt, die schließlich ein solches Maß an Stilisierung aufweisen, dass sie den ursprünglichen Piktogrammen kaum noch ähneln. Jedes Zeichen kann nun je nach Zusammenhang verschiedene Bedeutungen haben. Das Zeichen für „Fuß" kann beispielsweise „gehen", „aufrecht stehen", „transportieren" usw. bedeuten, das Zeichen für „Stern" sowohl den Gott als auch das Gestirn meinen. Die meisten sumerischen Wörter waren einsilbig, daher entsprachen die Zeichen – unabhängig von ihrer ursprünglichen Bedeutung – bald nur noch einzelnen Silben. Zeichen, die als Wortzeichen oder Logogramme anfangs mehr als ein Wort darstellten, erhielten nun auch verschiedene Silbenwerte. Im Laufe der Zeit verband sich nur noch eine Bedeutung mit einem Zeichen und die Zahl der Zeichen verringerte sich. Bald waren nur noch etwa 600 Zeichen in Gebrauch, aber die Kenntnis dieser Zeichen war für alle Schreibkundigen immer noch eine beachtliche Gedächtnisleistung. Zunächst standen die verwendeten Zeichen für Dinge oder Lebewesen. Der entscheidende Fortschritt in der Entwicklung der Schrift bestand nun darin, dass die Zeichen sich jetzt auf die Lautwerte der Wörter der gesprochenen Sprache bezogen. Am Anfang einer jeden wirklichen Schrift steht also die Phonetisierung. Die Sumerer wie auch die alten Ägypter benutzten dafür ein Verfahren, das wie eine Spielerei wirkt, nämlich das Bilderrätsel. Sie kamen auf die Idee, sich eines Piktogramms zu bedienen, das nicht das dargestellte Objekt bezeichnet, sondern für ein ähnlich klingendes Wort steht. Das Bild von Sand und das Bild der Ahle stehen nicht jeweils für das Material oder das Werkzeug, sondern zusammen für das Schuhwerk „Sandale". So verwendete man das sumerische Piktogramm für Pfeil „ti", um den Begriff „Leben", der ebenfalls „ti" gesprochen wird, wiederzugeben. Dies ist nur ein einfaches Beispiel, denn die Phonetisierung entwickelte sich über lange Zeiträume und auf eine sehr komplexe Weise. An diesem Punkt der Entwicklung mussten die sumerischen Schreiber Determinative einführen, die die verwendeten Zeichen klassifizierten, um klarzustellen, ob es sich um das Objekt oder den Lautbezug handelte. Erst dadurch wurde ein eindeutiges Lesen möglich.

Die Akkader, die semitischen Vorfahren der Araber und Hebräer, beherrschten schließlich ganz Mesopotamien. Ihre Vorherrschaft führte dazu, das man um das Jahr 2000 v. Chr. im ganzen Land nur noch akkadisch sprach. Die Keilschrift wurde in dieser Zeit zu einer echten Schrift, mit der man nicht nur das Akkadische, sondern auch noch die alte sumerische Sprache schreiben konnte, die inzwischen zur heiligen Sprache geworden war. Auch das Königreich Babylon, das sich ab 1760 v. Chr. entwickelte, und später das Assyrerreich im Norden übernahmen die Keilschrift (Abb. 3). Die Schrift, ursprünglich aus den Bedürfnissen des Rechnungswesens geboren, wurde bei den Bewohnern Mesopotamiens nach und nach zur Merkhilfe, später zu einem Mittel, um die gesprochene Sprache festzuhalten, vor allem aber zu einer neuen Art und Weise, sich mitzuteilen. So erfanden die Sumerer, Akkader, Babylonier und Assyrer den Brief, die Post und sogar Briefumschläge aus Ton. Neben tausend anderen wichtigen Dingen konnte man mit der Keilschrift religiöse Hym-

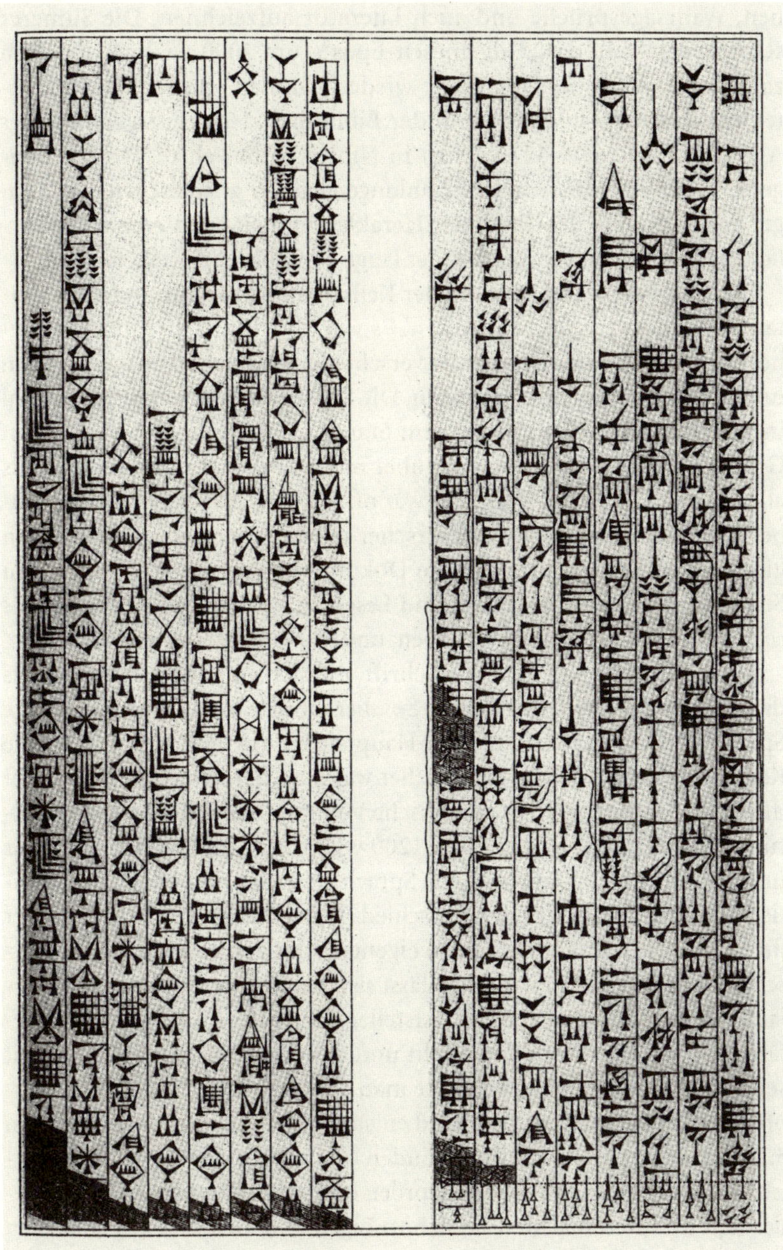

Abb. 3: Babylonisch-assyrische Keilschrift.

nen, Wahrsagesprüche und auch Literatur aufzeichnen. Die Sumerer schrieben so z. B. das „Gilgamesch-Epos“ (um 2000 v. Chr.), von dem zahlreiche verstreute Fragmente wiedergefunden wurden. Die bedeutendste Fassung ist wohl die in der Bibliothek des assyrischen Königs Assur Banipal (669–627 v. Chr.) in Ninive aufbewahrte. Das Heldengedicht, ein Vorläufer einiger Erzählungen aus der griechischen Mythologie, insbesondere der Taten des Herakles, enthält auch einen ausführlichen Bericht über die Sintflut, der lange vor biblischer Zeit entstand.

Das Schreiben und Lesen in der Keilschrift ist für die alten Mesopotamier keineswegs leicht gewesen. Es war eine Kunst, die nur jene beherrschten, die wussten, wie die verschiedenen Zeichen ausgesprochen und interpretiert werden mussten. Die Schreibmeister gehörten sowohl in Babylon als auch in Assur dem Stand der Aristokraten an, der auf Grund der Schriftbeherrschung über mehr Informationen verfügte als alle anderen. Der Schreibmeister war oftmals mächtiger als die analphabetischen Höflinge oder der Herrscher selbst. An den Schreiberschulen ging es streng zu, wie zahlreiche Dokumente und Hausaufgaben von Schülern bezeugen. Schreiben und Lesen zu können bedeutete damals schon, Macht und Einfluss zu haben, und war ein besonderes Privileg.

Die Keilschrift war die erste Schrift, die sich an andere Sprachen als das Akkadische anpassen konnte. So übernahm z. B. das Elamitische, die Sprache des Landes Elam mit der Hauptstadt Susa im heutigen Iran, die Keilschriftzeichen. Noch erstaunlicher war die Übernahme der Keilschrift durch die Hethiter. Dieses anatolische Volk im Gebiet der heutigen Osttürkei besaß zwischen 1400 und 1200 v. Chr. eine hochstehende Kultur und sprach eine indoeuropäische Sprache, die sich erheblich vom semitischstämmigen Akkadisch unterschied. Trotzdem ersetzten die Hethiter ihre zunächst sehr andersartigen eigenen Piktogramme durch die Keilschrift. Ein ähnliches Phänomen lässt sich beim Altpersischen, dem Vorläufer des modernen Persisch, feststellen. Im Perserreich, welches ungefähr dem heutigen Iran entspricht und das gegen 500 v. Chr. den Zenit seines Ruhmes erreichte, benutzte man ebenfalls die Keilschrift. So verbreitete sich die im Zweistromland entstandene Keilschrift zwischen dem 3. und 1. Jahrtausend v. Chr. im Süden bis nach Palästina, wo Kanaanäisch gesprochen wurde, und im Norden bis nach Armenien. Die verschiedensten Kulturen machten sie sich zu Eigen und die unterschiedlichsten Sprachen – oft nicht oder nur weit entfernt miteinander verwandt – wurden damit niedergeschrieben. Doch ohne diesen Übergriff auf andere

Sprachen wäre es den Gelehrten wohl nie gelungen, die Geheimnisse der Keilschrift zu entziffern. Während sich in ganz Mesopotamien die Keilschrift verbreitete, entstanden oder galten im nahen Ägypten und im fernen China andere Schriftsysteme. An allen Enden der Welt machten sich die Menschen daran, ihre Geschichte auf Stein, Ton oder Papyrus niederzuschreiben, und viele sahen in der Schrift ein göttliches Geschenk.

Die Geschichte des alten Ägypten wäre sicherlich zum größten Teil unbekannt geblieben, hätten nicht Jean-François Champollion und die Ägyptologen das Geheimnis der Hieroglyphenschrift gelüftet. Bei den Hieroglyphen haben wir es im Unterschied zur streng geometrischen, abstrakten Keilschrift mit einer faszinierenden, poetischen und gleichsam lebendigen Schrift zu tun, die aus stilisierten Zeichnungen besteht: menschlichen Köpfen, Vögeln und verschiedenen anderen Tieren, Pflanzen und Blüten. Sumerer und Ägypter lebten in ähnlichen geografischen Räumen und ihre Kulturen wiesen augenfällige gemeinsame Züge auf. Daher suchen die Gelehrten bis heute auch nach Gemeinsamkeiten zwischen den Piktogrammen der Sumerer und den Hieroglyphen der Ägypter. Bislang existieren jedoch nur Hypothesen, die Forschung ist noch keineswegs abgeschlossen.

Die alten Ägypter glaubten, der Gott Thot habe die Schrift geschaffen und sie dann den Menschen geschenkt (Abb. 4). Die frühesten Hieroglyphenfunde stammen aus dem 4. Jahrtausend v. Chr., aber es scheint, als sei die Schrift noch früher entstanden. Jedenfalls hat sie sich bis etwa 390 n. Chr., als Ägypten längst von den Römern beherrscht wurde, nicht nennenswert verändert. Im Laufe der Jahrtausende hatte sich jedoch die Zahl der Zeichen beträchtlich erhöht, von etwa 700 auf ungefähr 5000. Im Unterschied zu ihren sumerischen Nachbarn schufen die Ägypter von Anfang an ein grafisches System, mit dem sie jedweden Gedanken ausdrücken konnten. Während sich bei den Mesopotamiern die primitiven Aufzeichnungen nach und nach von der Erinnerungshilfe zur Schrift entwickelten, waren die Hieroglyphen schon in den frühesten Zeugnissen eine echte Schrift, d. h. ein vollständiges Schriftsystem. Sie gaben die gesprochene Sprache, die man in Resten bis ins heutige Koptisch verfolgen kann, wieder und waren in der Lage, konkrete und abstrakte Realitäten auszudrücken. So schrieb man damit ebenso Texte zur Landwirtschaft, Medizin und Erziehung wie auch Gebete, Legenden, Rechtstexte und Literatur jeglicher Art. Die Originalität und Vielfalt dieser Schrift rühren daher, dass sie aus drei Arten von Zeichen besteht: aus Piktogrammen

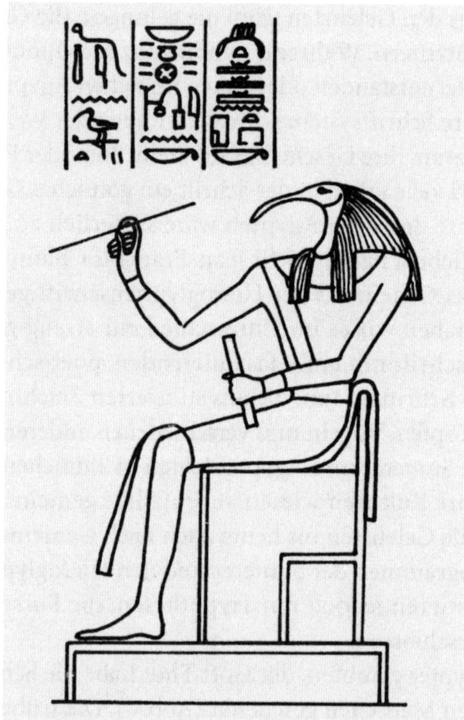

Abb. 4: Der Gott Thot auf seinem Thron.
In der rechten Hand hält er einen Binsenstengel
zum Schreiben, in der linken eine Papyrusrolle.
Zeichnung nach einer Darstellung
aus dem Tempel von Ramses II. in Abydos.
Die Übersetzung der Hieroglyphen
(von links nach rechts zu lesen)
lautet: „Rede des Thot, Herr der Achtheit,
Schreiber für dich und Freude für dein Haus".

(stilisierten Bildzeichen für Dinge und Lebewesen, die in bestimmten Zeichenkombinationen auch Gedanken ausdrücken können), aus Phonogrammen (denselben Zeichen, die in diesem Fall jedoch Laute ausdrücken) und schließlich aus Determinativen, die verdeutlichten, ob sich ein Zeichen auf ein Objekt, also Dinge und Lebewesen, oder den Laut bezieht. Am häufigsten werden die Hieroglyphen von rechts nach links gelesen, wobei die Leserichtung jedoch erst durch die Haltung menschlicher Köpfe oder die Blickrichtung von Vögeln festgelegt wird. Der Leser soll auf das Gesicht oder den Schnabel zu lesen. Das ist nicht immer ganz leicht. Wenn sich z. B. eine Inschrift an den Mauern eines Tempels in der Nähe der Statue eines wichtigen Gottes oder eines Pharaos befindet, wenden sich die Gesichter in der Inschrift dieser zu, was natürlich die Leserichtung ändert und das Verständnis erschwert. Die Hieroglyphen können genauso gut von oben nach unten bzw. von links nach rechts verlaufen und in der darauf folgenden Zeile umgekehrt. Letzteres bezeichnet man als Zweiläufigkeit, Bustrophedon, das heißt wörtlich: „wie ein Ochse, der hin und her geht, wenn der Pflüger die Furchen zieht“. Die Hieroglyphen sind jedoch auch in anderer Hinsicht eine Schrift der Götter, denn überall auf Tempelmauern und Grabwänden werden die zahlreichen Götter des alten Ägypten verherrlicht, ja die Hieroglyphen selbst sind geheiligte Zeichen. Durch das Einmeißeln der Texte in Tempel- und Grabwände, durch das Fixieren im ewigen Stein wurden die Texte selbst und mit ihnen die Schriftzeichen ewig und heilig. Ob in Stein gemeißelt, gezeichnet oder gemalt, die Hieroglyphen vermitteln einerseits eine Botschaft und sind gleichzeitig visuelle Gedichte, die nach Meinung der alten Ägypter nur aus göttlicher Eingebung stammen konnten. Auch für uns ist der Zauber der heiligen Bildzeichen noch spürbar. Selbst wenn wir sie nicht lesen können, faszinieren uns doch die fein ziselierten Formen. Die zahlreichen Monumente und Dokumente, die man in Ägypten wiederentdeckte, enthüllen – wie schon die Keilschrift – die vielfältigen Aspekte einer sehr hoch stehenden Zivilisation (Abb. 5). Die Schrift erlaubte es den alten Ägyptern, ihre Geschichte aufzuzeichnen, Königslisten anzulegen oder von wichtigen Begebenheiten wie königlichen Hochzeiten und Schlachten zu erzählen. Überall, auch in Ägypten, entstand Geschichte eigentlich erst, als die Ereignisse mit Hilfe der Schrift zum ersten Mal in ein chronologisches System gebracht werden konnten.

3. Die Schrift als Träger von Literatur und ihre Leser

Die Hieroglyphenschrift ist aber auch Träger der Literatur. Die altägyptische Literatur ist von ungeheurem Reichtum. Sie umfasst die verschiedensten Sparten, moralische Maximen, Hymnen an Götter und Könige,

Abb. 5: Teil eines ägyptischen Wandgemäldes aus den Pyramiden.

historische Erzählungen und Abenteuerromane, Liebeslieder, epische Gedichte und Tierfabeln. Zu den bekanntesten Literaturdenkmälern gehört das Totenbuch, das während der 19. Dynastie, also im 13. Jahrhundert v. Chr., in Hieroglyphen niedergeschrieben wurde. Nicht zu vergessen sind auch die geografischen und naturwissenschaftlichen Texte sowie alle Werke über Weissagekunst und Magie, Medizin, Pharmazie, Küche, Astronomie und Zeitmessung. Letztere erreichten nicht zuletzt dank der Schrift eine erstaunliche Genauigkeit. Im 3. Jahrtausend v. Ch. führte man anstelle des Mondkalenders den Sonnenkalender mit $365^{1}/_{4}$ Tagen pro Jahr ein.

Ebenso wie in Mesopotamien war auch in Ägypten die Kunst des Lesens und Schreibens ein Privileg, das Macht verlieh. Die Schreiber waren nicht nur Meister der Schrift, sondern kontrollierten auch die Ausbildung, denn jeder Unterricht war zunächst und vor allem Schreibunterricht. Insbesondere wegen der Vielfalt der Hieroglyphen erwies sich der Unterricht als sehr schwierig. Die Kinder traten mit etwa sechs Jahren in die Schule ein, blieben aber in der Regel nur wenige Jahre. Die begabtesten studierten jedoch bis in das Erwachsenenalter hinein weiter. Der Unterricht, den die ägyptischen Lehrer erteilten, umfasste Gedächtnis-

und Leseübungen. Stundenlang mussten die Schüler im Chor psalmodieren. Schreiben lernten sie durch Abschreiben und Diktate zunächst in kursiv-hieratischer Schrift. „Hieratisch" ist die griechische Bezeichnung für die altägyptische Schreibschrift, die fast gleichzeitig mit den Hieroglyphen um 3000 v. Chr. entstand. Sie war lange Zeit die Verwaltungsschrift und wurde erst ab ca. 1000 v. Chr. nur noch für religiöse Texte benutzt. Erst von da an trifft die Bezeichnung „hieratisch", nämlich priesterlich, zu. Später lernten die Kinder Hieroglyphen zu schreiben. Wenn man einer ägyptischen Redensart glauben kann, wurden auch körperliche Strafen angewandt. „Der Jüngling hat einen Rücken; er hört, wenn man ihn schlägt",[1] war Grundsatz der Erziehung. Für Faulpelze gab es sogar Gefängnisstrafen. Die harte Ausbildung lohnte sich jedoch, denn die Schreiber bildeten eine mächtige Kaste. Sie wurden oft am königlichen Hof beschäftigt, was ihnen zuweilen großen Einfluss verlieh, vor allem dann, wenn der Pharao selbst sich damit begnügte, ein Gott zu sein und darauf verzichtete, Lesen, Schreiben und Rechnen zu lernen. Im Gegensatz zu ihren mesopotamischen Kollegen besaßen die ägyptischen Schreiber eine Reihe verschiedener Schreibmaterialien: neben Stein und Ton den biegsamen Papyrus. Papyrus ist eine Pflanze, die in den Sümpfen des Niltals und -deltas in großen Mengen vorkommt. Man fertigte daraus zahlreiche Alltagsgegenstände, beispielsweise Seile, Sandalen und Segel. Aus seinen faserigen Stängeln lässt sich ein Material herstellen, das die Welt der Schrift revolutionierte: das Papier. Man schneidet den Stängel der Pflanze in dünne Streifen und legt diese parallel nebeneinander, so dass sie sich leicht überlappen. Eine zweite Lage kommt quer darüber, wodurch ein Blatt mit glatter, weicher Oberfläche entsteht, das trockengepresst und poliert wird. Schließlich klebt man etwa 20 Blatt mit Stärkekleister zu einer mehrere Meter langen Bahn zusammen, die anschließend gerollt wird. Der Schreiber arbeitete im Schneidersitz, wobei er den Papyrus auf seinen gestärkten Schurz zwischen den Knien legte. Dabei wickelte er die Rolle mit der linken Hand ab, beschrieb den Papyrus und rollte ihn dann mit der rechten Hand wieder auf. Je nach Text konnten die Rollen unterschiedlich lang sein. Der längste erhaltene Papyrus misst ca. 40 Meter. Zum Schreiben benutzte man ein etwa 20 Zentimeter langes Schilfrohr, dessen Ende je nach Bedarf platt gehämmert oder schräg geschnitten war. Die schwarze, dickflüssige und sehr haltbare Tinte bestand aus einer Mischung aus Rußpulver und Wasser. Als Bindemittel wurde Gummiarabicum, ein wasserlöslicher Milchsaft verschiedener Akazienarten, zugesetzt. Titel, Überschriften und Kapitelanfänge wurden mit roter Tinte geschrieben, die aus Zinnoberpulver, einer Quecksilber-Schwefel-Verbindung, oder aus Bleioxyd bestand. Die Papyrusherstellung war Staatsmonopol. Das Material wurde in das gesamte Mittelmeergebiet exportiert und war für Ägypten eine wichtige Einnahmequelle. Aber auch im Landesinneren wirkte sich das Monopol auf den Papyruspreis aus, zum Ärger von Schreibern und Schülern. Die Zahl der Palimpseste, derjenigen Papyrusstücke, von denen der ursprüngliche Text abgekratzt wurde, um sie ein weiteres Mal zu verwenden, deutet darauf hin, dass der Preis für neuen Papyrus sehr hoch war.

Auch die alten Ägypter kannten schon das Leder als Schreibmaterial. Da Leder aber noch teurer war als Papyrus, benutzte man es ausschließlich für Texte von großer Bedeutung. Hieroglyphen auf Papyrus zu zeichnen, erforderte viel Geduld und Genauigkeit. Außerdem war diese Schrift mit ihren zierlichen Bildern nicht für jene Schreibarbeiten des täglichen Lebens geeignet, die besonders schnell vonstatten gehen mussten. So erfanden die Schreiber fast gleichzeitig mit der Hieroglyphenschrift eine Kursivschrift. „Kursiv“ kommt vom Lateinischen *currere* = laufen. Wie bereits erwähnt, wurde diese Kursivschrift auf Griechisch hieratisch, d.h. priesterlich, genannt, denn offenbar wurde sie ursprünglich von den Priestern benutzt, so überliefert es der griechische Historiker Herodot. Die Kursivschrift besteht aus denselben Elementen wie die Hieroglyphenschrift, nämlich Ideogramm, Phonogramm und Determinativ, diese sind aber oft ineinander verschlungen und weichen zunehmend vom ursprünglichen Bild ab, werden also immer abstrakter. Um 650 v.Chr., noch während die Hieroglyphen und das kursive Hieratisch in Gebrauch sind, taucht eine übersichtlichere, flüssigere Kursivschrift auf, deren Buchstaben zusammenhängen und mit Ligaturen versehen sind und die wie das Hieratische von links nach rechts gelesen wird. Diese demotische oder Volksschrift entwickelte sich zur Gebrauchsschrift in Ägypten. Auf dem berühmten Stein von Rosette, anhand dessen Champollion das Geheimnis der Hieroglyphen entzifferte, steht derselbe Text in Hieroglyphen, in Demotisch und in Griechisch zu lesen. Obwohl die hieroglyphische Schriftform wesentlich aufwendiger zu schreiben war als die hieratische oder die demotische, blieb sie weiterhin für in Stein geschnittene Monumentalinschriften in Gebrauch. Gerade weil sie eine Bilderschrift war, wurde sie in Ägypten zur Verzierung von Baudenkmälern verwendet. Für Laien ist kaum zu erkennen, dass es sich bei den demotischen

Zeichen und den Hieroglyphen um ursprünglich ein und dieselbe Schrift handelt. Bis heute haben sich Spuren der demotischen Schrift erhalten. So sind nicht nur in der koptischen Kunst und Architektur Elemente des Altägyptischen enthalten, auch in der koptischen Schrift haben einige Zeichen des Demotischen überdauert. Champollion ging also zu Recht davon aus, dass man vor allem die koptische Schrift lesen können muss, um die alte ägyptische Schrift zu verstehen.

Wer waren nun die Leser im alten Ägypten? Sicherlich zunächst diejenigen, die das „Unterrichtshaus", d.h. die Schule, besucht hatten. Der Besuch dieser Schule war kein Privileg eines höheren Standes, sondern stand jedem Jungen offen, den seine Eltern ernähren konnten. Der Unterricht bestand, wie schon erwähnt, hauptsächlich im Kopieren von Texten, um die Schüler in der Recht- und Schönschreibung zu üben. Als Textvorlage besonders beliebt waren „Unterweisungen", die hauptsächlich Weisheits- und Anstandsregeln enthielten. Später wurden die Schüler auch in der Kunst, Briefe stilistisch einwandfrei zu verfassen, unterrichtet. Die ausgebildeten Schreiber dürften zugleich Vorleser gewesen sein, so dass sich die etwa um 2000 v. Chr. entstandene Literatur auch in den nicht lesekundigen Teilen der Bevölkerung verbreiten konnte. Die ägyptischen Erzählungen entstanden in einer Periode, in der der Gebrauch der Schrift wie selbstverständlich zum Alltagsleben gehörte und die Kunstfertigkeit der Schreiber so groß war, dass sie neben den unbedingt notwendigen Texten auch Geschichten aufschrieben, die sie teils erfanden, teils wohl schon lange mündlich überliefert waren. Als das bedeutendste Literaturwerk Altägyptens gilt die „Sinuhe"-Erzählung, die uns teilweise fragmentarisch auf fünf Papyri und 17 Ostraka (griech. *ostrakon* = Tonscherbe) erhalten ist. Diese Erzählung schildert in halbpoetischem Stil die Erlebnisse eines Ägypters, der in freiwilliger Verbannung jahrzehntelang unter syrischen Beduinen lebt. Sinuhe, ein ägyptischer Hofbeamter unter Amenemhêt I., dem Vater von Sesostris I., erfährt auf einem Feldzug gegen die Libyer, dass Amenemhêt I. ermordet wurde und der Harem, der in seine Obhut gehörte, in diesen Mordanschlag verwickelt war. Sinuhe flieht an die Ostgrenze Ägyptens und gelangt dort zur „Fürstenmauer", die errichtet worden war, um Beduinen abzuwehren. Er überwindet nachts diese Sperre und erreicht bei Tagesanbruch das Land Peten.

„Durst befiel mich, ich war am Ersticken und meine Kehle glühte. Da sagte ich: 'Das ist der Geschmack des Todes'. Als ich aber mein Herz aufgerichtet und meine Glieder zusammengerafft hatte, hörte ich das Brüllen der Herden und erblickte Beduinen"[2], heißt es in der Erzählung. Sinuhe wird von Ammin-enschi, dem Fürsten von Ober-Petenu, freundlich aufgenommen: „Er setzte mich an die Spitze seiner Kinder und verheiratete mich mit seiner ältesten Tochter … Er machte mich zum Fürsten eines Stammes in dem besten Teil seines Landes."[3] Sinuhe führt für den Fürsten auch Militäraktionen durch und erbeutet bei einem siegreichen Zweikampf mit einem Stammesfürsten aus Petenu dessen Besitz. Gegenüber dem Fürsten Ammin-enschi äußert sich Sinuhe lobend über Ägyptens neuen Herrscher Sesostris I. und rät seinem Gastgeber, diplomatische Beziehungen mit diesem aufzunehmen, denn „einem Lande, das ihm treu sein will, tut er (der Pharao) unaufhörlich Gutes"[4]. Hier wird eine politische Dimension der Sinuhe-Erzählung deutlich: Sinuhe macht eindeutig für den König Sesostris I. Propaganda. Als Sinuhe alt ist und spürt, dass er nicht mehr lange zu leben hat, schreibt er an den ägyptischen Herrscher: „Du wirst mir doch gewähren, dass ich den Ort, an dem mein Herz weilt, wiedersehe! Was ist größer, als dass mein Leib in dem Lande bestattet werde, in dem ich geboren bin!?"[5] Sesostris befiehlt Sinuhe zurückzukehren, denn nur in Ägypten kann dieser das rituelle Begräbnis erhalten, das es ihm erlaubt, nach seinem Tod im Jenseits ein ruhiges und zufriedenes Dasein zu führen. Das Jenseits dachten sich die Ägypter als dem Irdischen ganz ähnlich: Man aß und trank, säte und erntete, ging auf die Jagd, lobte die Götter und empfing Opfergaben. Der Reiche nahm seine liebsten Gegenstände und die Bilder seiner Diener, der Mächtige die Insignien seiner Würde, der Arme sein Handwerkszeug mit ins Grab, um im Jenseits seinen Lebenslauf weiterführen zu können, den der Tod nur unterbrochen hatte. Die königlichen Handwerker und Baumeister errichteten Sinuhe ein Grab, „eine steinerne Pyramide, inmitten der Pyramiden …"[6]. Die Erzählung schließt mit den Worten: „So erfuhr ich die Belohnungen des Königs, bis der Tag des Dahinscheidens herbeikam."[7]

Die Erzählung hat die Form einer Selbstbiographie. Solche Selbstbiographien wurden damals häufig in Grabfassaden eingemeißelt, die Erzählung von Sinuhe würde jedoch jeglichen an der Fassade verfügbaren Platz sprengen. Dass gerade diese Erzählung auf den Leser solch eine positive Wirkung ausübte, liegt nicht nur in ihrem Stil, ihrer schriftstellerischen Gewandtheit, der Einbettung von Reden und Briefen begründet, sondern auch in der Schilderung von Sinuhes typisch ägyptischer Lebensart und Identitätsvorstellung, die konsequent auch im Ausland durchgehalten wird. Die Sorge um den eigenen Tod, um die frühzeitige Ausstattung der Grabstelle in der Heimat, machten es für den Ägypter unerträglich, fern der geweihten Erde begraben zu werden. Diese Sehnsucht, in der Heimat bestattet zu werden, zieht sich hauptmotivisch durch die „Sinuhe"-Erzählung, und wir wissen aus Grabinschriften aus dem 3. Jahrtausend v. Chr., dass die Leichen vornehmer Ägypter, die im Ausland verstorben waren, auf Wunsch von Angehörigen oder gar auf Befehl des Königs nach Ägypten gebracht und dort begraben wurden. Neben diesen religiösen Kriterien findet sich das Hohelied auf das ägyptische Wesen, das sich durch Selbstbeherrschung und Selbstzucht sowie durch geistige und körperliche Überlegenheit auszeichnet.

Der damalige männliche Leser und Hörer konnte sich mit dem von Sinuhe geschilderten Idealbild eines Ägypters unmittelbar identifizieren, denn während der Ausbildung zum Schreiber wurden den Schülern nicht nur stilistische Feinheiten, sondern auch patriotische Bildungsinhalte vermittelt.

Über den prozentualen Anteil der Lesekundigen an der Gesamtbevölkerung wissen wir nichts Genaues. Angenommen wird, dass der Anteil bei etwa einem Prozent gelegen haben könnte.

Anmerkungen

[1] Vgl. A. Erman: Ägypten und ägyptisches Leben im Altertum. Neu bearb. von H. Ranke, 3. Auflage, Hildesheim 1984, S. 376.

[2] Erman/Ranke: op. cit., S. 430.

[3] Erman/Ranke: op. cit., S. 431.

[4] Ebda.

[5] Ebda.

[6] Ebda.

[7] Ebda.

Die Entstehung des Alphabets

1. Die Anfänge

Um 1000 v. Chr. vollzieht sich eine entscheidende Entwicklung: Das Alphabet entsteht. Dies geschah nicht mit einem Mal, sondern im Laufe einer langen Geschichte. Den Anfang machten die Phönizier, die an den Küsten des Mittelmeers in Nordafrika, Südspanien, Sizilien, Sardinien, Zypern, Griechenland und Italien Handel trieben. Keilschrift, Hieroglyphen und auch chinesische Schriftzeichen haben gemeinsam, dass sie entweder Wörter oder Silben wiedergeben. Lesen und Schreiben zu können, erforderte deshalb die Kenntnis einer großen Zahl von Zeichen. Das Alphabet verfügt nun über nur etwa 30 Zeichen, mit deren Hilfe man praktisch alles schreiben kann. In Wirklichkeit ist es nicht ganz so einfach, denn die 26 Buchstaben unseres Alphabets drücken nicht alle Laute aus und so ergeben sich beim Schreibenlernen schwerwiegende Orthographieprobleme. Gleichwohl hat es ein europäischer Schüler mit 26 Buchstaben erheblich leichter als etwa ein chinesischer mit 1000 Zeichen, ein alter Ägypter mit ein paar Hundert Hieroglyphen oder ein Mesopotamier mit 600 Keilschriftzeichen. Daher sind viele Wissenschaftler der Ansicht, dass die eigentliche Demokratisierung des Wissens mit dem Alphabet begonnen habe.

Die Bewohner Griechenlands besaßen im 2. Jahrtausend v. Chr. ein Schriftsystem, das gegen 1100 v. Chr. verschwand, als ihre Kultur durch dorische Einfälle zerstört wurde. Nur wenig später setzten sich die phönizischen Schriftzeichen durch. Bis heute kennen wir den Ursprung der phönizischen Zeichen nicht, die man in Griechenland auf Tonscherben gefunden hat. Eine Theorie besagt, dass dieses Alphabet aus schrittweise umgewandelten Keilschriftzeichen hervorgegangen ist. Nach einer anderen, wahrscheinlicheren Hypothese entwickelte es sich aus der demotischen Schrift der alten Ägypter. Sicher ist jedenfalls, dass das phönizische Alphabet nur Konsonanten enthielt, also Laute oder Phoneme, die in der gesprochenen Sprache sehr selten allein vorkommen, sondern die zumeist gemeinsam mit Vokalen auftreten. Alle mehr oder weniger direkt von der phönizischen Schrift abgeleiteten Schriftsysteme verfügten nur über Konsonanten

Bis heute ist es eine Eigenheit der semitischen Sprachen wie Hebräisch oder Arabisch, dass ihre Schrift sehr wenige Vokale enthält. Der Leser muss sich also die Vokale selbst dazudenken. Das bedeutet für die semitischen Sprachen, da sie ohnehin arm an Vokalen sind, kein unüberwindliches Problem, ist aber ungünstig für eine Sprache wie das Griechische, das über eine Menge Vokale verfügt.

Ab dem 11. Jahrhundert v. Chr. passten die Griechen deshalb die phönizische Variante des semitischen Alphabets der eigenen Sprache an und erweiterten die 22 Schriftzeichen für Konsonanten auf 24, in einigen Dialekten sogar auf mehr. Dabei wurden einige der ursprünglich für Konsonanten verwendeten Zeichen ausschließlich für den Gebrauch als Vokal reserviert. Ab etwa 500 v. Chr. war im Griechischen die Schreibrichtung – vorher war diese beliebig – von links nach rechts üblich geworden. Das griechische Alphabet verbreitete sich im gesamten Mittelmeerraum und wurde in den italischen Sprachen vielfach modifiziert. So entstanden das etruskische, oskische, umbrische und römische Alphabet. Die römischen Eroberungen und die Verbreitung der lateinischen Sprache führten schließlich dazu, dass das römische Alphabet die Grundlage für die Alphabete aller Sprachen Westeuropas wurde.

Die Geschichte der Schrift ist eine Art Familiengeschichte, denn die arabische wie auch die hebräische Schrift leiten sich vom phönizischen Alphabet her. Man weiß nicht sehr viel über die Zusammenhänge und das Verwandtschaftsverhältnis zwischen der arabischen und der phönizischen Schrift ist besonders unklar. Gesichert scheint lediglich, dass zu Beginn unserer Zeitrechnung ein Volk Nordarabiens, die Nabatäer, eine Schrift benutzt hat, die zwar nicht mehr phönizisch, aber auch noch nicht arabisch gewesen ist. Die ersten wirklich arabischen Inschriften können relativ sicher auf 512/13 n. Chr. datiert werden, aber erst rund 100 Jahre später begann sich die arabische Schrift zu etablieren. 622 floh der islamische Prophet Mohammed von Mekka nach Medina. Dieses Datum markiert den Anfang der Hedschra, des Zugs von Mekka nach Medina, und der muslimischen Zeitrechnung. Etwa zehn Jahre vorher wurden Mohammed die ersten Texte des Korans, des heiligen Buchs der Muslime, von Allah diktiert und um 650 von Mohammeds Nachfolgern in arabischer Schrift festgehalten. Somit ist die arabische Schrift etwas älter als der Islam, aber erst durch dessen schnelle Ausbreitung in der Welt gewinnt sie mehr noch als die arabische Sprache an Bedeutung. Nordafrika, Kleinasien, Indien und Westchina, alle vom Islam eroberten Länder übernahmen die arabische Schrift. Hätte der christliche Westen das Vordringen der türkischen Heere nach Mitteleuropa im 17. Jahrhundert nicht abwehren können, so würde vermutlich auch ganz Westeuropa heute mit arabischen Buchstaben schreiben.

2. Das Alphabet in Griechenland und Rom

Um das 9. Jahrhundert v. Chr., als man in Ägypten noch Hieroglyphen schrieb, während sich an den Küsten Palästinas schon seit zwei Jahrhunderten die alphabetisierte Schrift durchgesetzt hatte, wurde in Griechenland eine Sprache gesprochen, die mit keinem der bekannten Schriftsysteme aufzuzeichnen war. Da hatten die Griechen eine einfache, aber geniale Idee, um auch ihre Vokale zu schreiben. Sie entliehen dem aramäischen Alphabet mehrere Zeichen für Vokale, die es im Griechischen nicht gibt.

In den Städten des heutigen Syrien, damals hieß das Land Aram, war das aramäische Alphabet in Gebrauch, das dem der Phönizier bis auf wenige Kleinigkeiten ähnelte. Die aramäische Schrift und Sprache hatten einen sehr wichtigen Einfluss auf unsere Geschichte, denn einige Bücher des Alten Testaments sind in dieser Sprache geschrieben. Der größte Teil der Bibel ist uns allerdings in Hebräisch überliefert, dessen älteste geschriebene Spuren bis 750 v. Chr. zurückreichen. Auch die hebräische Schrift hatte in ihrer ursprünglichen Form keine Vokale und man las sie wie das Aramäische von rechts nach links. Schrift und Sprache unterscheiden sich nicht wesentlich von der heutigen offiziellen Schriftsprache Israels. Das alte Hebräisch, eckiges Hebräisch genannt, hat sich im Laufe der Jahrhunderte nur wenig verändert. Neben den großen Druckbuchstaben, die man in Denkmäler einmeißelte und auf die heiligen Rollen der Bibel schrieb, gab es schon sehr früh Kursivbuchstaben für den täglichen Gebrauch. Viele Jahrhunderte später wurde diese Schrift auch dazu benutzt, eine weitere Sprache aufzuzeichnen, das Jiddische, das die Juden Zentraleuropas sprechen. Es steht dem Hebräischen jedoch recht fern, da es sich weitgehend aus germanisch- und slawischstämmigen Wörtern zusammensetzt. Spezialisten behaupten deshalb, Schrift könne teilweise unabhängig von Sprache existieren.

So entstanden im alten Griechenland die Vokale Alpha (α), Epsilon (ε), Omikron (o) und Ypsilon (υ). Jota (ι) war dagegen eine eigenständige Erfindung der Griechen. Dieser stark verkürzte Überblick kann natürlich nicht auf alle Umwege der Geschichte der Schrift eingehen, aber man weiß sicher, dass das griechische Alphabet um das 5. Jahrhundert v. Chr. voll entwickelt war und aus 24 Buchstaben bestand, von denen 17 Konsonanten und 7 Vokale waren. Das Alphabet kann entweder mit großen Buchstaben, den sog. Majuskeln, oder mit kleinen Buchstaben, den sog. Minuskeln, geschrieben werden. Die Majuskeln wurden meistens für in Stein gemeißelte Texte verwendet, während die Minuskeln beim Schreiben auf Papyrus oder Wachstäfelchen Verwendung fanden. Die Griechen erfanden nämlich eine Art Schiefertafel, die mit einer Wachsschicht bedeckt war, in die die Schüler die Buchstaben mit einem Griffel, Stichel oder Stift ritzten. Nach Gebrauch konnte die Schrift dann wieder gelöscht werden. Wie schon die Ägypter benutzten auch die Griechen ein noch billigeres Material als Schreibunterlage: unglasierten Ton. Davon hat man zahlreiche Bruchstücke gefunden. Diese Ostraka genannten Tonscherben, Teile eines zerbrochenen Gefäßes, die wir schon aus Ägypten kennen, gehörten zu einer für die griechische Demokratie sehr bezeichnenden Sitte, dem Ostrakismus. In Athen schrieb man die Namen unerwünschter Bürger auf solche Tonscherben und hinterlegte diese in einer Urne. Wurde ein Bürger allzu oft auf diese Art und Weise genannt, musste er ins Exil gehen.

Mit der griechischen Schrift erblühte ab dem 5. Jahrhundert v. Chr. eine der reichsten Literaturen, die Dichtung, Rede, Geschichte und Philosophie umfasste. Wir sind die Erben dieser Literatur und der Schrift, die sie bis heute lebendig erhält, denn aus der griechischen Schrift ist auch unser lateinisches Alphabet hervorgegangen. Allerdings lassen sich die einzelnen Schritte dieser Entwicklung nicht mehr zuverlässig rekonstruieren. Da die Griechen große Seefahrer waren und alle Küsten des Mittelmeers besuchten, ist es wahrscheinlich, dass sie ihre Schrift auch den italischen Etruskern vermittelten, die im Gebiet der heutigen Toskana lebten. Die Etrusker besaßen eine der reichsten Kulturen des Altertums. Ihre

Handwerker hinterließen wundervolle Malereien an den Wänden von Gräbern und Skulpturen, die sehr modern anmuten. Man hat zahlreiche Inschriften gefunden, deren Buchstaben denen der griechischen Schrift ähneln. Leider wissen wir über die Sprache der Etrusker äußerst wenig, so dass wir von einem etruskischen Rätsel sprechen müssen. Etruskische Könige herrschten in der Gegend von Rom bis zu ihrer Vertreibung durch die Latiner im 4. Jahrhundert v. Chr. Die siegreichen Latiner, die zukünftigen Römer, passten möglicherweise das etruskische Alphabet ihrer Sprache an. Manche Forscher meinen aber auch, das lateinische Alphabet sei direkt aus dem griechischen Alphabet entstanden, ohne den Umweg über die etruskische Schrift. Jedenfalls wurde etwa im 3. Jahrhundert v. Chr. ein lateinisches Alphabet von 19 Buchstaben geschaffen. X und y wurden vermutlich im 1. Jahrhundert v. Chr. unter Cicero hinzugefügt. Die Römer benutzten ebenso wie die Griechen Majuskeln für den Stein und Minuskeln für andere Schriftträger wie Papyrus oder Wachstäfelchen.

Die ersten griechischen Leser haben aller Wahrscheinlichkeit nach laut gelesen, denn in einer Kultur wie der griechischen, die weitestgehend von mündlicher Überlieferung geprägt war und das gesprochene Wort wertschätzte, war die Schrift nur insoweit von Interesse, als sie auf ein oralisiertes Lesen zielte. Natürlich haben wir aus dieser Zeit keine Dokumente vorliegen, wir können aber das Vokabular betrachten, das seit der archaischen Epoche entwickelt wurde, um die Vorstellung des Lesens zum Ausdruck zu bringen. Das Griechische besitzt nun mehr als ein Dutzend seit etwa 500 v. Chr. bezeugte Verben zur Bezeichnung des Lesens. Zunächst ist da *nemein* zu nennen, was wörtlich übersetzt werden könnte mit „verteilen“. Dieses Verb wurde selten im Sinne von „lesen“ gebraucht und wir finden es außer in drei Eintragungen bei dem alexandrinischen Lexikographen Hesychios, der im 5. Jahrhundert n. Chr. lebte, nur ein einziges Mal in nicht zusammengesetzter Form, nämlich bei Sophokles (etwa 496–406 v. Chr.), der es in einem kurzen Fragment verwendet hat. In der Nacht vor der Abfahrt nach Troja ließen die griechischen Anführer ihre Truppen Revue passieren: „Du, der du auf dem Thron sitzt und die Schrifttafeln in den Händen hältst, lies (*nemei*) die Liste, damit man erfahre, ob unter denjenigen, die den Eid geleistet haben, welche fehlen!“[1] Im zitierten Fragment hält der Lesende die Liste derer in den Händen, die den Eid geleistet haben, sein Lesen oder wortwörtlich: seine Zu- bzw. Verteilung wird die möglicherweise Fehlenden offenbar machen. Es handelt sich um ein Lesen mit lauter Stimme vor einer Versammlung, auf die der Inhalt der Schrifttafeln mündlich verteilt wird. Natürlich könnten wir *nemein* auch in der für uns gebräuchlicheren Übersetzung „verwalten“ bzw. „beherrschen“ verwenden, wir erhielten dann statt „lies die Liste“ „verwalte die Liste“. Hesychios tendiert jedoch hier an der Grenze von Mündlichkeit und Schriftlichkeit zum „Lesen“ einer Liste oder Inschrift. Auch die Wortverbindung *ana-nemein* oder poetisch *an-nemein* kann mit „herlesen“ übersetzt werden, manchmal auch medial mit „aufzählen“. Im 7. und 6. vorchristlichen Jahrhundert können sich die angeführten Verben sowohl auf das Gedächtnis beziehen, aus dem rezitiert wird, wie auf Geschriebenes, das laut vorgelesen wird. Auf dieses laute Vorlesen bezieht sich auch ein späteres Wort für „lesen“, *akouein tinos*, eigentlich „auf etwas hören“, oder *entygchanein tini*, „etwas lesen“, das eher dem „Zusammentreffen von Behauptungen“ entspricht. Die Untersuchung der Verben für „lesen“ zeigt, dass die klassische griechische Kultur durch den Übergang von Mündlichkeit zu Schriftlichkeit geprägt war, ein Prozess, der etwa im 8. Jahrhundert v. Chr. begann und im 5. Jahrhundert v. Chr. endete. In dieser Zeit waren Lesen und Hören semantisch verbunden, erst die Stimme gab dem Geschriebenen Sinn.

Die ältesten griechischen Inschriften stammen aus dem 8. Jahrhundert vor unserer Zeitrechnung. Die älteste Schreibrichtung ist, ohne den Wortfluss zu unterbrechen, linksläufig, manchmal auch *bustrophedon* geschrieben. Die wechselnde Schreibrichtung, das Fehlen von Wortabständen einer normierten Orthografie sowie von Interpunktionszeichen erschwerte das Lesen im archaischen Griechenland ungemein. Wenige Lesekundige, vor allem wohl Sklaven, Freigelassene und deren Nachkommen lasen Texte vor, erfüllten Geschriebenes „mit dem Wohlklang der Stimme“. Erst ab dem 6. Jahrhundert v. Chr. gab es Elementarunterricht für die Kinder der Freien, zunächst in Athen, dann auch in anderen griechischen Städten. Dieser Unterricht, in dem die Anfangsgründe von Lesen, Schreiben und Rechnen vermittelt wurden, war jedoch nicht obligatorisch. Glaubt man der Inschrift auf einer dorischen Vase, die in Sizilien gefunden wurde,[2] scheint das Lesen für den freien Bürger etwas Verachtenswertes gewesen zu sein. Auf der Vase findet sich das Epigraph: „Der diese Worte schreibt wird den, der sie liest (*ana-nemein*), sodomisieren (*pygixein*)“. Homosexualität wurde im archaischen und klassischen Griechenland als normal angesehen, nicht jedoch derjenige, der sich prostituiert, der sich dem Willen des anderen unterwirft, damit instrumentalisiert wird und seine Freiheit und Autonomie verliert. Derjenige, der schreibt, sieht sich hier in der Rolle des dominanten Partners, der dem passiv Lesenden etwas aktiv antut. So waren Lesen und Vorlesen häufig Aufgabe der Sklaven. Wollte der Bürger frei bleiben, durfte er sich nicht durch Schreiber und Geschriebenes indoktrinieren lassen.

3. Platons Schriftkritik

In Platons Dialog „Phaidros" geht es wie in den vorangegangenen Dialogen „Lysis" und „Symposion" vordergründig um das Thema der Liebe. Phaidros, ein fiktiver Dialogpartner des Sokrates, der auch in anderen Schriften Platons erwähnt wird, hat das Manuskript einer Rede über die Liebe des athenischen Rhetors Lysias (um 445 v. Chr.) bei sich, die er Sokrates vorträgt. Wie im Dialog „Gorgias" lehnt Sokrates auch hier eine Redekunst ab, die einzig partikularen Interessen einzelner Personen oder Gruppen dient oder diesen schmeichelt. Es sei nicht Aufgabe der Redekunst, Leuten „nach dem Mund zu reden". Der Redekundige solle sich vielmehr der Vernunft verpflichtet fühlen und den mühsamen Weg der Wahrheitsfindung gehen. Nicht mehr die Liebe ist jetzt Thema des Dialogs, sondern es beginnt eine Untersuchung über die gute und schöne Rede.

> SOKRATES
> Nicht wahr, was wir uns eben vorgesetzt haben, zu untersuchen, wie man es zu halten habe, um eine Rede schön sowohl zu sprechen als zu schreiben und wie nicht, das soll untersucht werden?
> PHAIDROS
> Offenbar!
> SOKRATES
> Muss nun nicht für Reden, welche gut und schön vorgetragen werden wollen, als Bedingung gelten, dass der Geist des Sprechenden das Wahre von dem wisse, worüber er sprechen will?
> PHAIDROS
> Hiervon habe ich so viel gehört, mein lieber Sokrates, dass es für den, der Redner werden wolle, nicht nötig sei, das wahrhaft Gerechte zu erkennen, sondern das, was der Menge, die zu richten habe, so erscheinen werde; denn aus diesem, nicht aber aus der Wahrheit, ergebe sich das Überreden.
> (Phaidros, 259c – 260a, Übersetzung H.-J. Griep)

Die sokratische Frage, ob zu einer schönen, d.h. sachgemäßen Rede die Kenntnis der Wahrheit gehöre, verneint Phaidros und stellt die These auf, dass der Redner nur die Meinungen (*doxai*), jedoch nicht die Wahrheit (*aletheia*) kennen müsse. Sokrates widerlegt diese Behauptung des Phaidros mit dem Hinweis, es sei lächerlich, jemandem einen Esel für ein Pferd zu verkaufen, nur weil der Verkäufer meint, der Esel sei ein Pferd. Einen Esel mit einem Pferd zu verwechseln, ist vielleicht noch zum Lachen. Es kann aber auch gefährlich werden, wenn der Redner die Wahrheit nicht erkennt:

> SOKRATES
> Wenn nun der Redefertige, der Gutes und Schlechtes nicht kennt und eine geradeso beschaffene Gemeinde vor sich hat, diese beredet, nicht so, dass er über den Schatten des Esels eine Lobrede hält, als wäre er der eines Pferdes, sondern über etwas Schlechtes, als wäre es Gutes, – wenn er so die Menge, weil er ihre Ansichten wohl erwogen hat, zu bereden weiß, Schlechtes zu tun statt Gutes: Was für eine Frucht, glaubst du, werde die Redekunst von der, welche sie da gesät hat, in der Folge ernten?
> PHAIDROS
> Freilich keine gar anständige!
> (Phaidros, 260c–d)

Der weiteren Behauptung des Phaidros, die Kunst der Rede bzw. die Redetechnik sei zwar für die Mitteilung des Wahren unentbehrlich, jedoch vom Wahren selbst völlig unabhängig, setzt Sokrates seine Definition der rhetorischen Technik entgegen. Die Rhetorik ist demnach wesentlich eine Führung menschlicher Seelen durch Reden. Die Redetechnik, unmerklich von Ähnlichem zu Ähnlichem hinüberzuführen und in diesem Ähnlichen wiederum Unterschiede sichtbar zu machen und das Ähnliche zu zergliedern, ist von der Kenntnis des Wahren nicht zu trennen:

> SOKRATES
> Wer also, mein Freund, die Wahrheit nicht weiß, sondern nur Meinungen nachjagt, der wird, wie mir dünkt, eine gar lächerliche und kunstlose Redekunstlehre zustande bringen.
> PHAIDROS
> Fast scheint es so!
> (Phaidros, 262b–c)

Der wahre Rhetoriker ist Dialektiker, denn nur als Dialektiker ist er fähig, die Dinge nach Gattungen zu unterscheiden und jedes Einzelding unter einer allgemeinen Idee zu begreifen. Hat der Rhetor jedoch diese Fähigkeit erworben, dann folgt er der Vernunft und schmeichelt nicht in seinem Reden und Handeln den Menschen.

Diesem Abschnitt des „Phaidros" über die Kunst der Rede folgt eine längere Ausführung über den Wert oder Unwert des Schreibens:

> SOKRATES
> Was aber die Frage über Angemessenheit und Unangemessenheit der Schrift betrifft, inwiefern ihr Gebrauch etwas Schönes sein möchte, und inwiefern etwas Unangemessenes, das ist noch übrig. Nicht wahr?
> PHAIDROS
> Ja!
> (Phaidros, 274b)

Bei der Beantwortung dieser Frage bezieht sich Platon wie in den Dialogen „Timaios" und „Kritias" auf das Wissen der sehr viel älteren ägyptischen Kultur, die dem Willen der Götter noch gerecht wurde. So lässt er Sokrates eine Sage erzählen von den „Alten, die das Wahre wussten":

> SOKRATES
> Ich habe also vernommen, zu Naukratis in Ägypten sei einer der dortigen alten Götter gewesen, dem auch der heilige Vogel, den sie ja Ibis nennen, eignete; der Dämon selbst aber habe den Namen Theuth. Dieser habe zuerst Zahl und Rechnung erfunden, und Mathematik und Sternkunde, ferner Brettspiel und Würfelspiel, ja sogar auch die Buchstaben. Weiter aber, da damals über ganz Ägypten Thamus König war in der großen Stadt des oberen Bezirks, welche die Hellenen das ägyptische Theben nennen, wie sie den dortigen Gott Ammon nennen, – so kam der Theuth zu diesem und zeigte ihm seine Künste und sagte, man müsse sie nun den anderen Ägyptern mitteilen. Der aber fragte, was für einen Nutzen eine jede habe? Indem er's nun auseinander setzte, so wusste er, wie ihm jener etwas gut oder nicht gut zu sagen dünkte, es bald zu tadeln, bald zu loben. Vieles nun soll da Thamus dem Theuth über jede Kunst in beiderlei Richtung frei heraus gesagt haben, was durchzu-

gehen viele Worte fordern würde. Als er aber an den Buchstaben war, sagte Theuth: „Diese Kenntnis, o König, wird die Ägypter weiser und erinnerungsfähiger machen; denn als ein Hilfsmittel für das Erinnern sowohl als für die Weisheit ist sie erfunden." Er aber erwiderte: „O du sehr kunstreicher Theuth! Ein anderer ist der, der das, was zur Kunst gehört, hervorzubringen, ein anderer aber der, der zu beurteilen vermag, welchen Teil Schaden sowohl als Nutzen sie denen bringe, die sie gebrauchen werden. So hast auch du jetzt, als Vater der Buchstaben, aus Vaterliebe das Gegenteil von dem gesagt, was ihre Wirkung ist. Denn Vergessenheit wird dieses in den Seelen derer, die es kennen lernen, herbeiführen durch Vernachlässigung des Erinnerns, sofern sie nun im Vertrauen auf die Schrift von außen her mittels fremder Zeichen, nicht von innen her aus sich selbst, das Erinnern schöpfen. Nicht also für das Erinnern, sondern für das Gedächtnis hast du ein Hilfsmittel erfunden. Von der Weisheit aber bietest du den Schülern nur Schein, nicht Wahrheit dar. Denn Vielhörer sind sie dir nun ohne Belehrung, und so werden sie Vielwisser zu sein meinen, da sie doch insgemein Nichtswisser sind und Leute, mit denen schwer umzugehen ist, indem sie Scheinweise geworden sind, nicht Weise."
PHAIDROS
O Sokrates, leicht erdichtest du ägyptische und dir beliebig wo immer heimische Reden!
(Phaidros, 274c–275b)

Sokrates erzählt den Mythos von Theuth, der in dieser abgewandelten Form aber erfunden ist. Das verdeutlicht der Ausruf des Phaidros am Ende der Erzählung. Die Hafenstadt Naukratis war eine milesische Gründung um 650 v. Chr., die die Handelsbeziehungen zwischen Kleinasien und Ägypten erleichterte. Das ägyptische Theben, Hauptstadt des alten Oberägypten, wurde erstmals in der 11. Dynastie (2119 v. Chr.) geschichtlich erwähnt. Der Gott Theuth, auch Thotch oder Tehut genannt, ist in der ägyptischen Mythologie der Gott des Mondes und damit des Kalenders, Gott der Schreiber und der Intelligenz. Er ist der Erfinder von Sprache und Schrift, der Lehrer von Künsten und Wissenschaften und später Schutzherr der Bibliotheken. Im Osiris-Mythos war er Schreiber und Wesir des Osiris. Ammon, auch Amun oder Amon, war ursprünglich der Windgott der Nilschiffer und die Lokalgottheit Thebens, später

Schöpfergott und, als Amun-Rê, Sonnengott. Der König Thamus ist eine fiktive Gestalt, die Platon dazu dient, die Aussagen der ägyptischen Mythologie, in denen der Theuth-Kult zu den ältesten Götterkulten zählte, in ihr Gegenteil zu verkehren. In der sokratischen Erzählung der Theuth-Sage hält Platon Gericht über den „Vater der Buchstaben“: Durch das Lesen und Schreiben wird nicht nur das Erinnern nicht unterstützt, sondern das Lesen dessen, was andere geschrieben haben, verhindert eigene Einsicht und verführt zu dem Glauben, viel zu wissen. Wahre Erkenntnis und Einsicht gewinnt der Leser jedoch nicht, denn:

> SOKRATES
> Dieses Missliche nämlich, o Phaidros, hat doch die Schrift, und sie ist darin der Malerei gleich. Denn die Erzeugnisse auch dieser stehen wie lebendig da; wenn du sie aber etwas fragst, schweigen sie sehr vornehm. Geradeso auch die Reden: Du könntest meinen, sie sprechen, als verständen sie etwas: Wenn du aber in der Absicht, dich zu belehren, nach etwas von dem Gesprochenen fragst, zeigen sie immer nur eines und dasselbe an. Und wenn sie einmal geschrieben ist, so treibt sich jede Rede allerorten umher gleicherweise bei den Verständigen wie nicht minder bei denen, für die sie gar nicht passt, und weiß nicht, bei wem sie eigentlich reden und nicht reden soll; vernachlässigt aber und ungerecht geschmäht, hat sie immer ihren Vater als Helfer nötig; denn selbst vermag sie weder sich zu wehren noch sich zu helfen.
> (Phaidros, 275 d–e)

Die Schrift gibt nur Auskunft nach Maßgabe dessen, was in ihr enthalten ist. Sie ist nur ein Abbild menschlicher Rede, die wiederum ein Abbild des Logos, der menschlichen Vernunft, ist. Die Schrift als bleibendes, exteriorisiertes Gedächtnis ist für Platon nur ein Spiel unter anderen.

> SOKRATES
> Wer aber die Wissenschaft des Gerechten und des Schönen und des Guten innehat, – wollen wir sagen, dass der weniger Verstand habe hinsichtlich seines Samens als der Landmann?
> PHAIDROS
> Keineswegs.

SOKRATES
Nicht also im Ernst wird er sie ins Wasser schreiben, – wollte sagen, mit Tinte durch die Feder in Reden aussäen, die unvermögend sind, sich selber redend zu helfen, unvermögend auch, das Wahre genügend zu lehren.
PHAIDROS
Nicht wohl, wie sich denken lässt!
SOKRATES
Nein, sondern die Buchstabengärtchen wird er, wie mir scheint, des Spiels halber besäen und beschreiben, so zwar, dass er, wenn er schreibt, einen Schatz von Denkwürdigkeiten sammelt sowohl für sich selbst auf die Zeit, da er in das Alter des Vergessens kommt, als für jeden, der derselben Spur nachgeht, und wenn er sie in ihrem zarten Wuchse schaut, wird er seine Lust daran haben; wenn aber andere andere Spiele treiben, bei Gastmahlen sich labend, oder was sonst damit verwandt ist, wird er stattdessen, wie mir scheint, an dem, wovon ich rede, seinen spielenden Zeitvertreib haben.
(Phaidros, 276c–d)

Wie kam jemand wie Platon, der mindestens 28 Dialoge verfasst hat, deren Echtheit nach dem heutigen Stand der Forschung nicht bezweifelt wird, der möglicherweise 13 Briefe veröffentlichte, wobei allerdings anzumerken ist, dass einige der Briefe heute als unecht gelten, der einen Lehrvortrag über das Gute hinterlassen hat und dem nachgesagt wurde, in jungen Jahren Dramen geschrieben zu haben, wie kam also Platon dazu, sich so gegen das Schreiben und damit auch gegen das Lesen zu wehren? Gibt es hier bei Platon einen unauflöslichen Selbstwiderspruch, eine Antinomie zwischen seinen Forderungen und seinen Taten? Allein durch Lektüre des „Phaidros“ lässt sich diese Antinomie nicht auflösen.

Ein möglicher Schlüssel zur Lösung dieses Rätsels findet sich in Platons Biografie. Von Geburt an gehörte er zu den *kalokagathoi*, den Guten und Schönen, wie damals die Aristokraten genannt wurden. Seine politische Karriere schien vorgezeichnet, doch durch seine Bekanntschaft mit Sokrates (469–399 v. Chr.), einer der Hauptgestalten der griechischen Philosophie, die uns selbst nichts Schriftliches hinterlassen hat, veränderte sich Platons Leben. Er ließ sich weder in das Regime der 30 Tyrannen einspannen, das nach dem Sieg Spartas in Athen eingesetzt wurde, noch vertraute er später auf die wieder hergestellte Demokratie, die in einem

Gerichtsverfahren mit 261 von 501 Stimmen seinen geliebten Lehrer wegen Gottlosigkeit zum Tode verurteilte. Nach der Hinrichtung des Sokrates unternahm Platon mehrere Studienreisen, von denen ihn eine auch nach Syrakus führte, das griechische Siedler aus Korinth 734 v. Chr. auf Sizilien gegründet hatten. Syrakus stand mit Athen kulturell auf einer Stufe. Es herrschte nicht nur über Sizilien, sondern seit 474 v. Chr. auch über das etruskische Festland. Im Gegensatz zu Athen hatte Syrakus die Staatsform einer Diktatur. Dionysios I. (405–367 v. Chr.) stand dem Stadtstaat vor. Platon konnte Dionysios I. nicht in seinem Sinne beeinflussen, wohl aber dessen Schwager und Berater Dion. Bei Diogenes Laertios (Ende des 2. Jh. n. Chr.), der ein Werk über „Leben und Meinungen großer Philosophen" in 10 Bänden verfasste, können wir nachlesen, dass sich Dionysios I. so über den „Moralapostel" Platon ärgerte, dass er ihn festsetzte und als Sklaven auf die griechische Insel Aigina verkaufen ließ. Durch einen glücklichen Zufall kaufte ihn ein Freund wieder frei. Platons Gedanken über Politik und Philosophie wurden durch seinen Anhänger Dion sicherlich auch anderen Einwohnern von Syrakus, der größten Militärmacht der damaligen Welt, vertraut.

Nach seiner Rückkehr von Sizilien gründete Platon nahe einem Wald nordwestlich von Athen, der dem Heros Akademos geweiht war, seine Philosophenschule, die nach dem Helden „Akademia" genannt wurde. Hier schrieb er auch den Dialog „Politeia", in dem er seine Erfahrungen mit der Demokratie in Athen und der Diktatur in Syrakus verarbeitete. Platon ergänzte die Philosophie des Sokrates, der in der Vernunft das Fundament der menschlichen Erkenntnis sah, durch die Ideenlehre und mathematische Studien. Er unternahm noch zwei weitere Reisen nach Syrakus, beide blieben erfolglos: Auch Dionysios II. (367–357 v. Chr. und 347–344 v. Chr.), der Sohn von Dionysios I., ließ sich nicht zu einem „gerechten Staat" bekehren. Dion, der Platons Staatstheorie durch eine Reform der Verfassung verwirklichen wollte, gelang es, den Tyrannen zu stürzen. Wegen seiner ebenfalls grausamen Herrschaft wurde er aber 354 v. Chr. ermordet – angeblich von einem Mitglied der Akademie. In dieser Situation wandten sich die Anhänger Dions und seine philosophischen Freunde in Syrakus mit der Bitte um Rat an Platon. Gleichzeitig wollten sie Platon für ihre eigenen Interessen einspannen. Sicherlich kursierten in Syrakus auch Schriften, die die platonische Philosophie für parteipolitische Machtkämpfe ausnutzen wollten. Platon entzog sich dem an ihn gestellten Ansinnen mit einer erkenntnistheoretischen Abhandlung

(Briefe, 342a–344d), in der er aufzeigt, dass aus Texten keine wesentlichen Erkenntnisse gewonnen werden können:

> So viel kann ich allerdings über alle sagen, die, die schon geschrieben haben, und die, die noch schreiben werden, so weit sie behaupten, sich auf die Dinge zu verstehen, auf die meine Bemühungen gerichtet sind, sei es, dass sie sie bei mir gehört haben, sei es bei anderen, oder dann mit der Behauptung, sie seien selber zu dieser Erkenntnis gekommen: Es ist nach meiner Meinung unmöglich, dass diese von der Sache etwas verstehen. Von mir wenigstens gibt es keine Schrift darüber und wird es sicherlich nie eine geben.
> (Briefe, 341b–c)

All die Schriften, die in Syrakus von der platonischen Philosophie berichten, treffen nicht den Kern der Sache, auch die eigenen Dialoge, offenen Briefe und Vorträge übermitteln keine wahre Erkenntnis, sondern sind Bestandteil eines Denkens, das dichterisch verarbeitet wurde. Die Texte, wenn auch nahe an der Wirklichkeit, sind Abbilder von Abbildern, weit entfernt von den Urbildern, der wahren Erkenntnis.

> Mit einem Wort – man kann aus dem Gesagten erkennen, dass, wenn einer von irgendjemandem schriftlich niedergelegte Gedanken sieht, sei es in den Gesetzen eines Gesetzgebers oder andere in irgendetwas anderem, dass nicht das sein Allerernsthaftestes war, wenn er anders selber ein ernsthafter Mensch ist, sondern dass dieses irgendwo am schönsten Platz in seinem Innern versteckt liegt. Wenn er aber wirklich sein eigentliches Denken niederlegen würde, so haben wirklich diesmal nicht die Götter (wie Homer sagt), aber die Menscher selber ihm seinen Verstand genommen.
> (Briefe, 344c–d)

Texte sind Literatur, wobei Platon die Gebrauchstexte höher schätzte als die fiktionalen Texte, die sich seiner Meinung nach noch weiter von der Wirklichkeit entfernt hatten. In vielen Dialogen nimmt Platon das Erlernen von Lesen und Schreiben zum Vorbild für den Erwerb anderer Fähigkeiten, etwa dem Erkennen der Harmonien in der Musik. Das Wesen der platonischen Philosophie ist jedoch nicht Texten und Vorträgen zu entnehmen. Nur Sophisten „verkaufen“ auf diese Weise ihre relative Wahrheit ebenso wie die Logographen, die Redenschreiber, die sich anderen verdingen, um für ihre Auftraggeber Gerichtsreden auszuarbeiten. Wahrheit ist nach Platon nicht im Lesen oder Hören von etwas vorab Verschriftlichtem zu finden. Ort möglicher Wahrheit – und damit auch möglicher Unwahrheit – ist der Dialog (griech. *dialégomai* = sich unterhalten), der allein der Wahrheitsfindung dient. Nur im Dialog können die Gesprächsteilnehmer zu An- und Einsichten gelangen.

Das Diktum Platons vom Primat des Dialogs lebt in der Rede von „lebendiger" Sprache und „toter" Schrift fort. Wir finden dieses geflügelte Wort auch bei unserem „Dichterfürsten" Goethe. So heißt es in „Dichtung und Wahrheit": „Schreiben ist ein Mißbrauch der Sprache, stille für sich lesen ein trauriges Surrogat der Rede"[3], und im „Faust", in der berühmten Studierzimmerszene, in der Mephistopheles in der Gestalt des Faust auftritt, ist folgender Wortwechsel zu lesen:

> Fünf Stunden habt Ihr jeden Tag;
> Seid drinnen mit dem Glockenschlag!
> Habt Euch vorher wohl präpariert,
> Paragraphos wohl einstudiert,
> Damit Ihr nachher besser seht,
> Daß er nichts sagt, als was im Buche steht;
> Doch Euch des Schreibens ja befleißt,
> Als diktiert' Euch der Heilig Geist!
> SCHÜLER
> Das sollt Ihr mir nicht zweimal sagen!
> Ich denke mir, wie viel es nützt;
> Denn was man schwarz auf weiß besitzt,
> Kann man getrost nach Hause tragen.
> (Faust I, I, 3)

Der Teufel ist es, der darauf besteht, dass wahre Erkenntnis nur aus der Schrift abzuleiten ist, obwohl er genau weiß, dass Faust die Unmöglichkeit eingesehen hat, aus Texten Wahrheit zu entnehmen. Die platonische Philosophie mit ihrer starken Betonung des Logos, der als aufweisender die Dinge in der Sprache erscheinen lässt, als bezeichnender ihre Bedeutung zeigt und als rechter ein vernunftgemäßes, ethisch richtiges Handeln erfordert, hat sich tief in die Metaphysik des Abendlandes eingeschrieben. So heißt es bei dem Mathematiker und Philosophen Alfred

North Whitehead (1861–1947), dem Lehrer von Bertrand Russell, mit dem zusammen er die „Principia Mathematica" (1910–1913) veröffentlichte: „Die sicherste allgemeine Charakterisierung der philosophischen Tradition Europas lautet, daß sie aus einer Reihe von Fußnoten zu Platon besteht."[4]

Anmerkungen

[1] J. Svenbro: Archaisches und klassisches Griechenland: Die Erfindung des stillen Lesens. In: R. Chartier und G. Cavallo (Hrsg.): Die Welt des Lesens. Frankfurt a. M./New York 1999, S. 59–96, S. 63.

[2] Vgl. B. Forssmann: ANNEMOTA in einer dorischen Gefäßinschrift. In: Münchner Studien zur Sprachwissenschaft 34 (1976), S. 39–44.

[3] J. W. Goethe: Dichtung und Wahrheit. In: Ders., Werkausgabe. Frankfurt a. M. 1981, Bd. 5, S. 402.

[4] A. N. Whitehead: Prozeß und Realität. Entwurf einer Kosmologie. Übersetzt und mit einem Nachwort versehen von H. G. Holl. Frankfurt a. M. 1987, S. 91.

Literatur und Lesekultur in Griechenland

1. Früheste Zeugnisse des Lesens in der griechischen Dichtung

Bis zum 5. Jahrhundert v. Chr. war die griechische Schrift mit der menschlichen Stimme, dem Hören, verbunden. Aber bereits am Ausgang des 5. Jahrhunderts v. Chr. finden sich Belege für das stille Lesen. Es gab also erste Leser, die durch Interiorisierung der Stimme in der Lage waren, im Kopf zu lesen. Ein Beispiel für das stille Lesen bietet Euripides, ein athenischer Tragiker, der ca. 485/4 v. Chr. auf Salamis geboren wurde und 407/6 v. Chr. in Pella, einer Stadt in Makedonien, starb. Aus seiner Tragödie „Hippolytos stephanephoros" (Der bekränzte Hippolytos) stammt folgende Passage:

> CHOR
> Du Armer, du Armer! Welchen Kummer birgt das Haus!
> Von Tränen überströmt, werden nass mir die Augen
> bei deinem Geschick. Doch vor dem Leide,
> das darauf noch folgt, erschaure ich längst schon.
> THESEUS
> Ha!
> Warum hängt da ein Brief in ihrer lieben Hand?
> Soll er mir weitres Unheil melden? Hat sie etwa
> der Ehe und der Kinder halber eine Weisung
> an mich gerichtet, flehend, sie, die Unglückliche?
> Getrost, du Arme! Denn es gibt kein Weib, das je
> in Bett und Haus des Theseus kommen wird! Sieh da,
> es grüßt vertraut der Abdruck mich des goldnen Ringes,
> der ihr gehört, die jetzt nicht mehr am Leben ist.

Wohlan, ich will des Siegels Hülle lösen und
will schauen, was mir der Brief zu sagen hat.
Er liest den Brief
(...)
CHORFÜHRERIN
Was gibt es? Sage an, wenn ich es hören darf!
THESEUS
Es schreit, es schreit der Brief ein Verbrechen aus.
Wohin soll ich fliehen vor der Last der Not?
Vernichtet bin ich, verloren.
Auf was für ein, was für ein Lied muss ich schauen,
ich Armer, das hier in den Zeilen erklingt!
CHORFÜHRERIN
O weh! Du sprichst ein Wort, das neues Unheil kündet!
THESEUS
Ich kann nicht länger im Tore des Mundes bewahren
mein Leid, das so schwer zu ertragen, das tödlich ist.
O Vaterstadt!
Gewaltsam meine Ehe anzutasten, wagte
Hippolytos, verachtete das hehre Auge
des Zeus! Doch hast du einstmals mir drei Wünsche,
Vater Poseidon, freigestellt: Erfülle davon einen,
vernichte meinen Sohn! Er soll den heut'gen Tag
nicht überleben, gabst du gült'ge Wünsche mir![1]

Theseus sieht den Brief in der Hand der toten Phaidra, er nimmt ihn und bricht das Siegel auf. Er liest den Brief, während der Chor ein Lied voller Beunruhigung singt, eine Beunruhigung, die von der Chorführerin noch gesteigert wird. Theseus unterbricht sie, die Größe seines Leides beklagend. Die Chorführerin bittet ihn, ihr den Inhalt des Briefes mitzuteilen. Theseus liest den Brief aber nicht vor, sondern fasst seinen Inhalt zusammen. Er hat ihn also eindeutig während des Gesanges des Chores und der Chorführerin still gelesen.

Im „Hippolytos stephanephoros" wird das Potiphar-Motiv thematisiert, das uns aus der Bibel (Gen 39,7–20) bekannt ist: Eine ältere Frau verliebt sich in einen jüngeren Mann, wird von ihm verschmäht und verleumdet ihn daraufhin. Die Rolle der Frau des Potiphar spielt hier Phaidra, eine kretisch-minoische Prinzessin, die mit dem athenischen König

Theseus verheiratet ist. Euripides gewann mit dieser Tragödie den Tragikerwettkampf des Jahres 428 v. Chr. Die Tragödie wurde anlässlich der Dionysien im Monat Februar/März aufgeführt. Das Thema war den Athenern geläufig. Den Mythos um Phaidra hatte Euripides selbst bereits in der Tragödie „Hippolytos kalyptomonos" (Der verhüllte Hippolytos) dramatisiert und auch von Sophokles, einem athenischen Tragiker des 5. Jahrhunderts v. Chr., lag ein Drama mit dem Titel „Phaidra" vor. Beide Tragödien sind jedoch nicht mehr erhalten. Entscheidend ist, dass sich das „stille Lesen" im Athen des ausgehenden 5. Jahrhunderts offensichtlich so weit durchgesetzt hatte, dass das Publikum es als selbstverständlich hinnahm.

Einen weiteren Beleg für das stille Lesen finden wir in der Komödie „Hippes" (Die Ritter) von Aristophanes, einem berühmten athenischen Komödiendichter (ca. 445–385 v. Chr.), dem Platon in seinem „Symposion" und in der „Apologie" ein literarisches Denkmal setzte. Während in der Tragödie ausschließlich Geschichte, Helden- und Heroengeschichte, dargestellt wurde, thematisierte die Komödie die Wirklichkeit des zeitgenössischen Lebens, indem sie dieses mit burlesken und grotesken Elementen verband und ins Irrationale steigerte. Aristophanes schildert in seiner Komödie ein Stück jüngster athenischer Geschichte. Es handelt sich um die Auseinandersetzung zwischen dem Staatsmann Perikles, der der sophistischen „Aufklärung" nahe stand und die alten adligen Familien förderte, und Kleon, dem Besitzer einer Gerberei, der nicht zu den aristokratischen Kreisen gehörte und die „radikaldemokratische" Opposition gegen den alternden Perikles anführte. Nach dem Tod von Perikles im Jahr 429 v. Chr. übernahm er dessen Amt. Geschickt hatte Kleon es verstanden, die Bürger Athens für sich zu gewinnen, die weniger begütert waren, z. B. indem er die Entlohnung für Geschworene erhöhte. Außerdem war Kleon ein kompromissloser Verfechter der Fortsetzung des Kampfes gegen Sparta. Der „konservative" Aristophanes – wie andere Komödiendichter auch – lehnte Kleon ab und versuchte, ihn in seiner Komödie der Lächerlichkeit preiszugeben. Perikles selbst war schon Ähnliches passiert. Mit einem Gesetz aus dem Jahr 439 v. Chr. ging er deshalb gegen gezielten Spott und die Verunglimpfung von Politikern in der Komödie vor, aufgrund des Drucks der athenischen Bürger wurde dieses Gesetz 438/7 v. Chr. aber wieder aufgehoben. In der Komödie „Hippes" wird Kleon als Gerber eingeführt, der aus Paphlagonien stammt. Er ist die Hauptperson. Der Widersacher des Paphlagoniers ist ein Wursthändler mit dem sprechenden Namen Agorakritos, den man etwa mit „Wahl des Pöbels" übersetzten könnte. Sowohl Kleon als auch Agorakritos buhlen um die Gunst der athenischen Bürger, die in der Gestalt des Demos (Volk bzw. auch Demokratie) personifiziert sind. Die beiden Sklaven des Demos heißen sinnigerweise Demosthenes und Nikias, tragen also dieselben Namen wie die beiden konservativen Feldherren, die Kleon im Kampf mit den Spartanern unterstützen, jedoch für eine Politik korrekter Vertragserfüllung und Freundschaft mit Sparta eintreten. Von diesen beiden Sklaven wird ihr Herr Demos zu Beginn des Stückes wie folgt charakterisiert:

> Wir haben einen Herrn,
> Heißblütig toll, auf Bohnen sehr erpicht,
> Ein brummig alter Kauz, ein bisschen taub:
> Herr Demos von der Pnyx.
> (Die Ritter, 1. Szene)

Dabei ist die Pnyx ein Hügel in Athen, westlich von der Akropolis gelegen, der als Versammlungsplatz des Volkes (*demos*) diente.

Während Kleon schläft, stiehlt ihm der Sklave Nikias die Orakelsammlung, mit der Kleon seine Maßnahmen gegenüber seinem Herrn Demos zu rechtfertigen und damit zu manipulieren pflegt. Nikias kehrt vom Lager des Kleon zurück und teilt Demosthenes mit:

> Leicht war's, ihm sein Orakelheft zu nehmen,
> So gut er's auch verwahrt.
> ERSTER SKLAVE:
> Gib her, du Schlaukopf,
> Und lass mich lesen! Schenk mir fleißig ein
> Inzwischen! Nun lass sehn, was steckt da drinnen? –
> *Liest.*
> Ha, göttliches Orakel! Schnell, den Becher!
> ZWEITER SKLAVE:
> Hier, nimm! Was sagt es?
> ERSTER SKLAVE:
> Eingeschenkt den zweiten!
> ZWEITER SKLAVE:
> Steht im Orakel was vom zweiten Becher?

ERSTER SKLAVE:
O großer Bakis![2]
ZWEITER SKLAVE:
Nun?
ERSTER SKLAVE:
Den Becher! Schnell!
ZWEITER SKLAVE:
Der Bakis, scheint es, war im Trinken stark!
ERSTER SKLAVE:
Ha, paphlagon'scher Schelm! Der Spruch auf dich,
Der wurmte dich, daher die Angst, die Vorsicht.
ZWEITER SKLAVE:
So lies!
ERSTER SKLAVE:
Da drinnen steht sein Untergang!
ZWEITER SKLAVE:
Wie?
ERSTER SKLAVE:
Das Orakel sagt's mit dürren Worten:
Erst kommt ein Werrighändler, der zuerst
In dieser Stadt gebieten wird.
ZWEITER SKLAVE:
Das wär ein Händler vorderhand. Nun weiter! Lies!
ERSTER SKLAVE:
Schafhändler ist der zweite, der da kommt!
ZWEITER SKLAVE:
Zwei Händler! Und was wird's mit diesem sein?
ERSTER SKLAVE:
Regieren wird er, bis der dritte kommt,
Ein größrer Schuft als er: Der stürzt ihn dann.
Nun kommt der paphlagon'sche Lederhändler,
Der Dieb, der Brüllochs mit der Donnerstimme!
ZWEITER SKLAVE:
Und stürzen soll der Lederhändler den Schafhändler?
ERSTER SKLAVE:
Ohne Gnad!
ZWEITER SKLAVE:
Dass Gott erbarm!
Wo treiben wir noch einen Händler auf?

ERSTER SKLAVE:
Er lebt, ein Mann von blutigem Gewerb!
ZWEITER SKLAVE:
Wer ist's? Lass hören!
ERSTER SKLAVE:
Soll ich?
ZWEITER SKLAVE:
Ja doch, ja!
ERSTER SKLAVE:
Ein Blutwursthändler ist es, der ihn stürzt!
ZWEITER SKLAVE:
Ein Blutwursthändler? Gott, welch ein Gewerb!
Nun aber sprich, wo finden wir den Mann?
ERSTER SKLAVE:
Komm, lass uns suchen!
ZWEITER SKLAVE:
Gottes Wunder! Sieh,
Da geht er auf den Markt.
(Die Ritter, 1. Szene)

Die Orakelsammlung wird vom ersten Sklaven, Demosthenes, still gelesen, ein Vorgang, der für ihn so selbstverständlich ist, dass er gleichzeitig noch einen Becher Wein verlangen kann. Dabei kommt es zu einem lustigen Missverständnis, weil Nikias, als Demosthenes einen zweiten Becher Wein verlangt, glaubt, dieser läse laut vor. Nikias ist also das stille Lesen nicht vertraut, wohl aber großen Teilen des Publikums, sonst käme dieser Scherz nicht an. Demosthenes teilt Nikias den Inhalt der Orakelsammlung mit, derzufolge ein Wursthändler den Paphlagonier in der Gunst des Demos stürzen wird. Die Dramaturgie des Stückes bringt sofort den Wursthändler herbei. Die beiden Sklaven teilen ihm mit, dass das Orakel ihn zum Helden ausersehen habe:

WURSTHÄNDLER:
Ich bin wohl zu gering für solche Ehre!
SKLAVE:
Ein Mann wie du, und hält sich für gering?
Am Ende bist du besser, als du sagst!
Gehörst du zur Noblesse?

WURSTHÄNDLER:
Was denkst du? Zur Kanaille!
(Die Ritter, 1. Szene)

Auf die Frage des Sklaven, ob er zum Adel bzw. zu den vornehmen Familien gehöre, regiert der Wursthändler mit Abwehr und bezeichnet sich selbst als Mann des gemeinen Volkes.

SKLAVE:
Ganz erwünscht! Grad umso besser
Qualifizierst du dich fürs Staatsgeschäft!
WURSTHÄNDLER:
Schon recht! Allein ich habe nichts gelernt;
Ein bisschen Lesen, ja, doch schlecht genug!
SKLAVE:
Das bisschen eben könnt am End dir schaden.
Regieren ist kein Ding für Leute von
Charakter und Erziehung! Niederträchtig,
Unwissend muss man sein! Drum folge du
Dem Ruf, den dir der Götter Spruch verkündet.
WURSTHÄNDLER:
Was steht denn im Orakel?
SKLAVE:
Prächt'ge Dinge,
Ein bisschen rätselhaft und kunterbunt.
Liest.
„Aber sobald krummklauig der Lederaar mit den Fängen
Packt den tölpelhaftdummblutgierigen Drachen, dann kommen
Paphlagonier um die beizende Knoblauchsauce.
Aber Ruhm und Ehre gewährt Darmhändlern die Gottheit,
So sie nicht bass es achten, auch ferner zu handeln mit Blutwurst."
(Die Ritter, 1. Szene)

Handel- und Gewerbetreibende wurden offenbar von den aristokratischen und vornehmen Familien verachtet. Wer in der attischen Demokratie zu diesen Kreisen gehörte, war in der Regel wohl weniger gebildet als jene reichen Bürger, die es nicht nötig hatten, etwas anderes zu tun, als sich politisch zu engagieren. Betrachten wir das athenische Bürgertum in den Zeiten seiner Demokratie, also etwa zwischen 458–337 v. Chr., finden wir neben 60 000 Nichtbürgern (Metoiken und Sklaven) nur etwa 30 000 Bürgerschaftsangehörige, also etwa 10 000 Männer über 30 Jahre, die als aktive Träger der Demokratie in Betracht kamen. Von diesen 10 000 werden wohl die meisten „ein bisschen Lesen" gelernt haben, aber die wenigsten beherrschten die Technik des stillen Lesens. In der Politik der athenischen Demokratie spielten die Bürgerfrauen keine Rolle, die meisten werden selbst „ein bisschen Lesen" nicht gelernt haben. Sie waren auch nicht als Zuschauerinnen dieser Komödie geduldet, die damit endet, dass der Wursthändler die Herrschaft übernimmt und Demos Friedensnymphchen übergibt, die einen langjährigen Frieden mit Sparta symbolisieren sollen. Diese Nymphchen sind angeblich von 30 hübschen Freudenmädchen aus Athen dargestellt worden. Die Hetären (griech. *hetaira* = Gefährtinnen) wurden in Athen hoch geachtet, im Gegensatz zu den bürgerlichen Mädchen und Ehefrauen, deren Leben sich auf das Haus beschränkte. Je nach sozialem Rang und Schönheit verfügten die Hetären in der Regel über eine mehr oder weniger ausgeprägte Bildung in Musik, Literatur und Philosophie. In der Zeit des klassischen Athens finden wir als Leserinnen also auch Freudenmädchen mit einem gewissen Bildungsstand.

Das stille Lesen erwies sich als eine Technik, die es ermöglichte, in kürzerer Zeit mehr Text aufzunehmen. Da die Anzahl von Texten aus allen Gebieten stetig zunahm, war dies von unschätzbarem Wert. Durch die damals übliche *scriptio continua*, die weder Wortzwischenräume noch Satzzeichen kannte, wurde das stille Lesen aber in einem Maße erschwert, wie wir es uns heute kaum noch vorstellen können.

2. Das Lesen im Bildungskanon der Hellenen

Lesen und Schreiben spielten im Bildungskanon der Griechen zunächst keine große Rolle. Die griechische Frühzeit des 8. Jahrhunderts v. Chr. ist noch geprägt durch eine höfisch-aristokratische Gesellschaftsordnung. Es gab Großgrundbesitzer, die Theten, Bürger ohne oder mit nur wenigen Rechten, für sich arbeiten ließen. Die Unabhängigkeit von eigener körperlicher Arbeit ermöglichte es diesen Gutsherren, Abenteuer zu bestehen, den Bau von Schiffen zu veranlassen, Handels- und Kaperfahrten zu unternehmen und Kolonien zu gründen. Allmählich entwickelte sich ein durch seinen Besitz privilegierter Adelsstand, der Reichtum und Privilegien wiederum vererbte, so dass der Stand der Eupatriden entstand, ein Geburtsadel, der seinen Stammbaum direkt von den Göttern ableitete und sich „von Zeus abstammend" nannte. Es bildeten sich Mythen heraus, und jedem Griechen stand es offen, von diesen Mythen zu berichten, er musste nur erzählen können. Dieses Erzählen erfolgte in gebundener Rede. Dichter formten und gestalteten den Mythos. Im 8. Jahrhundert v. Chr. bildete sich auf diese Weise die epische Poesie aus. Die Adelsgesellschaft hatte sich voll entwickelt und konnte Dichter finanzieren, die sich infolgedessen ausschließlich ihrem Beruf widmen konnten. Der Dichter dieser Zeit war zugleich Sänger, der seine Erzählungen mit einer viersaitigen Phorminx, einer Art Laute, begleitete und melodisch vortrug. Der Aöde (griech. Sänger, Dichter, Beschwörer) war seinem Stande nach dem Arzt und Baumeister gleichgestellt, er genoss also ein höheres Ansehen als andere Künstler. Nach damaliger griechischer Vorstellung entsprang der Vortrag des Aöden unmittelbar göttlicher Inspiration. Daher wird der Aöde häufig als mit Blindheit geschlagen dargestellt, weil ihm als Preis für die Musengabe des Gesangs die Götter das Augenlicht geraubt hatten. Im ausgehenden 8. Jahrhundert entwickelte sich die Aödenkunst in zwei Richtungen weiter. Der Rhapsode (von griech. *rhaptein* = zusammenflicken) wanderte zu Wettkämpfen und Festen. Dort rezitierte er Auszüge aus den großen Epen. Sein Zeichen war der Stab, den derjenige in der Hand hielt, der das Wort hatte. Neben den Rhapsoden finden sich die Kitharoden, die ihren lyrischen Sologesang mit einem Saiteninstrument (*kithara*) begleiteten.

Aus dieser Zeit sind uns zwei gewaltige Epen erhalten geblieben, die „Ilias" und die „Odyssee". Sicherlich hat es noch zahlreiche andere Epen gegeben, aber diese sind wahrscheinlich schon im Altertum verloren gegangen, und wir können annehmen, dass sie der „Ilias" und der „Odyssee" nicht ebenbürtig waren. „Ilias" und „Odyssee" sind vermutlich an der Küste Kleinasiens entstanden, in der Mitte des von den Griechen besetzten Küstengürtels der heutigen Türkei. Als Verfasser der beiden Heldenepen wird Homeros, deutsch Homer, angesehen (Abb. 6). Bereits im Altertum wusste man nichts Sicheres über Homers Person und die Zeit, in der er lebte. Die sog. homerische Frage, d. h. die Frage nach dem Dichter der homerischen Epen und ihrer Entstehung gab es schon in der Antike. Peisistratos, ein athenischer Staatsführer aus dem 6. Jahrhundert

Abb. 6: Idealbildnis des blinden Homer (Replik, Boston Museum of Fine Arts).

v. Chr., ließ eine Durchsicht der homerischen Gesänge vornehmen und diese aufzeichnen. Damals schrieb man Homer noch weitere Texte zu, z. B. die homerischen Hymnen. In der Zeit des Hellenismus, also etwa von 336 bis 30 v. Chr., gab es eine Gruppe, die Chorizonten (Trennende), die Homer die „Odyssee" absprach. Nach heutigem Stand der Forschung[3] gilt Homer zumindest als Dichter der „Ilias". Die Werke, die seinen Namen als Autor tragen, sind aus einer langen Tradition heraus entstanden. Homer hat sicherlich ältere Epen, Lieder und Heldensagen in ihren mündlichen Vorstufen mit verwendet. Ebenso umstritten wie die Identität des Autors ist die Frage, ob die Rhapsoden schon schriftlich fixierte Texte besaßen. Beantworten wir die Frage nach der Schriftlichkeit der homerischen Epen mit ja, so finden wir in den Dichtern und Sängern des 8. Jahrhunderts die ersten europäischen Leser.

Herodot, ein griechischer Geschichtsschreiber aus dem 5. Jahrhundert v. Chr., der ausgedehnte Reisen unternahm und das kleinasiatische Küstengebiet gut kannte, bezeichnete Homer als den Schöpfer der Theogonie, der Entstehungsgeschichte der Götter. Wer auch immer sich hinter der Chiffre „Homer" verbirgt, diese Sänger und Dichter haben für die Griechen eine Mythologie geschaffen und die personale Struktur der griechischen Götterwelt festgelegt. Die griechischen Götter entsprechen weder einem christlichen noch einem jüdischen Gott, sie sind nicht Schöpfer, sondern Teil der Natur. Sie schufen nicht Himmel und Erde, sondern aus der Vereinigung dieser beiden gingen die Titanen hervor, die wiederum die neuen, die olympischen Götter zeugten. Diese sind zwar unsterblich und ewig jung, aber sie haben keine unbegrenzte Macht. Weil sie entstanden sind, sind sie auch vergänglich. Ihre Herrschaft wird von den besiegten alten göttlichen Mächten bedroht, und ungewiss bleibt, was die Ordnung der Natur noch an neuen Mächten hervorbringen wird. Die Naturordnung bestimmt das Schicksal der Götter und Menschen und ihren Anteil am Weltgeschehen. Die Moiren (griech. *moira* = Anteil, Los) sind griechische Schicksalsgottheiten, die jedem Menschen seinen Anteil am Leben zuteilen. Auch die Götter unterliegen so letztlich einem Schicksal, das ihre Welt transzendiert, dem *daimon*, der Ordnung der Natur. Sterben zu müssen, ist das Schicksal des Menschen. Die Moire Atropos, die Unabwendbare, schneidet ihnen den Lebensfaden ab. Den Göttern bleibt dieses Los erspart, solange sie die Götterspeise, Ambrosia („Unsterblichkeit") zu sich nehmen.

In der homerischen Welt bildet der Kampf die Grundlage allen Geschehens: Der Kampf der Götter bestimmt die Geschichte und das Schicksal des Einzelnen. Der Heerführer in der von Homer beschriebenen aristokratischen Gesellschaft gilt als der Urheber der Taten seiner Gefolgsleute. Unterhalb der Adelsschicht, dem Träger des Gemeinwesens und der Kultur, existiert nur eine rechtlose Volksmasse, zu deren Angehörigen die einzelnen Adligen ein persönlich-patriarchalisches Verhältnis haben. Auch von dem gemeinen Mann wird Tapferkeit erwartet, was jedoch den Adligen auszeichnet ist ein Mehr an Tapferkeit, Besitz und Ansehen. Erziehung im weitesten Sinne erhalten nur die Söhne der Adligen und diese Erziehung zielt auf Herrschaft und Kriegsführung ab. Wer im Kampf gewinnt, auf dessen Seite ist das Recht.

Homer schildert mit erschreckender Genauigkeit die Verletzungen und Verstümmelungen, die die einzelnen Kriegsteilnehmer erleiden. Es findet sich bei ihm kein Wort des Mitleidens, sondern eine Verherrlichung des Kriegswesens. Die Welt, so wie Homer sie sieht, zeigt eine dreistufige Hierarchie: Auf oberster Stufe stehen die Götter, die Stufe darunter umfasst die adlige Herrenschicht, der die Kämpfer vor Troja angehören, die dritte Stufe bildet das gemeine Volk. In der „Ilias“ wird aus dem Volk nur ein Einziger namentlich genannt: Thersites. Dieser wollte in der Versammlung der Adligen mitreden und überschritt damit die Möglichkeiten seines Standes (Ilias, 2, 211–219).

Man kann die Geschichte von der tödlichen Wut des Achilleus und ihren Folgen erzählen, fast ohne die oberste Stufe, die Göttergeschichte, zu berücksichtigen. Im zehnten Jahr der Belagerung Trojas stehen verschiedene griechische Stämme, Homer nennt sie Achaier, vor den Toren der Stadt. Unter ihnen ist die Pest ausgebrochen. Erst im zweiten Gesang – und fast beiläufig – erfahren wir den Grund der Belagerung: Viele Jahre zuvor hatte Paris, ein trojanischer Fürst, den Hof des griechischen Königs Menelaos besucht, dort dessen schöne Frau Helena becirct und die allerdings kaum Widerstand Leistende geraubt. Daraufhin führt Agamemnon, Bruder des Menelaos und König von Mykene, ein loses Bündnis von griechischen Königen und Fürsten zusammen, deren Streitkräfte nach Troja an der kleinasiatischen Küste segeln, um diesen Raub zu bestrafen und zu rächen.

Nach neun Kriegsjahren ist der Anlass des Kampfes fast vergessen. Der Seher Kalchas deutet den Ausbruch der Pest als Rache des Gottes Apollon für die Missachtung seines Priesters Chrysos, dessen Bitten um die Rückgabe seiner Tochter, die als Kriegsgefangene im Lager der Griechen lebt, von Agamemnon mit wüsten Schmähungen zurückgewiesen wurde. Jetzt ist Agamemnon auch auf Drängen anderer Fürsten bereit, dem Priester die Tochter zurückzugeben, verlangt aber als Ersatz von Achilleus dessen Beute, die schöne Briseis. Agamemnon setzt sich dank der Übermacht seiner Truppen gegen Achilleus, den tapfersten Helden der Griechen, und seine Gefolgsleute, die Myrmidonen, durch. Achilleus wird wütend und weigert sich, weiter zu kämpfen. Durch diesen „Streik“ verschlechtert sich für die Griechen die ursprünglich vorteilhafte Lage. In der ersten Schlacht ohne Achilleus nähert sich Hektor, der tapferste Held der Trojaner, den griechischen Schiffen. Die Troer bestimmen jetzt das Kampfgeschehen. Auf Anraten Nestors, des ältesten der vor Troja kämpfenden griechischen Helden, werden die Schiffe durch eine Mauer gesichert. Agamemnon schickt eine Bittgesandtschaft zu Achilleus, um ihn zu bewegen, wieder am Kampf teilzunehmen. Auf Anraten von Nestor macht Agamemnon Achilleus ein Versöhnungsangebot:

Vor euch allen zähle ich auf die herrlichen Gaben:
sieben Dreifüße, ungebraucht, zehn goldne Talente,
zwanzig schimmernde Kessel, dazu zwölf kräftige Rosse,
Träger von Preisen, die sie durch Sieg im Wettlauf gewannen.
Reich an Grundbesitz wäre ein Mann, der so viel erhielte,
wie mir die stampfenden Rosse an Siegespreisen errangen,
auch nicht arm an dem hochgeschätzten, kostbaren Golde.
Sieben Frauen aus Lesbos, tüchtige Arbeiterinnen,
will ich ihm geben – als er das wohnliche Lesbos erobert,
wählte ich sie mir aus; sie besiegten an Schönheit die Masse
sämtlicher Frauen –, gebe mit ihnen Briseïs ihm wieder,
die ich ihm raubte, und schwöre dazu mit gewaltigem Eide:
Niemals bestieg ich ihr Lager, nie einten uns Bande der Liebe,
wie es nun einmal Menschenart ist, bei Männern wie Frauen.
All dies stehe ihm gleich zur Verfügung. Doch lassen die Götter
Uns die mächtige Stadt des Priamos später zerstören,
soll er sein Schiff mit Erz und Gold zur Genüge belasten
nach dem Betreten der Stadt, wenn wir Griechen die Beute uns teilen.
Zwanzig troische Frauen soll er selber sich wählen,
die als schönste, nach der Argeierin Helena, gelten.
Kehrten wir heim nach Argos, der Mutterbrust griechischen Landes,
soll er mein Schwiegersohn werden; ich will wie Orestes ihn halten,
der mir, zärtlich geliebt, in der Blüte der Jugend heranwächst.
(Ilias, 9, 121–143)

Dieses Angebot ist sehr großzügig, entspricht doch ein attisches Talent 26,2 kg. Achilleus jedoch bezeichnet das Angebot als Betrug. Seine Ehre erfordert die Bestrafung Agamemnons, durch keinen Preis der Welt lässt er sich diese abkaufen. So geht der Krieg ohne Achilleus weiter, die Trojaner dringen bis zu den griechischen Schiffen vor und beginnen, sie zu verbrennen. Noch immer greift Achilleus nicht ein, gestattet jedoch seinem Freund Patroklos, den Achaiern zu helfen, die Trojaner von den Schiffen zu verjagen. Entgegen Achilleus' Rat verfolgt Patroklos die Trojaner weiter bis zur Stadt. Bei dieser Aktion vollbringt er in der Rüstung des Achilleus große Heldentaten, doch durch das Eingreifen Apollons fliegt seine Tarnung auf. Der geliehene Panzer löst sich und dem Trojaner

Euphorbos gelingt es, den ungeschützten Rücken mit dem Speer zu durchbohren. Der Verwundete wird von Hektor erschlagen. Angesichts des Todes seines Freundes Patroklos richtet sich der Zorn des Achilleus nicht mehr länger gegen Agamemnon, sondern gegen Hektor. Ein zweiter Bittgang zu Achilleus erfolgt, bei dem das alte Angebot erneuert wird. Achilleus nimmt den Kampf wieder auf und tötet Hektor, nachdem er fast im Fluss Skamander ertrunken wäre. Voller Zorn und Rachsucht schleift er den Leichnam Hektors mit seinem Streitwagen dreimal um das Grabmal des Patroklos. In der Nacht erscheint Trojas Herrscher Priamos und bittet um die Freigabe seines toten Sohnes Hektor. Im Wissen um seinen baldigen Tod, der ihm geweissagt worden war, erfüllt ihm Achilleus die Bitte. Sein Zorn ist erstorben und mit der Bestattung Hektors endet die Erzählung.

Mit diesem Epos von Homer begann die Schriftlichkeit und wir können aus der „Ilias" ersehen, dass für die jugendlichen Adeligen auch die Ära des Lesens und des Lesenlernens anbrach. Die homerischen Epen, wenn wir die „Odyssee" noch hinzunehmen, sind in der Antike die großen Lehr- und Lernbücher gewesen, die gleichermaßen von Jung und Alt gebraucht wurden. Mit ihnen wurde nicht nur Lesen gelehrt und gelernt, sondern auch ein Erziehungsideal geformt und eine Mythologie vermittelt, die die Menschen auch dann noch prägte, als die Zeit sich längst gewandelt hatte und Homers theologische Kosmologie durch andere Modelle der Welterklärung ersetzt wurde. Die Epen Homers bedeuteten für die jugendlichen Edukanden den Zugang zur literarischen Kultur. Formal-ästhetisch sind die Epen durch Hexameterverse bestimmt. Homer benutzte 16 verschiedene Varianten davon. Entscheidend waren aber vor allem die Gehalte und Werte, die Homer vermittelte. Die Erziehung des jugendlichen Adeligen zum Helden erscheint in der „Ilias" als das wichtigste Erziehungsziel. Die Tapferkeit behielt in der gesamten Antike den Vorrang vor allen anderen Tugenden. Der ideale Erzieher ist der „sehr weise Kentauros Cheiron" (Ilias, 11, 835), der neben anderen Helden, die in der „Ilias" besungen werden, auch Achilleus in den ritterlichen Künsten unterweist. Der Held bei Homer muss das Waffenhandwerk beherrschen, vertraut sein mit ritterlichem Sport und Spiel, mit Gesang, Leierspiel und Tanz. Darüber hinaus muss er, wie die Unterweisungen Cheirons an Achilleus zeigen, über die Gabe der klugen Rede verfügen, kundig sein in der Heilkunst und auch sonst alles beherrschen und wissen, was in der ritterlichen Welt von Bedeutung ist. Der jugendliche Adelige wird mit dieser Art von Bildung aufgefordert, stets der Beste und Tapferste zu sein und die anderen zu übertreffen. Nur so kann er den Ruhm und die Ehre erlangen, die erforderlich sind, um auch nach dem Tod als Bild, als *eidolon*, im Gedächtnis der Menschen weiterzuleben. Der früh erlittene Tod steigert noch den Ruhm des Helden. In dieser Perspektive erscheint das Heldenlied der „Ilias" als ein Todesgesang in 24 Gesängen. Nicht nur Patroklos und Hektor fallen im Kampf, sondern über 200 weitere Helden, die namentlich genannt werden, und der Tod des Achilleus steht unmittelbar bevor. Dabei lieben die Helden den Tod keineswegs, sondern sie versuchen, ihm zu entgehen, indem sie den Gegner, der stets ebenfalls ein Held ist, töten. Im ständigen Kampf nimmt der Held jedoch den möglichen Verlust seines Lebens billigend in Kauf, denn der Nachruhm ist ihm wichtiger als ein immer schon zu kurzes, ruhmloses Erdenleben. Dabei ist natürlich nicht jeder zum Helden geboren, wem jedoch dieses Los von den Göttern beschieden wurde, kann sich ihm nicht entziehen.

> Göttin, besinge die tödliche Wut des Peliden Achilleus,
> die den Acheiern tausendfältige Leiden bescherte,
> zahlreiche tapfere Heldenseelen zum Hades entsandte
> und die Leiber zur Beute den Hunden, zum Fraße den Vögeln
> vorwarf – derart musste der Wille des Zeus sich erfüllen –,
> seit einmal der Atride, der oberste Feldherr des Heeres,
> sich überworfen hatte im Streit mit dem edlen Achilleus.
> (Ilias, 1, 1–7)

Mit diesen Versen beginnt die „Ilias". Im Original heißt hier das Wort für Seele *psyche*, an anderen Stellen finden wir jedoch das Wort *eidolon*, was ungefähr mit „Bild" zu übersetzen ist. Bei den achaischen Griechen ist die Seele also das Bild, das wir von dem lebenden Menschen haben. Dieses Bild verschwindet beim Tod im Hades. Die Helden selbst werden zum Fraß der Hunde und Vögel. Erst bei Platon wandelte sich, wahrscheinlich unter dem Einfluss persischer Religionsvorstellungen, das Selbst zur Seele. Der Held in der „Ilias" hofft nicht auf eine „Wiederauferstehung" aus dem Hades, sondern er schickt sich in das von den Göttern erwählte Los. Der achaische Grieche weiß, dass alle seine Willensentscheidungen auf Ursachen zurückzuführen sind, die letztendlich auf den Willen der Götter verweisen. Aber der achaische Held weiß nicht, was die

Götter über ihn verfügt haben, und so handelt er nicht leichtfertig und überschätzt nicht seine Kräfte. Wenn er den Zweikampf meidet, drückt sich darin die Anerkennung aus, die er der Überlegenheit seines Gegners zollt. Von einem dieser Helden, der schon in der „Ilias" mit der formelhaften Bezeichnung eines „viel duldenden Mannes" (z. B. Ilias, 8, 97) belegt wurde und der sich im Kampf um Troja durch Tapferkeit und Klugheit ausgezeichnet hatte, erzählt die „Odyssee", das zweitälteste Werk der griechischen und abendländischen Literatur.

Die „Odyssee" besingt in ebenfalls 24 Büchern bzw. Gesängen die abenteuerlichen Irrfahrten und die glückliche Heimkehr des Königs Odysseus, der 20 Jahre zuvor von seinem Herrschaftsgebiet, der Insel Ithaka, an der Seite griechischer Könige und Heroen ausgezogen war, um Troja zu erobern und Helena zu befreien. Hier erfahren wir auch, mit welcher List Troja erobert wurde, und hören von dem schon in der „Ilias" verkündeten Tod des Achilleus. Ähnlich wie in der „Ilias", die 51 Tage im zehnten und letzten Jahr der Belagerung Trojas mit zahlreichen Rückblenden erzählt bzw. besingt, werden in der „Odyssee" die rund zehn Jahre umspannenden Ereignisse um Odysseus nicht fortlaufend berichtet, sondern mit Hilfe eines erzähltechnischen Kunstgriffs durch entsprechende Vor- und Rückgriffe auf einen kurzen Zeitraum zusammengedrängt. Die erzählte Zeit der „Odyssee" vom Abschied des Helden von der reizenden Nymphe Calypso, die ihn jahrelang in ihrer Grotte auf der Insel Ogygia festhielt, bis zur Wiedererkennung durch seine treue Gemahlin Penelope und zur Wiedereinsetzung in sein angestammtes Königtum umfasst nicht mehr als 40 Tage. Was davor geschah, erfahren wir indirekt durch eine Erzählung in der Erzählung. Der in der „Ilias" prophezeite Tod des Achilleus wird im dritten Gesang der „Odyssee" von Nestor bestätigt und erst im achten Gesang erfahren wir aus dem Mund des Sängers Demodokos, wie Troja erobert werden konnte:

> Wacker sprach man zu den dargebotenen Speisen.
> Aber sobald man den ersten Durst gestillt und den Hunger,
> wandte sich an den Sänger der kluge Odysseus und sagte:
> „Dich, Demodokos, preise ich hoch vor sämtlichen Menschen;
> dich unterwies die Muse, das Zeuskind, oder Apollon.
> Denn du besingst höchst kunstreich das bittere Schicksal der
> Griechen,
> was sie vollbrachten und litten und wie sie sich quälten, als wärest

du ein Mitkämpfer oder eines Mitkämpfers Zeuge.
Wechsle das Thema und singe vom Bau des hölzernen Pferdes,
das Epeios mit Hilfe der Göttin Athene gezimmert,
aber der edle Odysseus mit List in die Festung geschafft hat,
voll besetzt mit Bewaffneten, die dann Troja zerstörten!
Wenn du von diesem Ereignis kunstgerecht mir berichtest,
will ich sogleich auch allen Menschen erzählen, dass gnädig
dir ein Unsterblicher göttliche Sangesgabe verliehen!"

Derart sprach er. Der Sänger hub an, vom Gotte begeistert,
damit, wie die Argeier den Brand in ihr Zeltlager warfen
und an Bord der trefflich gezimmerten Schiffe von dannen
fuhren, jedoch die Schar des ruhmreichen Helden Odysseus
heimlich im Bauche des Rosses hockte, inmitten der Troer,
hatten es doch die Troer selbst in die Festung gezogen.
Ebendort stand es, und ringsum weilten die Feinde und brachten
vielerlei Ratschläge vor; drei Meinungen galten vor allen:
Erstens, das hohle Gebälk zu zerschlagen mit grausamem Erze,
oder es, zweitens, vom Rande des Burgberges hinunterzustoßen,
oder, zum dritten, als riesiges Standbild stehen zu lassen
zur Versöhnung der Götter – was dann tatsächlich auch eintrat.
Ilion sollte zu Grunde gehen, sofern es das große
hölzerne Pferd in sich einließ, in dem die tapfersten Griechen
saßen, bereit, den Trojanern Tod und Verderben zu bringen.
Weiterhin sang er, wie aus dem Hinterhalte die Griechen
aus dem Pferde hervorbrachen und die Festung zerstörten.
(Ilias, 8, 485–516)

Wie in der „Ilias" der Zorn des Achilleus den Kampf um Troja bestimmt, so ist es in der „Odyssee" der Zorn des Poseidon auf den König von Ithaka. Odysseus zog sich den göttlichen Zorn zu, weil er dessen Sohn, den Kyklopen Polyphemos, geblendet hatte. Während den anderen Helden, die um Troja gekämpft haben, die Heimfahrt mit reicher Beute zum Teil gelingt, braucht Odysseus zehn Jahre – davor hatte er schon zehn Jahre um Troja gekämpft –, um zu seiner Frau Penelope heimzukehren. Im Palast des Königs der Phäaken, eines Volkes, das weder Krieg noch Unglück kennt, erzählt Odysseus von dem, was ihm widerfuhr, nachdem er Troja verlassen hatte. Ab dem 13. Gesang wird von der Rückfahrt und glücklichen Heimkehr des Helden erzählt. Odysseus verlässt, von dem König der Phäaken reich beschenkt, das ihm freundliche Land und gelangt in einer Nachtfahrt in seine Heimat Ithaka. Dort tritt ihm Athene in Gestalt eines Bettlers gegenüber, verrät ihm, dass er sich in der Heimat befindet und wie er die 88 Freier, die um die Hand seiner Gemahlin Penelope und das Königtum buhlen, täuschen und überwinden kann. Ebenfalls in der Gestalt eines Bettlers sucht er den Schweinehirten Eumaios auf, der ihn, ohne seinen Herrn zu erkennen, freundlich bewirtet. Unterdessen verlässt Telemachos, Odysseus' Sohn, den Palast des Königs Menelaos in Sparta, um in seine Heimat zurückzukehren. Er entgeht nur knapp einem Anschlag der Freier seiner Mutter und trifft bei Eumaios auf seinen Vater. Als beide allein sind, gibt sich der Vater dem Sohn zu erkennen. Beide beraten über ihr weiteres Vorgehen, während gleichzeitig die Freier überlegen, wie sie nach ihrem missglückten Anschlag auf Telemachos diesen doch noch beseitigen können. Am nächsten Tag gehen Telemachos und sein Vater getrennt in die Stadt und zum Palast. Telemachos unterrichtet seine Mutter von einem Fremdling, der ihn begleitet habe und den er in den Palast holen wolle. Auf dem Weg in den Palast muss Odysseus, weiterhin in Bettlergestalt, eine Menge von Schmähungen ertragen. Nur seine Amme Eurykleia und sein Hund Argos erkennen ihn. In der folgenden Nacht verlassen die Freier den Palast und Telemachos entfernt sämtliche Waffen. Währenddessen bereitet der „Bettler" Odysseus seine Gattin Penelope in einem langen Gespräch auf die baldige Rückkehr ihres Gatten vor. Tags darauf soll die Auswahl eines Bewerbers um die Hand Penelopes erfolgen. Penelope holt den großen Bogen des Odysseus: Derjenige der Freier, der ihn spannen kann und dem es gelingt, einen Pfeil durch zwölf Schlaufenlöcher hintereinander aufgestellter Äxte zu schießen, soll der Gemahl Penelopes und König von Ithaka werden. Als es keinem der Bewerber gelingt, den Bogen zu spannen, ergreift Odysseus ihn und schießt den Pfeil durch die Schlaufenlöcher. Mit einem zweiten Pfeil tötet er Antinoos, den aufdringlichsten Freier. Er gibt sich zu erkennen und metzelt mit seinen Verbündeten Telemachos, Eumaios und dem Rinderhirten Philoitios die Freier nieder. Das weibliche Dienstpersonal, das mit den Freiern Unzucht trieb, hängt Odysseus auf, nachdem er es vorher den Saal hat säubern lassen. Von den treuen und ihm ergebenen Mägden und Knechten wird er als König begrüßt und gefeiert. Penelope zweifelt zunächst, der frisch gebadete Odysseus enthüllt ihr jedoch das Geheimnis ihres Ehebettes: Es ist unverrückbar, da der Bettpfosten aus einem fest verwurzelten Ölbaum besteht. Jetzt endlich erkennt Penelope in dem Bettler ihren seit 20 Jahren vermissten Ehemann. Am nächsten Tag begibt sich Odysseus mit seinen treuen Gefährten zu seinem alten Vater Laertes auf dessen Landgut. Auch dieser erkennt seinen Sohn zunächst nicht, aber als Odysseus ihm aus seiner Jugendzeit erzählt, begrüßt er glücklich den verloren geglaubten Sohn. Währenddessen wiegelt Eupeithes, der Vater des Antinoos, die Bevölkerung der Insel auf und wirft Odysseus vor, nicht nur die Besten des Adels, die um Penelope gefreit hatten, getötet, sondern auch viele tapfere Helden und Schiffe während seiner Irrfahrt verloren zu haben. Ein Teil der Bewohner Ithakas schließt sich Eupeithes an, die Aufständischen eilen zum Landgut des Laertes, es kommt zum Kampf. Dabei tötet der greise Laertes Eupeithes. Bevor es zu größeren Verlusten kommt, greift die Göttin Athene in Gestalt von Mentor, dem Freund und Hausverwalter des Odysseus, ein und stiftet einen dauerhaften Frieden zwischen den aufständischen Ithakern und ihrem König.

Im Gegensatz zur „Ilias" stehen sich in der „Odyssee" nicht mehr Götterwelt und Menschenwelt unvermittelt gegenüber, sondern das menschliche Denken tritt als Vermittler in die Beziehung zwischen Menschen- und Götterwelt ein. In der „Odyssee" geben die Göttinnen und Götter den Sterblichen ihren Willen kund, statt diesen unbekannt und drohend gegenüberzustehen. Sie warnen sehr deutlich und bestimmt vor falschen Handlungen und geben den Menschen die Schuld, wenn diese sie trotz Warnung ausführen. An die Stelle von Schicksalsgläubigkeit tritt jetzt ein Mehr von Verantwortung der Menschen, die die Konsequenzen ihrer Verfehlungen selbst tragen müssen.

In seiner „Poetik" rühmte bereits Aristoteles die „kunstvoll verschlungene"[4] Komposition der „Odyssee", die aus zwei etwa gleich langen Teilen besteht. Die ersten zwölf Gesänge erzählen von den Irrfahrten, die folgenden zwölf von der Heimkehr. Diese Gestaltung lässt den Schluss zu, dass die „Odyssee" nicht ausschließlich als Ergebnis einer langen mündlichen Überlieferung betrachtet werden kann, sondern ein des Lesens und Schreibens kundiger Autor mehrere Motive aus dem Bestand des mündlich Überlieferten kunstvoll miteinander verbunden hat. Da ist zunächst das Motiv des Heimkehrers, hier in Form eines Schiffermärchens vom herumirrenden Seefahrer realisiert, dann der Stoff vom tot geglaubten König, der plötzlich wiederkehrt, und schließlich das Märchen vom Königssohn, der auszieht, um seinen vermissten Vater zu suchen. Diese

Motive, hinzu kommt noch die Geschichte vom Helden, der seine toten Gefährten in der Unterwelt besucht, lagen in der oralen Tradition des antiken Hellas vor, wahrscheinlich teilweise schon miteinander verknüpft. Ein genialer Sänger und Dichter hat diese Elemente in der uns vorliegenden Form schriftlich fixiert und das in einer Weise, dass es müßig ist zu fragen, welcher Anteil dem Dichter und welcher der mündlichen Überlieferung zu verdanken ist. Für uns entscheidend ist die Fähigkeit des Dichters und Sängers, neben der Kunst des Vortrags lesen und schreiben zu können. Sicherlich brauchte er außerdem didaktisches Geschick, seine Kenntnisse und Fertigkeiten dem Nachwuchs in dieser Zunft zu vermitteln. Mit Homer begann für das Abendland die Schriftlichkeit und Lesbarkeit von Literatur und wir können davon ausgehen, dass zumindest auch für einige der jungen Adeligen das Zeitalter des Lesens anbrach, denn die homerischen Epen galten in der gesamten Antike als die großen Lebens- und Lehrbücher schlechthin.

Um 700 v. Chr. finden wir den ersten historisch belegbaren griechischen Dichter und Sänger, nämlich Hesiod. Hesiod orientierte sich in Form und Sprache an den homerischen Epen, der Wortschatz und das Metrum, der epische Hexameter, blieben in seiner Sanges- und Dichtkunst erhalten. Wir wissen aus antiken Quellen, dass Hesiods Vater aus einer griechischen Siedlung an der Küste Kleinasiens stammte. Hesiod selbst wurde in Askra geboren, einer Stadt in Boiotien, einer Landschaft in der Mitte des heutigen Griechenlands. Er lebte dort als freier Bauer in bescheidenen Verhältnissen, oft von dem übermächtigen Adel bedrängt und von seinem Bruder Perses um sein Erbe betrogen. Wegen dieser widrigen Umstände lernte Hesiod Lesen und Schreiben und wurde Rhapsode, was ihm eine gesicherte gesellschaftliche Stellung bescherte.

3. Bildungsideal und Erziehungssystem im klassischen Griechenland

Vom 8. bis 5. Jahrhundert v. Chr. entwickelte sich im alten Griechenland eine Art Schriftkultur. Wir müssen aber davon ausgehen, dass nur wenige des Schreibens und des Lesens kundig waren, hauptsächlich wohl Adlige, später dann auch Sklaven. In den Schriften von Homer und Hesiod kommt zum einen die alte hellenistische Adelsgesellschaft zu Wort und zum anderen das altgriechische Bauerntum. Bei beiden Autoren finden wir aber Gedanken, deren Bedeutung weit über die eigene Standeszugehörigkeit hinausreichte und zur Grundlage einer allgemeinen, alle Stände umfassende Erziehung werden konnte. Nicht umsonst gehörte im klassischen Rom diese Lektüre zu den Standardwerken im Unterricht. Die Gedanken, die den Kreis ständischer Lebensform überschreiten, waren also von geschichtlich tiefer Wirkung. Bestimmende Kraft der griechischen Kultur zur klassischen Zeit war aber weder der Adel noch das Bauerntum, sondern die Polis, also die Stadt, die zugleich auch Staat ist. Schon in frühgriechischer Zeit, als Homer und Hesiod ihre Werke verfassten, haben sich zwei wahrscheinlich durch Stammeseigenart bedingt sehr unterschiedliche Grundformen der griechischen Polis herausgebildet, die die klassische Zeit beherrschen sollten: der dorisch strenge, aristokratische Kriegerstaat Sparta und der ionische, freiheitlich-demokratische Rechtsstaat, für den Athen steht.

In Sparta, das durch die Eroberung beträchtlicher Gebiete in Messenien zu Macht und Wohlstand gelangt war, gab es nur wenige einheimische künstlerische Talente. Der Zweite Messenische Krieg (2. Hälfte des 7. Jahrhunderts v. Chr.), in dem die Heloten gegen die spartanisch-dorische Oberschicht aufbegehrten, führte zu einer Rückkehr des kriegerischen Lebensstils, der die ursprüngliche Grundlage dieses Staates bildete. Mehr als zwei Jahrzehnte dauerte dieser Krieg. Während früher besonders der Chorgesang der Jungen und Mädchen gefördert wurde, wobei die Leier Melodie und Takt angab und die Tonfülle durch die Flöte erzeugt wurde, einem damals sehr modernen Instrument, das aus Kleinasien stammte, war jetzt hierfür kein Platz mehr. Stattdessen finden wir die elegische Dichtung eines von der Schwere der Zeit geprägten spartanischen Dichters namens Tyrtaios. In seinen politisch geprägten Elegien ermahnt er die Spartaner zum tapferen Kampf für die Heimat und zur Beständigkeit im Kampfgeschehen. Die Herkunft des Dichters Tyrtaios ist ungewiss, wir wissen nur, dass er zur Zeit des Zweiten Messenischen Krieges in Sparta lebte. Im Athen des 5. Jahrhunderts v. Chr. entstand die Legende, dass das musenfeindliche Sparta einen solchen Mann nicht hätte hervorbringen können. Er sei als lahmer Schulmeister aus Athen als Helfer in der Not gekommen.[5]

Der zweite Typ der griechischen Polis wurde von Athen repräsentiert. Statt des Primats der Macht bildete sich hier ein Primat des Rechts aus, das dem Individuum einen größeren Spielraum einräumte. Der lebhafte

Handel mit den kleinasiatischen Küstenstädten führte dazu, dass freiheitliches Gedankengut weiter auf das Festland vordrang. In Athen entwickelte sich schon um 600 v. Chr. – man denke nur an den Gesetzgeber Solon – das Ideal eines Gesetzesstaates und einer allgemeinen Rechtsordnung. Alle Bürger unterlagen den gleichen Gesetzen, der Adel hatte keine Privilegien. Dies formte eine Solidaritätsgesinnung der Bürgerschaft, auf deren Boden später der Gedanke der Demokratie entstehen konnte. In Athen entstand im Laufe des 6. und zu Beginn des 5. Jahrhunderts v. Chr. wahrscheinlich im Zusammenhang mit wirtschaftlich-politischen Umwälzungen – etwa dem Machtverlust des Adels durch das Aufkommen einer Geldwirtschaft – das Ethos eines Staatsbürgers, der aktiv und verantwortlich am öffentlichen Leben und an politischen Entscheidungen teilnimmt.

Die klassische Epoche Athens begann um 450 v. Chr. mit der Friedenszeit unter Perikles nach den Perserkriegen. Zu diesem Zeitpunkt war Athen der erste Handelsplatz der damaligen Welt und sehr wohlhabend. Das politische und kulturelle Leben nahm einen gewaltigen Aufschwung, wahrscheinlich gerade dadurch, dass sich das ganze Volk daran in einer für uns heute kaum noch vorstellbaren Weise beteiligte. Dabei muss man bedenken, dass damals in Athen, das nun auch Herrin über etwa 200 Gemeinden war, jährlich rund 20 000 Bürger, d. h. etwa ein Drittel der erwachsenen Bevölkerung, ein öffentliches Amt bekleidete. Berufspolitiker gab es nicht. Allein zu den öffentlichen Festen wurden 1000 bis 2000 Bürger und Jungen als Sänger und Tänzer und eine noch viel größere Zahl als Statisten herangezogen. Die zahlreichen Staatsfeste mit Schauveranstaltungen und Wettkämpfen besonders in Dichtung, Musik, Tanz und Gymnastik wurden von der ganzen Polis getragen. Im 5. Jahrhundert finden wir auch die großen Tragödien- und Komödiendichter, nämlich Aischylos, Sophokles, Euripides und Aristophanes, die athenischen Geist und athenische Bildung repräsentierten. Aber auch die bildenden Künste erlebten eine Blüte. Tempel, Staatsgebäude und Theater wurden errichtet. Einzigartige Plastiken, Reliefs, Fliesen, Gemälde und Vasenbilder entstanden. In Herodot und Thukydides finden wir die beiden ersten bedeutenden Geschichtsschreiber und die Philosophie wirkte durch Sokrates und die Sophisten kräftig in die Zeit hinein.

Die Mitwirkung der Bürger an der Polis wurde durch ein hochentwickeltes Erziehungssystem gesichert. Weil die öffentlichen Ämter durch das Los vergeben wurden, musste jeder Vollbürger mindestens lesen und schreiben können, allgemeine politische Tüchtigkeit und Sachkenntnis gewonnen haben. In Athen spielte die Familie eine viel größere Rolle als in Sparta. So war die Erziehung keine reine Staatsangelegenheit, sondern die Eltern waren per Gesetz verpflichtet, ihre Kinder vom siebten Lebensjahr an musisch und gymnastisch ausbilden zu lassen. Der Staat stellte für die gymnastische Erziehung Übungsstätten bereit, aber die Ausbildung selbst war auf dem gymnastischen wie auf dem musischen Gebiet privaten Lehrern überlassen. Im Gegensatz zu Sparta waren nicht nur die Unfreien, sondern auch die Mädchen von der Schulerziehung ausgeschlossen. Sie wurden nur von den Müttern erzogen, die sie hauptsächlich zu häuslichen Tätigkeiten anleiteten. Die Knaben erhielten unter Beaufsichtigung eines Knabenführers, eines Pädagogen (griech. *paidagogos*), bei privaten Lehrern in manchmal sehr primitiven Räumlichkeiten Unterricht in Lesen, Schreiben, Sprachlehre, Musik, Gymnastik, Zeichnen und Rechnen. Die privaten Lehrer stammten hauptsächlich aus dem Stand der Sklaven und wurden den Handwerkern (griech. *banausoi*) zugezählt, die wie die Lehrer nicht sehr geachtet waren.

Der Schwerpunkt des Unterrichts lag auf der Literatur. Viele griechische Schüler lernten die „Ilias" und die „Odyssee" auswendig und alle vier Jahre wurde im Rahmen von Festveranstaltungen das Epos Homers vor der ganzen Gemeinde Athens vorgetragen. Außer den Texten Homers wurden natürlich auch die Werke Hesiods und vor allem des Gesetzgebers Solon sowie des Tragikers Euripides gelesen. Mit dieser Literatur wurde gleichzeitig eine Menge Sachkenntnis vermittelt, etwa in Geografie, Naturkunde, Geschichte und Theologie. Neben dem Literaturunterricht stand die Gymnastik, die man in der *palaistra* betrieb, der Turnschule. Wie in Sparta wurde hier der Fünfkampf gelehrt: Springen, Laufen, Diskuswerfen, Speerwurf und Ringen. Aber auch Schwimmen, Tanz und andere körperliche Übungen und Spiele wurden gepflegt. Erklärtes Ziel aller griechischer Erziehung war besonders im 5./4. Jahrhundert v. Chr. die Kalokagathie, die Schönheit und das Ebenmaß des Körpers und der Seele.

Mit der Elementarschule, die etwa nach dem 15. Lebensjahr beendet wurde, war die Erziehung noch nicht abgeschlossen. Es folgte eine gymnastisch-militärische Ausbildung, die im *gymnasion*, einer staatlichen Anstalt, die mit Übungsplätzen, Bädern und Säulenhallen ausgestattet war, stattfand. Dienten die Gymnasien zunächst nur der körperlichen Ertüchtigung, wurden sie vom 4. Jahrhundert v. Chr. an auch zur geistigen

Ausbildung genutzt. Eine solche umfassende Erziehung erhielten natürlich nur die Freien und Wohlhabenden, die Vollbürger von Athen. Die Ausbildung am *gymnasion* endete mit Vollendung des 20. Lebensjahres. Die Epheben wurden feierlich in eine Bürgerliste eingetragen. Sie durften jetzt Uniform tragen und zu Pferde erscheinen.

Gegen 400 v. Chr. entwickelte sich auch ein höheres Bildungsideal, das eine rhetorisch-lebenspraktische und eine philosophisch-wissenschaftliche Richtung umfasste. Rhetorik und Philosophie wurden zur Grundlage für die höhere Bildung. Sie prägen unsere abendländische Kultur bis heute. Die Sophisten („Lehrer der Weisheit") waren die eigentlichen Begründer von höherer Bildung und höherem Schulwesen. Sie forderten für eine vollkommene Bildung erstens die Kenntnis der Grammatik, d. h. die Kenntnis der Sprache und ihres Aufbaus. Hierzu gehörten auch Lesen und Schreiben. Zweitens forderten sie die Ausbildung in Dialektik, was man als „Übung im Gebrauch der Worte als Rede und Gegenrede" übersetzen könnte, und drittens in Rhetorik, der Lehre von der wirkungsvollen Gestaltung der Rede. Viertens lehrten sie eine Art „Bürgerkunde", ein Wissen, über das jeder Bürger verfügen sollte (*tà politiká*). Es umfasste Arithmetik, Geometrie, Astronomie und Musik. Kenntnisse auf diesen Gebieten wurden bereits im 5. Jahrhundert v. Chr. von den Schülern gefordert. Aber die drei zuerst genannten Disziplinen wurden von den Sophisten neu eingeführt. Wenn man diese drei Grunddisziplinen betrachtet, fällt natürlich auf, dass sie rein formaler Natur sind. Auf fällt aber auch, dass im Zentrum das Wort steht. Darin kam nicht nur die Hochschätzung der Rede in jener Zeit zum Ausdruck, sondern auch die Bedeutung des Wortes als gesprochene Waffe im Leben der Polis. Für die Sophisten wie auch für Sokrates war das gesprochene Wort im Grunde das Entscheidende. Für Platon und Sokrates stand aber stets die Sache selbst im Vordergrund. Den Sophisten, so zumindest der Vorwurf Platons, schien es weniger um die Sache zu gehen als um eine geschickte und erfolgreiche Darlegung dessen, was dazu diente, im Lebenskampf zu bestehen. Zwar verzichteten auch die Sophisten nicht auf die Dichtung, doch diese wurde hauptsächlich unter philologischen Gesichtspunkten betrachtet. Inhalt und Ethos der Dichtungen wurden aber eben nicht mehr als bindend angesehen. Die von den Sophisten gelehrten Disziplinen, die drei formalen Disziplinen Grammatik, Dialektik und Rhetorik und die vier materialen Disziplinen Arithmetik, Geometrie, Astronomie und Musik, wurden im ganzen Abendland bis in die Neuzeit hinein zur

Grundlage allgemeiner höherer Bildung, die sich zwischen Elementarunterricht und Berufsausbildung schob. Erst später, in hellenistisch-römischer Zeit, wurden sie *artes liberales* genannt, freie Künste, weil sie dem Freigeborenen aus vermögendem, gutem Hause angemessen waren. In der Spätantike wurden die drei formalen Künste, das Trivium, als das Primäre und Grundlegende angesehen, dem die übrigen vier Künste, das Quadrivium, zu folgen hatten. Die sieben *artes liberales* galten an den mittelalterlichen Universitäten als Vorkurs, woraus sich dann die „Artisten-Fakultät" als Unterbau der Fakultäten entwickelte. Schließlich wurden sie an der philosophischen Fakultät angesiedelt.

In der Gestalt des Redners vereinigte sich in gewisser Weise alles, was die Bürger des klassischen Griechenlands mit dem Lesen verbanden: Der Redner verleiht der Schrift beim Lesen seine Stimme. Erst der lautliche Klang gibt der Schrift als *hypomena*, quasi als bleibendes, ausgelagertes objektiviertes Gedächtnis, ihre Ergänzung oder Vollendung.

4. Entwicklung und Bedeutung griechischer Bildung im Hellenismus

Die politische Macht des Griechentums, verkörpert durch Athen, erlosch mit der Errichtung des mazedonischen Großreichs durch Alexander. Auch die schöpferische Kraft war in den folgenden drei Jahrhunderten, die man seit Droysen unter dem Begriff Hellenismus zusammenfasst, wesentlich geringer als zuvor. Diese Zeit brachte keine so überragenden Gestalten wie das fünfte und vierte Jahrhundert hervor. So meinte u.a. der Altphilologe Ulrich von Wilamowitz-Moellendorff, die Griechen hätten „die ewigen Gedanken früher gedacht, die ewigen Kunstwerke vorher geschaffen"[6], und Hegel bemerkte: „Die Eule der Minerva beginnt erst mit der einbrechenden Dämmerung ihren Flug"[7], womit er darauf anspielte, dass der geistige Höhenflug Athens begann, als sich die politische Niederlage schon abzeichnete. Im Hellenismus wurde das Kulturgut der klassischen Zeit weiter verarbeitet. Der Hellenismus war aber auch die Zeit, in der sich die griechische Kultur in der ganzen damaligen kultivierten Welt ausbreitete: zunächst im östlichen Mittelmeerraum bis weit nach Asien hinein, dann – durch das Eintreten Roms in den Hellenismus – auch im Westen. Die griechische Sprache wurde Weltsprache und allgemeine Bildungsgrundlage. Sie wurde bis zum Indus verbindliche Kanzleisprache und erhielt den Rang einer von allem Dialekt abgelösten Literatursprache. Griechische Wissenschaftler, Dichter und bildende Künstler wirkten nun ebenso in Syrien und Spanien wie im alten Hellas, und der griechische Geist bestimmte Stadtbild, Schulwesen und Theater in Alexandria, in Antiochia oder in Pergamon ebenso wie in Athen und Korinth. In Alexandreia (lat. Alexandria), 332 v. Chr. von Alexander dem Großen gegründet und als größte Hafenstadt der Welt geplant, lebten schon bald über 300 000 Bürger, hauptsächlich Griechen, Ägypter und Juden. Hinzu kam noch einmal dieselbe Zahl an Sklaven und Fremden, die nicht als Bürger betrachtet wurden. Alexandria wurde zur Hauptstadt Ägyptens und war zu dieser Zeit die Metropole der Alten Welt. Eukleides (ca. 360–300 v. Chr.), heute besser unter seinem lateinischen Namen Euklid bekannt, wirkte in Alexandria und schrieb dort sein Hauptwerk, die „Elemente", die bis ins 19. Jahrhundert einen bestimmenden Einfluss auf die Entwicklung der Mathematik ausübten. Archimedes (ca. 287–212 v. Chr.) studierte in Alexandria, konstruierte Wurfmaschinen und erfand mit der sog. archimedischen Schraube die erste praxistaugliche Pumpe. In Alexandria gab es auch die umfangreichste Bibliothek der Alten Welt, sie umfasste ca. 500 000 bis 700 000 Schriftrollen. In Zusammenhang mit der Gründung dieser Bibliothek entwickelte sich die Philologie zu einer selbstständigen Wissenschaft, verkörpert in der heute so genannten Alexandrinischen Schule. Ihr Hauptverdienst war die Kodifizierung der Schriftrollen-Bestände der Bibliothek und die Kommentierung von Autoren des archaischen und klassischen Griechentums. Im Alexandrinischen Krieg Caesars um die Macht in Ägypten verbrannte die Bibliothek im Jahre 48 v. Chr.

Hellene war nun nicht mehr nur der Angehörige des griechischen Volkes, sondern ein jeder, der über griechische Bildung verfügte und die griechische Sprache beherrschte. Alle anderen waren ohne Rücksicht auf ihre Volkszugehörigkeit die *barbaroi*. Der Hellene fühlte sich bewusst als Weltbürger (griech. *kosmopolites*), nicht mehr als Bürger einer Polis. Im Hellenismus wurden die Wissenschaften gefördert, insbesondere Naturwissenschaft, Mathematik, Medizin und Philologie. Es entstand weniger eine große schöpferische Leistung als eine eifrige Sammeltätigkeit und damit verbunden eine enzyklopädische Gelehrsamkeit. Ein Berufsbeamtentum bildete sich heraus und auch das Heer bestand jetzt aus Berufssoldaten. Bei den großen Festen, an denen früher das ganze Volk teilnahm, selbst spielte, tanzte und sang, traten jetzt Berufsschauspieler und Berufsathleten auf; Künstlerorganisationen wurden gegründet. Die großen Gelehrten- und Philosophenschulen blühten. Neben der platonischen Akademie und dem aristotelischen Lykeion entwickelten sich besonders die Schulen der Stoiker und der Epikureer weiter. Die Frauen wurden mehr in das öffentliche Leben und auch in das Bildungswesen integriert, wie überhaupt das gesamte Bildungswesen einen großen Aufschwung nahm.

Der Staat, die Städte und auch Stiftungen sorgten für Schulen aller Art. Neben den Knaben- entstanden auch Mädchenschulen. Zur Elementarausbildung gehörten weiterhin Lesen, Schreiben, Rechnen, Zeichnen, Musik und gymnastische Übungen, die jetzt allerdings etwas zurücktraten. Die ersten Schulbücher entstehen, aber auch jetzt nimmt die Lektüre der Werke Homers noch breiten Raum ein. Bereits im dritten vorchristlichen Jahrhundert entwickelten sich ein mittleres und ein höheres Schulwesen. Von der Elementarausbildung spaltete sich der höhere Kurs der elementaren Bildung ab und wurde zur sog. Grammatikschule erweitert. Diese mittlere Schule, in die der Schüler mit zehn bis zwölf Jahren eintrat, umfasste etwa drei Jahre und diente vor allem dem Erlernen des klassischen Griechisch, wobei die Lektüre von Homer und Hesiod im Mittelpunkt stand. Je mehr sich Volkssprache und Literatursprache auseinander entwickelten, umso wichtiger wurden die Grammatikschulen. Sie wollten und sollten die Kenntnis der Grammatik vertiefen, vor allem aber guten Stil lehren. Aus der Lektüre von Homer und Hesiod wurden stilistische Regeln abgeleitet, die die Schüler beim Aufsatzschreiben wieder anwenden mussten.

Neben dieser mittleren Schulbildung blühte nun auch das höhere Schulwesen auf. Das *gymnasion*, ursprünglich eine rein gymnastische Übungsstätte, wurde nun auch für die geistige Ausbildung herangezogen. In hellenistischer Zeit war es eine allgemeine, höhere Bildungsanstalt mit großen Sporthallen, Turnplätzen, Bädern, aber auch mit Unterrichtsräumen, mit Schularchiv und Schulbibliothek, manchmal – wie z. B. in Pergamon – sogar mit Schultheater. Tempel und *gymnasion* waren in der hellenistischen Stadt die zentralen und damit oft auch die prächtigsten Gebäude. In diesen höheren Schulen hatten nun im Gegensatz zur Ephebenausbildung der klassischen Zeit körperliche Ertüchtigung und Militär keine Bedeutung mehr. Grund hierfür war u. a., dass der allgemeine Wehrdienst nach dem Peloponnesischen Krieg (431–404 v. Chr.) allmählich durch ein Berufsheer ersetzt wurde. Sport und Turnen traten mit dem Aufkommen des Profisports ebenfalls in den Hintergrund. Gleichzeitig wurde aber die Beteiligung der Schüler am öffentlichen Leben der Stadt gefordert, besonders bei Aufzügen und Festen. Wie heute gab es schon damals die verschiedensten Schülervereinigungen, Turn- und Fechtklubs, gesellige Verbindungen, Vereinigungen Ehemaliger und vieles mehr. Wer das Gymnasium besucht hatte, galt in Ägypten als befähigt, ein Gemeindeamt zu bekleiden, und wurde in Listen erfasst. Der Schwerpunkt der Ausbildung im Gymnasium lag jedoch eindeutig auf sprachlich-literarischem Gebiet. Lektüre und formale wie inhaltliche Interpretation, Stilübung und Vortrag wurden gepflegt und etwa ab 200 v. Chr. rückt die Rhetorik ins Zentrum aller Bemühungen. Ziel der höheren Bildung ist nun der elegante, gewandte Redner. Dieses für die späthellenistische Zeit so charakteristische rhetorische Bildungsideal wirkte sich auch auf das frühe Hochschulwesen aus, das ebenfalls großen Auftrieb erhielt. Die von Platon, Aristoteles, der Stoa und Epikur begründeten Philosophenschulen bestanden zwar fort und auch ihre Systeme wurden im Einzelnen weiter entfaltet, aber die zunächst so scharf hervortretenden Gegensätze zwischen den verschiedenen Schulen schliffen sich mit der Zeit ab. Die Philosophie als „Mutter aller Wissenschaften" wurde eine Disziplin unter anderen. Bei den modernen Einzelwissenschaften gab es kaum Unterschiede zwischen den verschiedenen Schulen. Das 3. und 2. Jahrhundert brachten textkritische Ausgaben der Werke Homers und Hesiods hervor, und im ersten vorchristlichen Jahrhundert entwickelte sich eine bedeutende griechische Dialektforschung. Neben den Einzelwissenschaften drang die Rhetorik in die alten Philosophenschulen vor. Um 100 v. Chr. wurde sie in den Studienplan der platonischen Akademie aufgenommen, es wurden aber auch eigenständige Rhetorikschulen gegründet. Diese Institute wurden allmählich sehr einflussreich, besonders als die Römer 86 v. Chr. nach Sullas Einnahme von Athen die Herrschaft über Griechenland errungen hatten. Die Rhetorik wurde bis ins Artistische hinein getrieben. Rhetorische Kunststücke wurden gelehrt, die Schüler brillierten mit Rhythmen und Metaphern, mit einschmeichelnden Klängen und geistreichen Sentenzen. Der Umgang mit der Sprache entartete zu einem formal-technischen Spiel, so dass z. B. Deklamationen über fingierte Gegenstände zu den beliebtesten Schulveranstaltungen gehörten.

Besonders infolge des 1. Punischen Kriegs (264–241 v. Chr.) lernten die Römer in Unteritalien und Sizilien griechische Literatur, Kultur und

Bildung kennen. Viele gebildete Griechen gelangten als Kriegsgefangene, Sklaven oder Händler nach Rom und mit ihnen drang der hellenische Geist in die römische Welt ein. Nun wurde in Rom die Kunst erfunden, griechische Dichtung und Literatur in die lateinische Sprache zu übersetzen. Die Zahl der Lesekundigen stieg im Hellenismus enorm an, die Bildungsinstitutionen breiteten sich in dem von Alexander dem Großen eroberten Gebiet aus. Die herrschende Klasse, die das kulturelle Leben bestimmte, setzte sich zumeist aus Griechen zusammen. Auch die Schriftform änderte sich. Im 4. Jahrhundert v.Chr. lassen sich zwei Schriftformen unterscheiden: die Kursivschrift für den alltäglichen Gebrauch und die kalligraphische Buchschrift. Im dritten vorchristlichen Jahrhundert wurden in Alexandria die elegante ptolemäische Buchschrift und parallel dazu eine Gebrauchsschrift für den Geschäftsverkehr entwickelt. Die Trennung von Wort und Stimme hatte sich durchgesetzt, das stille Lesen war Standard. Trotzdem blieb das Lesen schwierig, denn es fehlte immer noch eine Wort- oder Satztrennung. Die Schrift war zwar für das menschliche Zusammenleben, die Wirtschaft und die Kultur unabdingbar, die hohe Achtung vor dem gesprochenen Wort zeigte sich jedoch an der zunehmenden Bedeutung der Rhetorik.

Anmerkungen

[1] Euripides: Hippolytos. In: Ders.: Werke in drei Bänden. Aus dem Griechischen übertragen und herausgegeben von Dietrich Ebener. 2., durchgesehene und ergänzte Aufl. Berlin, Weimar 1979. Bd. 1, S. 126.

[2] Bakis war ein berühmter Seher (*mantis*) der Antike.

[3] J. Latacz: Troia und Homer. Der Weg zur Lösung eines alten Rätsels. München/Berlin 2001. Latacz vertritt die Ansicht, dass die homerischen Epen einen historischen Kern enthalten. B. Patzek: Homer und seine Zeit. München 2002. Patzek vertritt explizit die Gegenposition zu Latacz, argumentiert allerdings nicht immer ganz stringent.

[4] Aristoteles: Poetik. In: Ders., Hauptwerke. Ausgewählt, übersetzt und eingeleitet von W. Nestle, Stuttgart 1953, S. 336–376, S. 367.

[5] Vgl. A. Heuß: Hellas. In: G. Mann und A. Heuß (Hrsg.): Propyläen Weltgeschichte. Bd. 3,1: Griechenland. Die hellenistische Welt. Frankfurt a.M./Berlin 1976, S. 69–400, S. 153.

[6] A. Reble: Geschichte der Pädagogik. 12. Aufl., Stuttgart 1972, S. 37.

[7] G. W. F. Hegel: Grundlinien der Philosophie des Rechts oder Naturrecht und Staatswissenschaft im Grundrisse. Mit Hegels eigenhändigen Notizen und den mündlichen Zusätzen. Auf der Grundlage der „Werke" von 1832–1845 neu edierte Ausgabe. Redaktion E. Moldenhauer und K. M. Michel. In: Ders., Werke. Frankfurt a.M. 1970, Bd. 7, S. 28.

Literatur und Lesekultur in Rom

1. Der Einfluss der griechischen Kultur und die „Graecomanie"

Bedingt durch die makedonischen Kriege im 3. und 2. Jahrhundert v. Chr. kamen die Römer in einem weit größeren Maße mit der griechischen Kultur in Berührung als dies zuvor durch die Nachbarschaft mit befreundeten griechischen Städten wie Syrakus möglich gewesen war. Im Jahr 240 v. Chr. brachte Livius Andronicus, ein aus Unteritalien stammender Freigelassener griechischer Herkunft, neben einer Übersetzung der „Odyssee" auch das attische Drama nach Rom. Die griechischen Komödien, die in lateinischer Nachdichtung in Rom aufgeführt wurden, nannten die Römer *fabula palliata*, damit auf die Obergewänder der Griechen anspielend. Die Übersetzung der „Odyssee", die „Odusia", blieb als erste literarische Übersetzung bis zum Ende der römischen Republik das Schulbuch schlechthin. Leider sind uns von den Arbeiten des Livius Andronicus nur Fragmente erhalten geblieben.

Im Zuge der Hellenisierung der römischen Kultur entstanden auch die ersten epischen Dichtungen. Zu den frühesten Dichtern, die sich neben dem Drama auch der epischen Dichtung zuwandten, gehörte Gnaeus Naevius, der zwischen 280 und 270 v. Chr. in Kampanien geboren wurde. Genauer kennen wir sein Todesjahr, er starb 201 v. Chr. nach Ende des 2. Punischen Krieges in Utica (Nordafrika). In seinem Epos „Bellum punicum", das er der Übersetzung der „Odyssee" des Livius Andronicus an die Seite stellte, erzählt er von den großen Taten des römischen Volkes.

Auf Naevius folgte ein römischer Epiker, der sich als Erster vorgenommen hatte, ein Werk zu schaffen, das für die Römer die gleiche Rolle spielen sollte wie die Epen Homers für das Volk der Griechen, nämlich Quintus Ennius. Ennius wurde 239 v. Chr. in Rudiae in Kalabrien, dem heutigen Apulien, geboren. Schon früh eignete er sich die griechische Sprache und Bildung an und lernte auch Latein. Seine Muttersprache war nämlich Messapisch. Die in Apulien beheimateten Messapier hatten nicht nur eine eigene Sprache, sondern auch eine eigene Schrift entwickelt. Bevor ihn Porcius Cato, ein konservativer römischer Staatsmann, der sich gegen den wachsenden Einfluss der griechischen Kultur heftig wehrte, im Jahr 204 v. Chr. mit nach Rom nahm, leistete Ennius Kriegsdienst in Apulien. In Rom verdiente Ennius durch Unterricht seinen Lebensunterhalt: Er lehrte Latein und Griechisch. Daneben erlangte er durch seine schriftstellerische Tätigkeit u. a. das Wohlwollen von Marcus Fulvius Nobilior, der ihn auf seinen Feldzug nach Aitolien (in Griechenland) mitnahm, damit er seinen Ruhm verkündete. In einer *praetexta*, einer besonderen Art der römischen Tragödie, feierte Ennius den Sieg des M. Fulvius Nobilior über die Aitoler durch die Einnahme der Stadt Ambrakia, heute Arta. Der Sohn von M. Fulvius Nobilior verlieh Ennius im Jahre 184 v. Chr. das römische Bürgerrecht. Wahrscheinlich begann Ennius seine literarische Arbeit mit Tragödien. 20 Titel und Fragmente sind uns überliefert, von seinen Komödien lassen sich nur zwei Titel feststellen. Das Hauptwerk von Ennius ist jedoch ein Epos, die „Annales" (Jahrbücher), in denen er – durch den „Bellum Punicum" von Naevius angeregt – die Taten des römischen Volkes besingt. Nur noch 150 Fragmente mit etwa 600 Versen oder Versteilen sind uns von diesem Epos erhalten, also nur ein Bruchteil. Die „Annales" sollen aus 18 Büchern bestanden haben, sie beinhalten die Geschichte Roms von der Einwanderung des Aeneas bis zur Lebenszeit von Ennius.

Für die ersten Jahrhunderte der römischen Geschichte nach Ende der Etruskerherrschaft und Errichtung der Republik um 510/509 v. Chr. können wir davon ausgehen, dass das Lesen und der Gebrauch der Schrift auf die Priesterschaft und den Adel beschränkt waren. Die Hüter des fundamentalen sakralen wie rechtlichen Wissens, der Zeitmessung und der Annalen der Stadt bedienten sich ihrer. Die Texte wandten sich an den engen Kreis der Führungsschicht und waren an besondere Erfordernisse des gesellschaftlichen Lebens gebunden. Es gab Redeprosa im nüchternen Stil, Totenreden (*mortuorum laudationes*), Magistratsberichte oder Aufzeichnungen zur Stadtgeschichte ohne jeden rhetorischen Schmuck.

Zugleich mit der griechischen Literatur und Kultur wurde auch das griechische Bildungssystem, die *egkyklias paideia* übernommen, die unter dem lateinischen Terminus *septem artes liberales* bis zu der Gründung der modernen Universitäten eine Rolle gespielt hat. Die *paideia*, die allgemeine Bildung, zu der notwendig das Lesen gehörte, sollte allen männlichen frei Geborenen zukommen. Wer sie nicht erhielt, blieb ein *idiotes*, einer der keine Wissenschaft oder Kunst trieb. Aristoteles, der Schüler Platons, stellte der *paideia* die *banausia* gegenüber, der allgemeinen, nicht spezialisierten Bildung die niedrige handwerkliche Tätigkeit, die Lesen und Schreiben nicht erforderte. Lesen und schreiben zu können, war das Privileg des wohlhabenden, frei Geborenen, während niedrige Herkunft und Armut untrennbar mit den handwerklichen Berufen verbunden waren.

Die Hauptschwierigkeit, den Leser und Schreiber der römischen Frühzeit zu bestimmen, liegt darin begründet, dass die uns über diese Zeit erhaltenen Quellen sehr viel jüngeren Datums sind und schon von einer hellenisierenden Tendenz bestimmt. Mit einiger Sicherheit stand am Anfang der römischen Geschichte eine sakrale Notwendigkeit, Zeitrechnungen zu verzeichnen. Als erste Leser und Schreiber haben wahrscheinlich, wie schon erwähnt, Priester fungiert, die *pontifices*, die im römischen Staatskult eine herausragende Rolle spielten. Sie waren u.a. zuständig für den Kalender und die damit verknüpften Riten und Opfer, die Grabriten und Sakralrechte, d.h., die *pontifices* bestimmten die Tage, an denen es gestattet war, Recht zu sprechen.

Der Pontifex Maximus vermerkte Amtshandlungen auf weißen Tafeln. Es gab eine Tages- oder Monatstafel, die Jahres- oder Magistratstafel und eine Tafel für die Chronik. Im Jahre 451/450 v.Chr. wurde eine Kommission von zehn Männern gebildet, die *decemviri legibus scribundis* (Zehnmänner für das Aufschreiben der Gesetze), die mit der schriftlichen Fixierung des römischen Gewohnheitsrechtes beauftragt wurde. Diese Männer schufen das größte Prosawerk ihrer Zeit und stellten die Gesetze, festgehalten auf zwölf Bronzetafeln, auf dem Forum auf. Die Tafeln stellten den ersten Versuch dar, die gesprochene lateinische Sprache in Schriftprosa zu übertragen. Sie wurden damit zum ersten Lesebuch der vornehmen patrizischen Jugend und zu ihrem „Katechismus", da sie u.a. das Verbot der Ehegemeinschaft zwischen Patriziern und Plebejern enthielten. Die nachhaltigste Wirkung übten die zwölf Tafeln auf die Entwicklung des Rechts und der Rechtsprechung aus. Wir kennen die Tafeln nur aus der späteren Literatur, denn sie wurden bereits 387 v.Chr. zerstört, als die Gallier Rom einnahmen. Moderne Rekonstruktionsversuche des Inhalts dieser Tafeln sowie der weiteren Entwicklung der Decemviralgesetzgebung sind bis heute umstritten.

Durch ihre Feldzüge gegen die griechischen Städte in Unteritalien und auf Sizilien und die makedonischen Kriege lernten die Römer im 3. Jahrhundert v.Chr. den Papyrus kennen, auf dessen Herstellung das von Alexander dem Großen eroberte Ägypten ein Monopol besaß. Papyrus war nicht nur eine grasartige Pflanze, die das Rohmaterial für Matten, Hütten u.a. lieferte, sondern eignete sich darüber hinaus vorzüglich als Schriftträger. In der Zeit des Übergangs vom 3. zum 2. vorchristlichen Jahrhundert veränderte sich auch das Leseverhalten. Vor dem römischen Import von Papyrus als Schriftträger wurden die sakralen Texte auf Leinenstoff und die säkularen Texte auf hölzernen oder bronzenen Tafeln, *tabulae*, festgehalten. Beide Materialien waren denkbar ungeeignet, längere oder gar literarische Texte aufzuschreiben oder zu lesen. Mit dem Import von Papyrus und gebildeten griechischen Sklaven kam es zu einer „pädagogischen Revolution". Adlige ließen ihre Kinder nun von Sklaven unterrichten und Rom wurde geradezu von hellenistischer Kultur überschwemmt. Selbst die *pontifices* standen nicht beiseite, sondern stellten den Tempel der Minerva auf dem Aventin den Dichtern und Schauspielern für die Aufführung von Dramen zur Verfügung, die eine kultische und sakrale Funktion hatten. Auch Gespräche zur religiösen Orientierung fanden dort statt. Schriftrollen aus Papyrus, die in Griechenland schon verbreiteten *volumina*, wurden jetzt zum Träger der neu entstehenden Literatur. Die römische Literatur folgte aber nicht nur in der schriftlichen Gestaltung dem griechischen Vorbild, sondern auch in der textlichen Anordnung, der Gliederung und Einrichtung, die den fortlaufenden Text sehr viel lesefreundlicher gestaltete. Schließlich setzte sich die uns geläufige Leserichtung von links nach rechts durch.

Mit den Siegen römischer Feldherren in der griechisch sprechenden Welt gelangten nicht nur immer mehr gebildete Sklaven, sondern ganze Bibliotheken als Kriegsbeute nach Rom. Rom wurde die Machtzentrale der damals bekannten Welt, und so war es nicht verwunderlich, dass neben Gesandten und Legaten von Fürsten und griechischen Städten auch Philosophen, Lehrer, Rhetoren, Ärzte, Maler und andere Männer mit besonderen Fähigkeiten dorthin kamen. In den vornehmen Familien wurde die griechische Sprache gelernt, ebenso in den privaten Elementarschulen, die der junge Römer mit 16 Jahren verließ. Das gesamte Kulturleben wurde gräzisiert. Gegen diese Graecomanie erhoben sich aber auch mahnende Stimmen, darunter die des einflussreichen Marcus Porcius Cato (234–149 v.Chr.), der an vielen Kämpfen und Feldzügen teilgenommen hatte. Cato sah in der griechischen Literatur und Philosophie eine Gefährdung des römischen Staatswesens. Um diese wirksam bekämpfen zu können, griff er selbst zum Griffel. Als sein Sohn lesen lernte, hatte Cato ihm auf Wachstafeln, genauer: auf Holztafeln, die mit farbigem Wachs überzogen waren, in lateinischen Großbuchstaben ein Lesebuch der römischen Geschichte zusammengestellt. Im Alter von 66 Jahren veröffentlichte Cato die „Origines" („Ursprünge"), eine historiographische Schrift, die sich in drei Büchern, *volumina*, mit dem Ursprung Roms und seiner Entwicklung bis zum Ende der legendären Königszeit und der Vor- und Frühgeschichte der italienischen Stämme und Städte beschäftigte. In den letzten Jahren seines Lebens ergänzte Cato diese drei Bücher um vier weitere, die sich mit der Geschichte Roms bis zum Jahr 149 v. Chr., dem eigenen Todesjahr, befassten. Leider sind uns von diesem Werk nur noch Fragmente überliefert. Cato verwendete bewusst die lateinische Sprache, um politisch und erzieherisch auf die Römer einzuwirken. Im Gegensatz zur früheren römischen Geschichtsschreibung des dritten und zweiten vorchristlichen Jahrhunderts, die – orientiert an den Jahrestafeln, „annales", der *pontifices* – in griechischer Sprache geschrieben war, wollte Cato die besiegten Griechen zur Erlernung des Lateinischen, der Sprache der Sieger, nötigen. Sein Ziel war es, die römische Politik zu rechtfertigen und sie der übrigen, griechisch sprechenden Welt zu vermitteln. Cato lebte in einer Zeit, in der – dank Ennius – die lateinische Prosa so weit entwickelt war, dass er sich der lateinische Sprache bedienen konnte, um seiner Forderung Nachdruck zu verleihen, die griechische Sprache aus der Darstellung nationalrömischer Geschichte in Zukunft zu verbannen.

Für seinen Sohn verfasste Cato auch Lehrschriften über verschiedene Wissensgebiete wie Medizin, Rhetorik, Ackerbau, Rechtswissenschaft und Kriegswesen, wobei er wegen seiner Bedenken gegen ihre Spitzfindigkeit die griechische Philosophie ausschloss. Von diesen Schriften ist nur diejenige über den Ackerbau („De agricultura") vollständig erhalten, aber zusammen mit den Fragmenten der anderen „Unterweisungen" lässt sich daraus doch ein Bild dessen, was Cato unter nationalrömischer Bildung verstand, rekonstruieren: Sein Bildungsideal war der „Bauernkrieger", der in Friedenszeiten den Acker bestellt und in Kriegszeiten dem Staat als Soldat dient. Der Sohn aus vornehmer Familie sollte lesen und schreiben können und Kenntnisse in der Heilkunde, in der Beredsamkeit, im Recht und im Kriegswesen besitzen. Von den damaligen „Neureichen", den Kapitalbesitzenden und Kaufleuten, hielt Cato nicht viel. In seiner Schrift „De agricultura" stellt er ihnen den Bauern gegenüber, der einen sicheren Gewinn erzielt und bei anderen keinen Neid erweckt. Catos Vorbild und Einfluss bewirkten, dass die griechische Sprache aus der römischen Geschichtsschreibung verbannt wurde, aber das Vordringen des Hellenismus konnte es nicht aufhalten.

Das griechische Bildungssystem wurde von den Römern übernommen und leicht modifiziert. In der Allgemeinbildung wurde fast gänzlich auf Arithmetik bzw. Mathematik verzichtet. An ihre Stelle trat eine praktische Einführung in die Rechtswissenschaft. Der Grammatikunterricht umfasste nicht nur Sprach- und Literaturkunde, sondern bezog auch die römische Geschichte mit ein. Anhand von Beispielen sollten die jungen Römer lernen, wie sie sich praktisch-politisch im Dienste der römischen Gesellschaft zu verhalten hatten. An die Stelle des Musik- und Turnunterrichts trat eine ebenfalls praktische Ausbildung in Reiten, Fechten und Schwimmen. Die Krönung des Bildungsganges aber war die Rhetorik. Rhetorik war das wirksamste Mittel zur Beeinflussung der Massen in einer Zeit, in der nur wenige lesen konnten. Das Studium der Rhetorik wurde häufig mit einer Bildungsreise nach Athen oder in andere griechische Städte abgeschlossen, wo die vornehmen jungen Römer auch einige Zeit Philosophie studierten.

Der anerkannt erste Redner in Rom war der mit genialer rhetorischer Begabung beschenkte Marcus Tullius Cicero (Abb. 7). Cicero wurde 106 v. Chr. in Arpinum geboren, seine Familie gehörte dem Ritterstand an. Er kam als Jugendlicher nach Rom, wo er eine vorzügliche Ausbildung in Rhetorik, Rechtswissenschaft, Philosophie und römischer Geschichte erhielt. Seine Erfolge als Redner ermöglichten es ihm, alle politischen Ämter in sehr kurzer Zeit zu bekleiden. Als Führer der Senatspartei trat er für die Republik ein. Diese republikanische Gesinnung sollte 43 v. Chr. schließlich auch zu seiner Ermordung führen. Ciceros schriftstellerisches Werk besteht aus Reden, Briefen, rhetorischen und philosophischen Schriften. Die rhetorischen und philosophischen Schriften, in denen Cicero seinen Landsleuten in lateinischer Sprache die griechische Philosophie und Rhetorik zugänglich machte, wurden von seinem Freund Atticus verlegt, die Reden und nach seinem Tod auch die Briefe von seinem ehemaligen Sklaven und Sekretär Tiro. Wie kein anderer war Cicero von der Bedeutung der griechischen Kultur für die Bildung des Menschen überzeugt. Seine Wirkung war schon in der Antike, vor allem in den

Abb. 7: Cicero.
Porträt aus der frühen Kaiserzeit (Florenz).

Kreisen der Nobilität, außerordentlich groß. Cicero hat die griechische Philosophie nicht nur in Italien populär gemacht, sondern sie auch dem Mittelalter überliefert und damit zu ihrer Rezeption bis in die Neuzeit beigetragen.

In der Lyrik griff Gaius Valerius Catullus (dt. Catull) (ca. 84 v. Chr.–54 v. Chr.) griechische Vorbilder auf. So gestaltete er ein Sapphogedicht aus dem 7. Jahrhundert v. Chr. in lateinischer Sprache neu, ansonsten nahm er sich alexandrinische Gedichte zum Vorbild. Catull war Mitglied eines Dichterkreises, für den Cicero den Namen „Neoteroi" prägte, womit die modernen Schriftsteller gemeint waren. Die Thematik von Catulls Gedichten berührte viele Lebensbereiche. Es finden sich Hochzeits- und Preisgedichte, Klagen über den Tod des Bruders, heftige Angriffe auf Caesar und seine habgierigen Anhänger und Liebesgedichte, die sowohl gemeinsames Glück als auch Eifersucht und Zerwürfnis zum Gegenstand haben. In ihrem Ausdruck von leidenschaftlichen Gefühlen, Anmut, aber auch Derbheit sind diese Gedichte einzigartig in der römischen Literatur. Ihre verhältnismäßig kurze Form erleichterte die Lektüre auch denjenigen, die im Lesen kaum geschult waren und keine höhere Bildung ge-

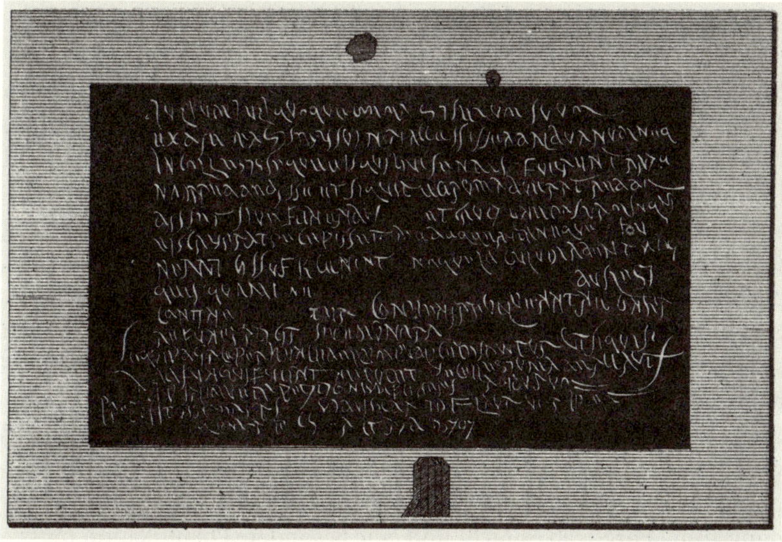

Abb. 8: Wachstafel. Mehrere Wachstäfelchen, mit einem Band verbunden, bildeten ein Notizbuch, wie es auch von Catull verwendet wurde.

nossen hatten, vor allem den Frauen. In einem seiner Gedichte schildert Catull den Diebstahl seines Notizbuches durch ein junges Mädchen:

> Findet euch ein, Elfsilbler, vollzählig, alle von überallher! Zum Gespött macht mich die schändliche Buhlerin, und weigert sich, mir das Notizbuch, in dem ihr steht, zurückzugeben – sofern ihr das zulassen könnt. Wir wollen sie verfolgen und es von ihr zurückfordern!
> (c. 42, 1–5)

Der „Elfsilbler" (Hendekasyllabus), der sich schon bei Sappho findet, wurde von Catull in die römische Dichtung eingeführt. Ein antikes Notizbuch, wie Catull es benutzte, bestand aus zusammengebundenen Wachstäfelchen (Abb. 8). Leider erfahren wir nichts über das Motiv für den Diebstahl, aber wahrscheinlich handelte es sich bei dem Mädchen um eine neugierige Leserin.

Durch die Werke Ciceros und Catulls wurde die griechische Kultur nicht einfach in die römische übernommen, sondern auch latinisiert.

2. Erziehung und Unterricht

Im Gegensatz zum griechischen Schulwesen, das spätestens ab dem 4. Jahrhundert v. Chr. auch staatlich organisiert war und allen Kindern von Freien offen stand, blieben im römischen Italien Erziehung und Unterricht Privatsache. Zunächst konnten sich nur die äußerst wohlhabenden Familien einen Privatlehrer leisten, aber bereits am Übergang von der spätrepublikanischen zur Kaiserzeit, d.h. etwa um 100 v. Chr., bildeten sich private Elementarschulen aus, in denen ein Lehrer mehrere Kinder unterrichtete. Wer von den Freien oder freigelassenen Sklaven sich zum Lehrer berufen fühlte, mietete ein Ladenlokal und trennte es häufig nur mit einem Vorhang vom Lärm der Straße ab. Je nach Ausstattung einer solchen Schule – meist saß der Lehrer auf einem Stuhl und vor ihm die Schüler auf Hockern, geschrieben wurde auf den Knien – mag sich das Preisniveau für den Unterricht gestaltet haben. Eine Ausbildung zum Lehrer gab es nicht und eine besondere Qualifikation musste auch nicht nachgewiesen werden. Jeder, der meinte, lesen und schreiben zu können, konnte sich zum Lehrer erklären. Der Beruf des Elementarlehrers war wie jedes andere Handwerk, das dem Gelderwerb diente, bei den Römern nicht hoch angesehen, und sie blickten verächtlich auf den Mann, der sich verzweifelt bemühte, Schüler und Schülerinnen zu finden, und der auch noch seine Bezahlung eintreiben musste, da diese vertraglich nicht geregelt war. So reichte das Geld, das der Elementarlehrer verdiente, gerade aus, um den Lebensunterhalt zu fristen. Der Unterricht war billig und oft nicht gut – die Ausdrücke „in die Schule gehen" und *manum ferulae subducere* (frei übersetzt: die Hand für die Peitsche hinhalten) waren synonym –, aber zumindest was den Elementarunterricht anbelangt nicht mehr das Privileg weniger. So hat wohl ein beträchtlicher Teil der italienischen Römer den Elementarunterricht besucht, sowohl Jungen als auch Mädchen.

Der Unterricht der Kinder begann meistens im Alter von sieben Jahren und endete im zwölften Lebensjahr. Unterrichtsgegenstände waren das Lesen und Schreiben, damit verbunden war auch das Erlernen von Zahlen und der einfachen Fingerrechnung. Schulbücher gab es keine, der Lehrer las und schrieb einzelne Buchstaben oder kleine Texte vor, die Schüler mussten diese wiederholen und immer wieder Buchstaben, Silben, Wörter und kleine Texte abschreiben. Erst in der Kaiserzeit versuchte man den Kindern das Lernen zu erleichtern, indem die Eltern oder der

Lehrer ihnen aus Holz geschnittene Buchstaben gaben, mit denen sie spielerisch Silben oder Wörter zusammenfügen konnten. Gelang dies einem Kind besonders gut, wurde es mit Backwerk belohnt, das wiederum die Form von Buchstaben hatte.

Nach der Elementarschule konnten nur die Jungen den Unterricht fortsetzen, die von reichen Eltern abstammten, sofern der Vater bereit war, weiter für die Ausbildung zu zahlen. Die Ausbildung erfolgte jetzt durch einen *grammaticus*, einen Grammatik- bzw. Literaturlehrer, der Sprach- und Literaturunterricht erteilte, mit den Schülern die klassische Dichtung las und ihnen die Mythologie vermittelte, an die zwar niemand mehr glaubte, die aber als Zeichen höherer Bildung unbedingt erforderlich war. Der *grammaticus* hatte eine höhere soziale Stellung inne als der Elementarlehrer und wurde auch deutlich besser bezahlt. Es war im römischen Italien nicht üblich, dass auch die Mädchen eine weiterführende Schulbildung erhielten, denn sie waren mit zwölf Jahren schon heiratsfähig und im Alter von vierzehn Jahren wurden sie mit *domina* oder dem entsprechenden griechischen *kyria* angesprochen. Waren sie – mit entsprechender Mitgift versehen – erst einmal verheiratet, unterstanden sie gänzlich dem *pater familias*, dem „Vater der Familie“, der über die *patria potestas* verfügte, über die väterliche Gewalt. Diese väterliche Gewalt reichte so weit, dass der Vater nicht nur Hausgesinde und Sklaven, sondern auch die eigenen Kinder in Hausgerichtsverfahren zum Tode verurteilen konnte. Dementsprechend groß war auch seine Autorität gegenüber der Ehefrau. Es blieb dem Ehemann überlassen, welche Bildung er seiner Frau angedeihen ließ (Abb. 9).Vielen Ehemännern reichte es, dass die Frauen, um dem Ideal der Züchtigkeit gerecht zu werden, Handarbeiten verrichteten. Gestattete der Ehemann seiner Gemahlin eine Ausbildung in Gesang, Musik und Tanz, durfte dies nicht den Eindruck erwecken, sie sei nun nicht mehr ehrbar. Der Ehegatte von Senecas Mutter verbot dieser das Studium der Philosophie, weil er darin den ersten Schritt zur Lasterhaftigkeit erblickte.[1] Aus der römischen Literatur kennen wir aber auch andere Beispiele. So war die Tochter des Publius Cornelius Scipio (Africanus maior), des Heerführers, der Karthago zerstörte, eine hochgebildete Frau. Nach dem frühen Tod ihres Mannes kümmerte sich Cornelia selbst um die Erziehung ihrer zwölf Kinder, von denen nur drei das Erwachsenenalter erreichten. Als sie auch noch ihre beiden Söhne verlor, zog sich Cornelia in den damals beliebten Villenort Misenum, das heutige Dorf Miseno, zurück, um dort literarische Studien zu

Abb. 9: Bildnis eines Paares.
Sie hält als Zeichen ihrer Bildung in der rechten Hand einen Schreibgriffel.
Wandmalerei im sog. Haus des Terentius Neo in Pompeji,
entstanden vor 79 v. Chr. (Neapel, Archäologisches Museum).

betreiben. Von Cornelia sind zwei Brieffragmente über die Erziehung ihrer Kinder erhalten.

Es war zwar ein Vorrecht der Reichen, lesen und schreiben zu können, doch auch unter diesen gab es Analphabeten oder solche, die nur in der Lage waren, Texte in Großbuchstaben zu lesen. Öffentliche Bekanntmachungen, private Anschläge oder beispielsweise Grabinschriften wurden in Großbuchstaben geschrieben, so dass der überwiegende Teil der italienischen Römer sich über bevorstehende Wahlen, Boxkämpfe, Schauspiele oder das Warenangebot der Geschäfte informieren konnte. Sicherlich gab es auch Menschen aus dem einfachen Volk, die die Kursivschrift, in der literarische, wissenschaftliche und private Texte notiert wurden, lesen konnten. Dies bezeugt zumindest Cicero, von dem wir zudem wissen, dass in den Buchläden nicht nur handwerklich schlecht gemachte *volumina* zum Verkauf standen, sondern auch Buchrollen von äußerst schlechten Schriftstellern (*pessimae poetae*) angeboten wurden.[2] Bei solchen Einschätzungen Ciceros müssen wir allerdings vorsichtig sein, denn seine Einwände richteten sich hauptsächlich gegen seinen etwas älteren Zeitgenossen Gaius Amalfinus, der die Philosophie Epikurs in lateinischer Sprache allgemein verständlich dargestellt hatte. Vordergründig tadelt Cicero den formlosen Stil, eigentlich gemeint ist mit seiner Kritik aber wohl die Lehre Epikurs, die individualistisch orientiert war und sich gegenüber dem Staat neutral verhielt. Aus den Briefen Ciceros wissen wir, dass die Schriften von Amalfinus in Italien weit verbreitet waren. Aus dem 5. Buch seines Werkes „De finibus bonarum et malorum“ erfahren wir außerdem, dass auch Menschen aus bescheidenen Verhältnissen, wie z. B. Handwerker, sich für Texte interessierten, die mit Geschichtsschreibung zu tun hatten. Cicero stellt jedoch einschränkend fest, dass die Lektüre dieser Leute aus Lust (*voluptas*) am Lesen erfolgt und nicht, um sich weiterzubilden und daraus Nutzen zu ziehen.

Die unterschiedlichen Stadien des Lesens schildert anschaulich Horst Blanck[3]: Zu Beginn der Lektüre hält der Leser die noch aufgewickelte Rolle in seiner rechten Hand, während die linke Hand zum Anfang der Buchrolle greift und sie im Lesen langsam abwickelt. Normalerweise wurde die Rolle beim Lesen mit beiden Händen gehalten, aber es gab auch die Möglichkeit, sie auf einem Lesebrett abzulegen (Abb. 10). In den griechischen Regionen des Römischen Reiches sah das Schulwesen anders als in den italienischen aus. Im Elementar- bzw. Grundschulbereich wurde nicht nur Lesen, Schreiben und Rechnen unterrichtet, sondern auch Sport und Musik. Dementsprechend dauerte die Elementarausbildung auch länger, etwa bis zum 13. oder 14. Lebensjahr. Darauf folgte für die Kinder der Freien der Besuch von sogenannten Ephebengymnasien – Epheben wurden in Griechenland junge Männer ab dem 18. Lebensjahr genannt –, die im Gegensatz zur italienischen römischen Schule nicht privat waren, sondern öffentliche Bildungsanstalten mit einer fes-

Abb. 10: Teilansicht eines Sarkophags aus dem 1. Jh. v. Chr.
Es zeigt ein Ehepaar.
Der Mann trägt in der linken Hand eine Schriftrolle,
die rechte Hand ist als Zeichen seiner Liebe mit der rechten Hand
seiner Frau vereint. Links außen sieht man eine Sklavin,
in der Mitte erwartet ein Sklave mit gekreuzten Beinen die Befehle seines Herrn
(Paris, Louvre).

ten Schulordnung, für deren Unterhalt die Bürgerschaft oder auch Stiftungen reicher Bürger aufkamen. Neben den Ephebengymnasien gab es auch entsprechende höhere Schulen für Mädchen, die ebenso finanziert wurden. Die höhere Schulbildung endete mit dem 18. Lebensjahr, und die jungen Männer wurden mit dem Schulabschluss zu Vollbürgern. Im Gegensatz zum römischen Italien, wo die männlichen Schüler hauptsächlich das lernten, was prestigeträchtig war – also vor allem Rhetorik –, war in Griechenland eine möglichst umfassende Allgemeinbildung das Ziel, in der der Sport ebenso seinen Platz hatte wie die musikalische Ausbildung und die *artes liberales.* Das griechische *gymnasion* war zunächst ein öffentlicher Platz für Leibesübungen wie auch die Palästra, wohin jeder Freigeborene kommen konnte, nicht nur um den Körper, sondern auch um den Geist zu schulen. Ein weiterer Unterschied zwischen griechischer und römischer Erziehung lag darin, dass „Latein" bei den Griechen als Unterrichtsfach fehlte, während für den kultivierten italienischen Römer die Beherrschung der griechischen Sprache Pflicht war (Abb. 11).

3. Private und öffentliche Bibliotheken

Lucius Cornelius Sulla (138–78 v. Chr.), der römische Feldherr, Staatsmann und Diktator, hatte 86 v. Chr. Athen eingenommen und geplündert. In zwei Schlachten hatte er die Truppen des Mithridates, des Herrschers von Pontos an der Küste Kleinasiens, vernichtend geschlagen. Damit war ganz Griechenland in römischer Hand. Als Beute brachte Sulla die Bibliothek des Apellikon aus Athen nach Rom. Apellikon gehörte zu den Peripatetikern, also zu derjenigen Schule, die Aristoteles gegründet hatte. Seine Bibliothek enthielt auch *volumina* von Aristoteles und Theophrastos, dem griechischen Philosophen, Freund und Schüler des Aristoteles, der nach dessen Tod die peripatetische Akademie leitete. Tyrannion, ein griechischer Kriegsgefangener, richtete Sulla eine Bibliothek nach alexandrinisch-hellenischem Vorbild auf seinem Landsitz Puteoli, dem heutigen Pozzuoli im Golf von Neapel, ein. Nach seiner Diktatur zog sich Sulla hierher zurück, um sich der Philosophie und Literatur zu widmen.

Die von Sulla geraubte Bibliothek war die zweite, die vollständig nach Rom gelangte. Schon Lucius Aemilius Paullus (228–160 v. Chr.), der im Dritten Makedonischen Krieg bei Pydna 168 v. Chr. den makedonischen

Abb. 11: Teilansicht eines Sarkophags aus der Mitte des 2. Jh. n. Chr. Ein Junge trägt seinem Vater eine rhetorische Übung vor. In der linken Hand hält er als Zeichen seiner Bildung eine Schriftrolle, die rechte ist zu einer rhetorischen Geste erhoben (Paris, Louvre).

König Perseus, den Sohn Philipps V., besiegte, hatte die *volumina* aus dem Privatbesitz des Perseus nach Italien gebracht und diese Bücher seinen Söhnen vermacht.

Dem Beispiel von Sulla und Paullus folgend, ließen sich viele Großgrundbesitzer, Geschäfts- und Geldleute in der näheren Umgebung von Rom herrschaftliche Wohnhäuser errichten, die bald regelrechte Villenvororte bildeten. Nach hellenistischem Vorbild wurden diese Luxusvillen nicht nur mit Säulengängen, Erholungsräumen, Bädern, Gemäldegalerien und Gärten ausgestattet, sondern auch mit Bibliotheken. Die Villen waren Orte der Geselligkeit, in denen sich die Mitglieder der Oberschicht trafen und für ihre Bildung und Erholung natürlich auch die Bibliotheken nutzten. Das häusliche Lesen, die private Lektüre von *volumina*, scheint in den gebildeten Kreisen weit verbreitet gewesen zu sein.

Von Cicero (106–43 v. Chr.) wissen wir, dass auch Cato (95–45 v. Chr.), eifriger Verfechter einer republikanischen Staatsform, viel las. In „De finibus bonorum et malorum" („Vom höchsten Gut und größten Übel") erwähnt Cicero, Cato habe mit einem Buch in der Hand die Senatsversammlung[4] besucht und sei auch häufiger Gast in der Villa des Lucullus (117–56 v. Chr.) in Tusculum gewesen, wo er sich in der Bibliothek vor allem in die Lektüre der stoischen Philosophen vertiefte. Die Bibliothek hatte Lucullus der Jüngere von seinem Vater geerbt, der sie als Beute aus dem Dritten Mithridatischen Krieg mitgebracht hatte. Lucullus war dank väterlichem Erbe und großer Kriegsgewinne einer der reichsten Männer Roms, er besaß auch mehrere Villen auf dem Land. Plutarch hat über Lucullus den Älteren wie auch über Cato eine Biografie geschrieben. Lucullus der Ältere hatte seine Büchersammlung hauptsächlich in der Villa in Tusculum, nahe dem heutigen Frascati, untergebracht. Ebenso in Tusculum hatte auch Cicero eine Villa erworben. Neben dieser Villa und seinem Stadthaus auf dem Palatin in Rom besaß Cicero mindestens sechs weitere Landhäuser bei Arpinum, Antium, Cumae, Formia, Pompei und Puteoli. In all diesen Villen waren Bibliotheken eingerichtet. Im dritten Buch seines philosophischen Werkes „De finibus bonorum et malorum", in dem es um die Lehren des Stoizismus geht, schildert Cicero einen fiktiven Besuch in der Villa von Lucullus dem Älteren. Die Besuche Ciceros bei Vater und Sohn werden nicht nur fiktiv gewesen sein, denn in seiner Biografie über Lucullus den Älteren erfahren wir von Plutarch:

> Ernste Beachtung hingegen verdient sein Bemühen um die Beschaffung von Büchern. Er sammelte viele, schön geschriebene Exemplare, und der Gebrauch, den er von ihnen machte, war noch anerkennenswerter als die Erwerbung, indem er nämlich die Bibliothek für alle offen hielt und in die sie umgebenden Wandelhallen und Arbeitsräume den Griechen ungehinderten Zutritt gestattete, welche dorthin wie in eine Freistatt der Musen kamen und den Tag miteinander verbrachten, den anderen Geschäften gern entronnen. Oft kam Lucullus auch selbst in die Wandelhallen und beteiligte sich an den Diskussionen der Gelehrten, oder er stand auch den politischen Freunden bei, wenn sie einen Wunsch hatten. Überhaupt war sein

Haus ein Herd und eine Stätte der Gastlichkeit für die nach Rom kommenden Griechen. Er schätzte jede wissenschaftliche Tätigkeit und war einer jeden geneigt und mit ihr vertraut. Eine besondere Liebe und Bewunderung aber hatte er von Anfang an für die Akademie, nicht für die sogenannte neue, obschon sie damals mit der Pflege der Lehren des Karneades durch Philon in Blüte stand, sondern für die alte, die damals einen Mann von großer Überzeugungskraft und Redegabe, Antiochos von Askalon, als Hauptvertreter hatte. Ihn hatte sich Lucullus aufs eifrigste bemüht zum Freunde und ständigen Gesellschafter zu gewinnen, und ließ ihn mit den Hörern Philons die Waffen kreuzen. Zu ihnen gehörte auch Cicero, und er hat ein sehr schönes Buch über diese Philosophie geschrieben, in dem er den Vortrag über die Erkenntnislehre dem Lucullus in den Mund gelegt hat und sich selbst das Gegenreferat; das Buch ist „Lucullus" betitelt.[5]

Cicero suchte nicht nur die Bibliothek der beiden Lucullus auf, las dort und entlieh Bücher, um sie selbst zu kopieren oder kopieren zu lassen, sondern er war auch Gast bei Faustus Sulla, dem Sohn des Diktators Sulla. Dieser hatte eine Villa in Cumae am Golf von Neapel geerbt, in der sein Vater die erbeutete Bibliothek ausgelagert hatte. In einem seiner Briefe an seinen Freund Titus Pomponius (Atticus) schrieb Cicero im April 55 v. Chr.: „Ich meinesteils weide mich hier an der Bibliothek des Faustus" (Briefe an Atticus, 4, 10). Da Faustus sehr verschwenderisch lebte, musste er noch im selben Jahr, in dem Cicero den erwähnten Brief schrieb, seine Bibliothek versteigern lassen. Cicero erwarb bei der Versteigerung selbst einige Schriften. Für die Schriften des Aristoteles war dies ein Glücksfall. So heißt es bei Plutarch:

> Als die Bibliothek nach Rom gebracht worden war, wußte der Grammatiker Tyrannion, so wird berichtet, sie sich zum größten Teil zu beschaffen, und von ihm bekam der Rhodier Andronikos Abschriften und veröffentlichte sie, verfaßte auch die jetzt im Umlauf befindlichen Kataloge. Die älteren Peripatetiker sind zwar ohne Zweifel an sich kluge und gelehrte Männer gewesen, haben aber die Schriften des Aristoteles und Theophrast nur zum kleinen Teil und nicht genau gekannt, weil der Nachlaß des Neleus von Skepsis, dem Theophrast seine Bücher hinterlassen hatte, in die Hände ungebildeter und interesseloser Menschen gekommen war.[6]

Tyrannion von Amisos, einer Küstenstadt in Pontos, geriet 71 v. Chr. bei einem Feldzug des Lucullus in römische Gefangenschaft. Lucullus schenkte diesen hochgebildeten Sklaven seinem Legaten Licinius Murena, der ihn freiließ.[7] Tyrannion genoss als Grammatiker und Philologe in Rom großes Ansehen, u. a. als Berater des Verlegers Pomponius (Atticus). Bei der Versteigerung der ehemaligen Bibliothek des Apellikon konnte sich Tyrannion in den Besitz der Schriften des Aristoteles und des Theophrast bringen. Unter Heranziehung weiterer aristotelischer Schriften, die er in Athen entdeckte, bereitete er die Ausgabe dieser Werke durch Andronikos von Rhodos (1. Jh. v. Chr.) vor, vielleicht wirkte er auch selbst daran mit. Über das hinaus, was uns Plutarch mitteilt, wissen wir wenig über diesen Andronikos, Ort und Zeit seines Wirkens sind umstritten. So wissen wir auch nicht, wo er sein systematisches, mit Erläuterungen versehenes Schriftenverzeichnis des Aristoteles verfasste, ob nach Ciceros Tod 43 v. Chr. in Rom oder schon früher in Athen. Andronikos verdanken wir durch seine Neuordnung der aristotelischen Werke einen Begriff, der zuvor noch nicht bekannt war, nämlich „Metaphysik". Andronikos hatte die Schriften, die wir heute als aristotelische Metaphysik kennen, hinter den Texten eingeordnet, die Aristoteles zur Physik geschrieben hatte. „Metaphysik" als Bezeichnung für das, was Aristoteles „Erste Philosophie", „Weisheit" oder „Theologie" nannte, leitet sich also aus der Bibliotheksbezeichnung *tà metá tà physiká* ab, das, was nach der Physik kommt. Erstmals ist die Verwendung des Begriffes „Metaphysik" bei Nikolaos von Damaskos, einem griechischen Geschichtsschreiber und Peripatetiker, belegt, der etwa 64 v. Chr. geboren wurde und Lehrer und Erzieher der Kinder von Kleopatra und Antonius war.

Das Verdienst, die erste öffentliche Bibliothek in Rom begründet zu haben, gebührt Gaius Asinius Pollio (76–4 v. Chr.), einem bedeutenden Redner, Anwalt und Schriftsteller. Asinius war Freund und Förderer sowohl von Catull als auch von Horaz. Vergil verfasste auf seine Anregung hin die „Bucolica", eine Hirtendichtung. Asinius gelangte als Prokonsul von Makedonien zu Reichtum, aus seiner dort erworbenen Kriegsbeute stiftete er die Bibliothek im Atrium Libertatis nahe dem Trajansforum, das er prunkvoll ausbauen ließ und mit Bildnissen berühmter Dichter und Schriftsteller schmückte. Von dieser Bibliothek wissen wir nur durch antike Autoren, heute sind keine Überreste mehr davon erhalten. Asinius führte in Rom auch den Brauch ein, öffentlich vor einem geladenen Publikum aus den eigenen, noch nicht publizierten Werken vorzutragen.

Ob der Autor hoffte, durch seine Lesungen das Interesse potenzieller Verleger zu finden, oder ob er einer breiten Öffentlichkeit literarische Neuigkeiten mitteilen wollte, bleibt ungewiss. Später, in der Kaiserzeit, wurden öffentliche Lesungen auch zur Selbstdarstellung missbraucht. Die Einrichtung einer öffentlichen Bibliothek zeigt, dass das Interesse am Lesen zunahm. Hätte sich Asinius Pollio für seinen Sieg über den illyrischen Volksstamm der Parthinier ein Denkmal setzen wollen, wäre ein Triumphbogen geeigneter gewesen. Die Nutzer der Bibliothek werden zunächst reiche Gebildete aus vornehmen Familien gewesen sein, die schon auf Privatbibliotheken zurückgreifen konnten und die sich seit jeher der Muße (*otium*) hingaben. Daneben finden sich Philosophen, Redner, Musiker und Grammatiker, die kein ausreichendes Vermögen besaßen, sich einen Patron suchen mussten und gegen Entgelt Stunden gaben. Als Leser kommen außerdem gebildete Sklaven und Freigelassene in Betracht.

Die zweite öffentliche Bibliothek ließ Augustus im Jahr 28 v. Chr. errichten. Bei der Umgestaltung des Palatin, einem der berühmten sieben Hügel Roms, wurde außer einem Palast, einem Apollo-Tempel und einer zweiteiligen Säulenhalle auch eine Bibliothek gebaut. Wie alle anderen Bibliotheken bestand auch sie aus zwei Abteilungen. In getrennten Räumen wurden jeweils eine griechische und eine lateinische Bibliothek eingerichtet. Aus Suetons Kaiserbiographien wissen wir, dass Augustus Gnaeus Pompeius Macer, einen römischen Literaten griechischer Herkunft, mit der Ausstattung der Bibliotheken beauftragt und ihm verboten hatte, dichterische Jugendwerke Caesars in die lateinische Bibliothek aufzunehmen. Zum Bibliothekar ernannte Augustus den von ihm freigelassenen Sklaven Gaius Julius Hyginus, der u. a. Schriften über die Geografie Italiens und die Eigenschaften der Götter verfasst hatte. Eine weitere Bibliothek wurde von der Schwester des Augustus, Octavia, in der Porticus Octaviae, der Säulenhalle der Octavia, eingeweiht. Auch hier bestand eine Trennung zwischen lateinischer und griechischer Bibliothek, auch hier wurde ein Freigelassener – in diesem Falle des Maecenas – Bibliothekar, der Schriftsteller Gaius Melissus, der die *trabeatae fabulae* erfand, eine Gattung der römischen Komödie, die ihre Motive dem Leben der Ritter (*trabeatus* = der, der eine Trabea trägt, nämlich einen weißen Mantel mit scharlachroten, waagerechten Streifen und einem purpurnen Saum) entnimmt.

Die ersten öffentlichen Bibliotheken enthielten wissenschaftliche und schöne Literatur von hohem Niveau, aber es gab auch Leser, die nicht ihren Bildungshunger stillen, sondern sich einfach nur amüsieren wollten. Dienten die öffentlichen Bibliotheken hauptsächlich dazu, die römische Geschichte zu bewahren und Historikern zugänglich zu machen, so übernahmen kleine Bibliotheken mit Unterhaltungsliteratur die Aufgabe, die Leselust zu befriedigen. Da es damals gängige Praxis war, laut zu lesen, können wir uns vorstellen, dass in den öffentlichen Bibliotheken die Gelehrten beim Nachschlagen der Textstellen vor sich hinmurmelten. Sicherlich nutzten sie die Gelegenheit, sich dort mit Gleichgesinnten zu treffen. Die Unterhaltungsliteratur wird kaum in den Bibliotheken gelesen worden sein, denn die nischenförmigen Bauten, in denen sich die Bücherrollen befanden, waren dafür zu klein. Leider sind uns keine Leseszenen aus Bibliotheken erhalten, etwa auf Sarkophagen. Durchaus vorstellbar ist, dass auch die Badeanstalten als Lektüreräume genutzt wurden. Die Kaiserzeit bewirkte einen Wertewandel, das von der römischen Republik geforderte und zum Ideal erhobene politische Engagement des freien Bürgers konnte jetzt lebensbedrohlich werden. Die Beschäftigung mit Literatur und Dichtung lieferte die Kompensation für entgangene politische Ehren, das Staatsleben lenkten nun der Kaiser und seine Beamten. Hatte Cato der Ältere 150 Jahre zuvor die Dichter noch als „Nichtsnutze" bezeichnet, so wird jetzt die Beschäftigung mit der Literatur für viele Römer zum Lebensinhalt. Die Privatbibliothek wird zum Statussymbol und zu einem festen Bestandteil der Selbstdarstellung. Auch die Zahl der öffentlichen Bibliotheken wächst: Im 4. Jahrhundert n. Chr. finden sich allein in Rom 39. Aber auch in den Provinzstädten mehrten sich die öffentlichen Büchersammlungen.

4. Schreibmaterial, Verleger und Mäzenatentum

In der gesamten griechisch-römischen Antike bildete Papyrus den bevorzugten Beschreibstoff. Die einzelnen Blätter wurden mit Kleister zu einer Rolle von ca. 6–10 m zusammengeklebt, die Rolle hatte eine Breite von 25–35 cm, ein Holzstab (griech. *omphalós*, lat. *umbilicus*) erleichterte das Auf- und Abrollen beim Lesen der Textkolumnen. Der Verleger entschied seinen geschäftlichen Vorstellungen gemäß, mit welchem Aufwand und mit welcher Anzahl von Exemplaren er die Veröffentlichung eines Autors auf den Markt bringen wollte. Die Vervielfältigung des Textes konnte auf mehreren Wegen erfolgen. Der Verleger konnte gebildete Sklaven einsetzen, die nach Diktat eines Vorlesers gemeinsam den Text niederschrieben. So ließ sich verhältnismäßig schnell eine große Anzahl von *volumina* für den Buchhandel herstellen. Sicherlich gab es aber auch Kopierer, die nach dem üblichen antiken Modus den Text laut lasen und ihn dabei reproduzierten. Neben den Schreibersklaven fanden sich professionelle Schreiber, die *notarii*, deren Honorar von der Anzahl der Zeilen und der Qualität der Schrift abhing. Die Bandbreite bei den Buchhandelsexemplaren war mithin groß. Es gab fehlerhafte Kopien mit schlechter Schrift ebenso wie liebevoll gestaltete textkritische Ausgaben für vermögende Gelehrte und andere Käufer. Die Preise für die *volumina* hingen in spätrepublikanischer Zeit nicht nur von der Qualität des Papyrus und der Schriftgestaltung ab: Da Ägypten jahrhundertelang der einzige Papyrusproduzent war, konnten die Hersteller und Händler die Preise bestimmen. Spekulationen führten häufig zu künstlicher Verknappung und damit zu hohen Preisen. Papyrus war zwar in der Antike ein ideales Beschreibmaterial, hat aber für uns heute einen erheblichen Nachteil: Da Papyrus ein rein pflanzliches Produkt ist, löst er sich nach gewisser Zeit in Humus auf. Nur aus Ländern, in denen heißer Wüstensand konservierend wirkte, wie etwa in Ägypten und Kleinasien, sind uns Papyri erhalten.

Eine Ausnahme bilden die verkohlten Papyrusrollen, die in einem Landhaus nahe dem antiken Herculaneum, der sog. Villa dei Papiri, gefunden wurden. Im Jahre 79 n. Chr. begrub ein Vesuvausbruch die am Golf von Neapel gelegene Stadt unter einem Ascheregen, flüssiger Lava und Schlammmassen und führte so zur dauerhaften Konservierung einer mitten aus dem Leben gerissenen Stadt. Umfangreiche Ausgrabungen, die durch dicke Lavaschichten erschwert wurden, fanden von 1738–65, 1828–35, 1869–75 und wieder ab 1927 statt. Die Villa dei Papiri wurde bereits in der ersten Ausgrabungsphase in der Mitte des 18. Jahrhunderts bei einer Stollengrabung gefunden und untersucht. Neben vielen Kunstwerken fand man auch ca. 1800 Papyrusrollen, die meisten in einer kleinen Kammer von ca. 3 m × 3 m Fläche im Wirtschaftsbereich des Landhauses. Wie diese Kammer aussah, schildert der Altertumswissenschaftler Johann Joachim Winckelmann (1717–1768) in seinem „Sendschreiben von den Herculanischen Entdeckungen“: „Rundherum an der Mauer waren Schränke, wie in den Archiven zu sein pflegen, in Manneshöhe, und in der Mitte im Zimmer stand ein anderes solches Gestelle für Schriften auf beiden Seiten, so daß man frei herumgehen konnte."[8] Bei den in den Villen gefundenen Papyrusrollen handelt es sich ausschließlich um Schriftrollen philosophischen Inhalts. Die teils ausgekohlten und äußerst brüchigen Papyri waren nur äußerst schwer zu entrollen und zu konservieren. Das 1969 in Neapel gegründete „Centro Internazionale per lo Studio dei Papiri Ercolanesi" widmet sich erfolgreich dieser Aufgabe. Die Papyri lassen sich in zwei Gruppen unterteilen, die erste umfasst Schriften Epikurs und seiner Schüler aus dem 3. und 2. Jahrhundert v. Chr., die zweite Abhandlungen des epikureischen Philosophen und Dichters Philodemos von Gadara, der etwa von 110–35 v. Chr. lebte und wahrscheinlich 80 v. Chr. nach Italien kam. Es wird vermutet, dass er Freundschaft mit dem Schwiegersohn Caesars, Lucius Calpurnius Piso Caesonicus schloss, dem auch der Besitz der Villa dei Papiri zugeschrieben wird.

Der Buchhandel ist in Rom erst ab Mitte des 1. Jahrhunderts v. Chr. bezeugt. Berühmt wurden Ciceros Verleger Atticus, in augusteischer Zeit die Verlegerfamilie der Sosii, bei der die Werke des Horaz erschienen, später dann Trypho, der Verleger Martials und Quintilians. Der Buchhandel in römischer Zeit war sehr leistungsfähig und belieferte die entlegendsten Provinzen. Während der Kaiserzeit wurden Auflagen von mehr als 1000 Exemplaren besorgt. Die Bücher gelangten zunächst in Rollenform in den Handel, ab dem 2. Jahrhundert n. Chr. bevorzugte man wegen seiner praktischen Handhabung und billigeren Herstellung den Codex. Verlags- und Urheberrechte waren noch unbekannt. In einem wesentlichen Punkt gab es allerdings keinen Unterschied zwischen den Verlegern der Antike und der Neuzeit: Entscheidend war der Markt. Autoren mit bekanntem Namen garantierten den Verlegern ein sicheres, gewinnbringendes Geschäft. Weniger bekannte Autoren widmeten ihre Schrift einer hochgestellten Persönlichkeit, in der Hoffnung, durch deren Vermittlung einen Verleger zu finden. Eine weitere Möglichkeit, einen Verleger zu finden, bot die Lesung aus eigenen Werken vor geladenem Publikum in den öffentlichen Bibliotheken.

Hatte der Verleger ein Manuskript zur Vervielfältigung angenommen, hing die Qualität des Buches nicht so sehr von den Schreibersklaven oder den professionellen Schreibern ab, sondern von dem Können des *corrector* oder, im weitaus größeren griechischen Sprachraum, des *diothortés*, der Korrektur las. So beklagte z. B. Strabon (etwa 64/63 v. Chr.–um 20 n. Chr.), ein griechischer Geograph und Historiker, dass viele Volumina unkorrigiert zum Verkauf angeboten wurden. Auf der sicheren Seite waren diejenigen Verleger, die rein kommerziell dachten und nur verlegten, was der Unterrichtskanon forderte: die Werke Homers und Hesiods und natürlich Vergils „Aeneis“. Was uns von diesen Texten erhalten geblieben ist, zeigt die gesamte Spannbreite von unkorrigiert bis textkritisch und belegt damit deutliche Qualitätsunterschiede.

Maecenas C. Cilnius (gest. 8 v. Chr.), ein reicher römischer Ritter aus vornehmem etruskischem Adelsgeschlecht, lebte als Privatmann, führte aber gelegentlich mit großem Geschick für Augustus, dem er sich schon früh angeschlossen hatte, politische Missionen durch. 31/30 v. Chr. war er während Augustus' Abwesenheit von Rom dessen Stellvertreter. Besondere Bedeutung erlangte Maecenas als Förderer junger Dichter (Vergil, Horaz, Properz), die er um sich scharte, materiell absicherte und deren literarische Arbeit er begleitete, aber auch beeinflusste. Denn er hielt seine Schützlinge unermüdlich an, Augustus und seine politische Neuordnung dichterisch zu feiern. Maecenas wurde zum Urbild aller Förderer von Kunst und Literatur, die in seiner Nachfolge bis heute Mäzen genannt werden. Die eigenen literarischen Versuche des Maecenas sind, so weit uns bekannt, von zweifelhaftem Wert.

5. Die Kaiserzeit

Mit Beginn der Kaiserzeit stieg die Zahl der Leser. Beamtenstellen wurden nun nicht mehr nur an Mitglieder vornehmer Familien vergeben. Jeder freie Bürger, der sich dafür eignete, konnte sie besetzen und wurde für seine Tätigkeit entlohnt. Es ist also anzunehmen, dass allein schon aus diesem Grund die allgemeine Lese- und Schreibfähigkeit innerhalb der Bevölkerung zunahm.

Dennoch dürfte vielen Römern das Lesen nicht leicht gefallen sein. Wurde der Text nur in Großbuchstaben geschrieben, wie es bei Ankündigungen jedweder Art üblich war, gab es wohl kaum Probleme. Schwieriger war das Lesen der Textrollen. Je nach Gestaltung der Schrift war es für den Leser leichter oder schwerer, dem Text zu folgen. War der Text kalligraphisch gestaltet und handelte es sich um eine qualitätvolle Edition, war die Schriftrolle zwar schneller zu lesen, aber auch entsprechend teuer. Billiger waren *volumina*, deren Texte halbkursiv geschrieben waren, d. h., einige Wörter wurden zusammengeschrieben, andere getrennt, ohne dass man dabei festen Regeln folgte. Oft wurde auch zur Gänze kursiv geschrieben, ohne jegliche Trennung der einzelnen Wörter. Je nach Gusto konnten die kommerziellen Hersteller oder die privaten Abschreiber *interpunctiones*, Punkte, zwischen bestimmte Wörter setzen, die beim lauten Lesen eine merklich hörbare Pause markierten. Geübte Leser haben sicherlich einen neutralen Text bevorzugt, in den sie selbst diakritische Zeichen einfügen konnten. Da das Lesen beschwerlich war und anders als das Schreiben auch eine gewisse Geschwindigkeit erforderte, gönnten sich diejenigen, die es sich finanziell leisten konnten, Vorleser. Leser und Vorleser werden im Lateinischen mit demselben Wort bezeichnet, sie heißen *lectores*. Solche *lectores* standen auch im Dienst von Octavian, dem Stiefsohn Caesars, der 27 v. Chr. den Ehrennamen „Augustus" erhielt. Sicherlich ließen sich auch solche Römer vorlesen, die selbst im Stande waren zu lesen, wohl vor allem dann, wenn weiteres Publikum anwesend war. Schon von Catull wissen wir, dass der Verfasser der „Carmina" einem ausgewählten Kreis von Freunden und Bekannten aus seinen Werken vortrug. Ebenfalls mit Beginn der Kaiserzeit änderte sich auch die Art des Lesens: Bei der individuellen, intimen Lektüre wie auch bei Benachrichtigungen und Ankündigungen wird der Römer nicht mehr mit lauter Stimme gelesen, sondern nur noch vor sich hin gemurmelt haben. Seltener wird das gänzlich stille Lesen gewesen sein. Bei den Lesegeübten hing die Art des Lesens wahrscheinlich von der Lesesituation und der Beschaffenheit des Textes – kalligraphisch oder (teil-)kursiv – ab.

Octavian erhielt als Jugendlicher eine hervorragende Ausbildung. Er wurde u. a. von dem stoischen Philosophen Didymos erzogen und erhielt Rhetorikunterricht von Epidius, der auch Vergil unterrichtete, und von Apollodorus von Pergamon (ca. 104–22 v. Chr.). Auch als Octavian die Alleinherrschaft übernahm, blieb er seinen Bildungsidealen treu und förderte Literatur und Dichtung. Wie wir von Sueton wissen, besuchte er häufig Dichterlesungen und *recitationes*, bei denen der Vortrag der literarischen Texte nicht durch den Autor selbst erfolgte. Seinem Biographen Sueton lagen noch zwei schriftstellerische Werke von Augustus vor, von denen eines, „Sicilia", in Hexametern geschrieben war. Das andere umfasste Epigramme, die sich Augustus, wie Sueton erzählt, im Bad ausdachte.

Lies des Kaisers August sechs schlüpfrige Verse. Vergrimmter,
Der du ehrlich Latein liesest mit finsterer Stirn:
„Weil Antonius buhlt mit Glaphyra, hat mir als Strafe
Fulvia auferlegt, daß ich auch buhle mit ihr.

Daß ich mit Fulvia buhl'? Ei, wenn mich Manius bäte,
Ihn zu umarmen, geschäh's? Hab' ich Verstand doch wohl nicht.
‚Buhle', sagt sie, ‚es gibt sonst Krieg.' Wie, wenn mir das Leben
Minder als Keuschheit gilt? Töne die Tuba zum Kampf!"
Du, Augustus, gewiß sprichst frei die launigen Büchlein,
Der du ehrlich Latein selbst zu sprechen verstehst.
(Epigramme, XI, 20)

Das schreibt Martial (etwa 40 n. Chr.–103 n. Chr.) im 20. Epigramm des elften Buches seiner Epigramme und Verse. Es ist also anzunehmen, dass die Epigramme des Augustus äußerst erotisch waren. Viele Römer sind wohl dem Beispiel des Augustus gefolgt, denn Quintus Horatius Flaccus (65–8 v. Chr.), einst ein Gegner Octavians, schreibt in seinen „Gedanken zur Literatur":

> Schiffe scheut sich zu steuern, wer Schiffe nicht kennt; einem Kranken bittre Arznei zu verordnen, wagt nur, wer's studiert hat; denn Heilkunst üben die Ärzte, ein Handwerk nur die, die es lernten: Doch Lieder dichten wir alle, ganz gleich, ob die Kunst uns vertraut, ob sie's nicht ist.
> (Briefe 2.1, 117)

„Scribimus indocti doctique poemata passim" („Ob begabt oder unbegabt, wir schreiben fortwährend Gedichte"), hieß es in gebildeten Kreisen. Auch die hohe bzw. höchste Stellung, die Augustus einnahm, bewahrte seine Schriften – wie die vieler anderer Dilettanten – jedoch nicht davor, in Vergessenheit zu geraten. Augustus förderte auch begabte Schriftsteller, indem er sie an seinen Hof zog, erwartete dabei aber natürlich, von ihnen gelobt und verherrlicht zu werden. Als Beispiel mag hier Publius Vergilius Maro, uns besser als Vergil bekannt, dienen. Vergil (70–19 v. Chr.) lobt in seinen „Bucolica" (Hirtengedichten) im ersten Gedicht den Kaiser Augustus: „Deus nobis haec otia fecit".

Mir, Meliboeus, vergönnte ein Gott die Stunde der Muße –
will ich ihn ständig doch achten als Gottheit, stets wieder aus meiner
Hürde auf seinem Altar ihm ein zartes Lämmchen verehren:
Er gestattet es mir, wie du siehst, die Rinder zu weiden,

lässt mich auch selber dem Schilfrohr nach Herzenslust Töne
entlocken.
(Hirtengedichte, 1, 6–10)

Historiker vermuten, dass der Landbesitz von Vergils Vater im Zuge der Landverteilung des Augustus an Veteranen seiner Kriege enteignet wurde, Vergil jedoch von Augustus wieder in sein Erbe eingesetzt oder anderweitig entschädigt wurde. Vergil wurde auch von Gaius Maecenas gefördert, einem engen Freund des Kaisers. Martial schreibt über Maecenas: „Sint Maecenates, non deerunt, Flacce, Marones“[9], was wir etwa so übersetzen können: „Wenn es Mäzene gibt, Flaccus, wird es auch Dichter wie Vergil geben.“ Vergil bedankte sich auf seine Weise: Er schrieb das Nationalepos der Römer, die „Aeneis“. Aus diesem Grund wissen wir viel über Vergils Leben und Werk, das schon in der Antike Gegenstand literarischer Forschung wurde. Bekannt wurde Vergil auch durch seine „Bucolica“ bzw. „Eclogae“, eine Sammlung von zehn Hirtengedichten, für die er verschiedene Preise erhielt. Nachdem Vergil den väterlichen Besitz von Augustus zurückerhalten hatte, verehrte er diesen wie einen Gott. Das vierte Hirtengedicht enthält die berühmte Prophezeiung von der Geburt eines göttlichen Kindes und dem Anbruch des Goldenen Zeitalters:

Nunmehr erschien, nach dem Liede von Cumae, die letzte der Zeiten.
Machtvoll aufs neue erhebt sich der Zug der Epochen zum
Kreislauf.
Nunmehr kehren die Jungfrau zurück und das Reich des Saturnus,
steigt auch ein neues Menschengeschlecht vom Himmel hernieder.
Zeig dich nur gnädig, du keusche Lucina, dem kommenden Kinde:
Endet mit seiner Geburt doch das Eiserne Zeitalter, leuchtet
Über die Erde das Goldne; schon waltet dein Bruder Apollo.
Pollio, dein Konsulat erlebt die herrliche Wende,
unter ihm nimmt der jeweilige Umschwung der Zeiten den Anfang.
Gibt es noch Spuren unsrer Verbrechen, so wird er in deiner
Amtszeit sie tilgen, erlösen die Welt vom dauernden Schrecken.
Göttliches Leben erhält der kommende Knabe, Heroen
Sieht er und Götter vereint, tritt selber auch ihnen vor Augen,
lenkt dann, der Tatkraft des Vaters es danken, im Frieden den
Erdkreis.
(Hirtengedichte, 4, 5–18)

Diese Prophezeiung bezieht sich auf Octavian, den späteren Kaiser Augustus. Asinius Pollio, der im Jahre 40 v. Chr. das Amt des Konsuls ausübte, wird lobend hervorgehoben. Die Hirtengedichte sind nach dem Vorbild Theokrits, eines griechischen Dichters aus der ersten Hälfte des dritten vorchristlichen Jahrhunderts, geschaffen, der mit seinen „Eidyllia" die Gattung der Idylle bzw. die bukolische Dichtung begründete. Vergil führte diese in Rom ein, wobei er das einfache Leben der Bauern und Hirten mehr noch als Theokrit idealisierte und verklärte. Die „Bucolica" machten auch Maecenas auf den Dichter aufmerksam und 37 v. Chr. nahm er diesen gemeinsam mit Horaz in seinen Kreis auf.

Mit seinem Epos „Aeneis" schuf Vergil die Legitimation für die römische Monarchie, indem er statt des „Enkels" den Stammvater des Geschlechts besang, eben Aeneas. Die Aeneassage nimmt ihren Ausgangspunkt von folgenden Versen Homers:

> Auf, wir wollen ihn gleich dem drohenden Tode entreißen,
> dass der Kronide nur ja nicht grollt, sofern jetzt Achilleus
> Den Aineas erschlägt! Der muss den Krieg überleben:
> Nachkommen soll das Geschlecht des Dardanos haben und niemals
> Spurlos verlöschen; den Dardanos liebte ja Zeus von den Kindern,
> die ihm sterbliche Frauen gebaren, weitaus am meisten.
> Heute bereits ist des Priamos Stamm verhasst dem Kroniden;
> Über die Troer soll weiterhin herrschen der starke Aineas,
> nach ihm die Kindeskinder, die seinem Geschlechte entsprossen.
> (Ilias, 20, 300–309)

Während sich Rom vor Caesar und Augustus als Fortsetzung des trojanischen Reiches begriff, trat durch Vergils „Aeneis" die Legitimierung der Herrschaft eines bestimmten Geschlechts, nämlich die der Julier, in den Vordergrund. Vergil machte Aeneas zum Haupthelden der Sage, zum Gründer des Römischen Reiches und zum Ahnherrn des römischen Kaiserreiches.

> Kriegstaten will ich besingen, den Helden dazu, der als Flüchtling,
> Opfer des Schicksals, von Troja zuerst Italien erreichte,
> dort, wo er später Lavinium gründete. Gnadenlos jagte
> Juno voll Hass ihn über die Länder und Meere.
> (Aeneis, 1, 1–4)

Schon in den ersten Zeilen der „Aeneis“ wird deutlich, dass Vergil dem Aeneas eine göttliche Mission zuweist, die in immer neuen Prophezeiungen bekräftigt wird. Prophezeiungen verbinden auch die ruhmreiche Vergangenheit des Römischen Reiches mit der Gegenwart des augustinischen Kaisertums. Als neue Komponente kommt das Nationalgefühl hinzu, das sich weder bei Homer noch in der späteren griechischen Literatur findet:

> Unglückgestählter Trojaner, das Land, das ehemals eure
> Ahnen hervorbrachte, wird euch an üppiger Mutterbrust wieder
> freundlich empfangen. Auf, suchet die Mutter der Vorfahren! Über
> sämtliche Länder gebietet von dort einst der Stamm des Aeneas,
> Kinder und Enkel desgleichen und deren Nachkommen alle!
> (Aeneis, 3, 94–98)

Solches verheißt das Orakel den Trojanern. Die Irrfahrt des Aeneas ist also in Wirklichkeit eine Heimfahrt zur Mutter der Vorfahren. Das von Bürgerkriegen zermürbte Römische Reich sollte sich durch die *exempla maiorum* wieder erheben unter einem Friedenskaiser, der die Kardinaltugenden des Aeneas verkörperte: *clementia* (Milde), *iustitia* (Gerechtigkeit) und *pietas* (Pflichtgefühl und Vaterlandsliebe).

Als die „Aeneis“ im Großen und Ganzen fertig gestellt war, beschloss Vergil, sich auf eine Studienfahrt nach Griechenland und Asien zu begeben, dort die „Aeneis“ stilistisch zu überarbeiten und sich anschließend ganz der Philosophie zu widmen. In Athen traf Vergil auf Augustus, der nach Rom zurückreisen wollte und dem kränkelnden Dichter anbot, sich seinem Gefolge anzuschließen. Während der Überfahrt nach Brundisium verschlimmerte sich die Krankheit Vergils. Wenige Tage nach der Landung starb Vergil am 21. September des Jahres 19 v. Chr. Sein Leichnam wurde nach Neapel überführt, der Stadt, in der Vergil im Epikurkreis um Siro so glückliche Stunden verbracht hatte. Einen Teil seines nicht unerheblichen Vermögens vererbte Vergil dem Kaiser Augustus, der sicherlich das Seine dazu beitrug, dass das Epos sofort nach seiner Veröffentlichung fester Bestandteil des Unterrichts durch die lateinischen Grammatiker wurde. Bis zum Ende des Römischen Reiches blieb Vergils „Aeneis“ eine beliebte Schullektüre, gegen den Willen des Verfassers, der seinen ersten Entwurf ohne Überarbeitung nicht publiziert sehen wollte (Abb. 12).

Abb. 12: Mosaik aus Susa, entstanden in der Zeit vom 2. bis 4. Jh. n. Chr.
Es stellt den Dichter Vergil auf einem Thron, flankiert von zwei Musen, dar.
In der Hand hält Vergil ein Exemplar seiner „Aeneis".
In Susa wurden seit 1884 Ausgrabungen durchgeführt.

Nicht so hoch in der Gunst des Augustus stand der Dichter Publius Ovidius Naso (dt. Ovid), der 43 v. Chr. in Sulmo in Mittelitalien geboren wurde. Seine Familie gehörte dem Ritterstand an. Ovid erhielt die übliche Ausbildung in Rhetorik in Rom, die er dann in Athen vertiefte. Studienreisen führten ihn nach Kleinasien und Sizilien. Auf Wunsch seines Vaters schlug Ovid die politische Laufbahn ein, bekleidete einige niedrige Ämter und erwarb die Anwartschaft auf die Senatorenlaufbahn. Seine Tätigkeit im Staatsdienst – hauptsächlich als Jurist und Richter – dauerte jedoch nur kurz. Er zog sich aus dem öffentlichen Leben zurück und widmete sich ganz der Dichtung. In der Tradition Catulls stehend, verfasste Ovid zuerst die „Amores" („Liebesgedichte"), die in den Jahren 23–16 v. Chr. in fünf Büchern erschienen. Von dieser ersten Auflage ist uns nichts erhalten, jedoch liegt uns die zweite Auflage vor, die drei Bücher umfasst. Ähnlich wie Catull seine Lesbia besingt, fasst Ovid seine (fiktiven?) Erlebnisse mit seiner Geliebten Corinna in Verse:

> Siehe, Corinna, sie naht, enthüllt vom entgürteten Kleide,
> Und ihr entfesseltes Haar wallt um den glänzenden Hals,
> Wie in ihr bräutlich Gemach die berühmte Semiramis eintrat
> Oder wie Laïs, die einst Scharen von Männern entflammt.
> Ich entriß ihr das Kleid – zu dünn, um viel zu verhüllen –,
> Doch sie stritt um das Kleid, sich zu bedecken damit.
> Aber da sie so stritt, als trachte sie nicht nach dem Siege,
> Ward durch den eignen Verrat ihre Besiegung nicht schwer.
> Wie von Umhüllungen frei sie so vor den Augen mir dastand,
> War an dem ganzen Leib nirgend ein einziger Fehl.
> (Liebesgedichte, 5, 9–18)

Die Brisanz des fünften Liebesgedichtes des ersten Buches liegt in einem dreifachen Tabubruch, wie Paul Veyne in „Das Römische Reich" ausführt:

> Der Lüstling war ein Mann, der gegen drei Tabus verstieß. Er machte Liebe vor Einbruch der Dunkelheit (Geschlechtsverkehr bei Tageslicht war ein Vorrecht der Neuvermählten am Tag nach der Hochzeit); er machte Liebe im unverdunkelten Zimmer (frivole Dichter riefen als Zeugen ihrer Lust die Lampe an, die ihnen geleuchtet hatte); er machte Liebe mit einer Frau, die er zuvor völlig entkleidet hatte (nur gefallene Frauen liebten, ohne wenigstens den Büstenhalter anzubehalten, und Malereien aus pompeijanischen Bordellen zeigen, dass selbst Prostituierte sich dieser letzten Hülle nicht entledigten[10] (Abb. 13).

Neben dem Besitzerstolz, der sich in diesem Gedicht spiegelt, finden sich weitere literarische Motive, die aus den „Carmina" des Catull bekannt sind: Untreue, Streit, Eifersucht, Krankheit der Geliebten oder ihres Vogels. Ovid schrak auch nicht davor zurück, im 13. Gedicht des

Abb. 13: Gemälde aus der sog. Casa del Centenario in Pompeji. Die Sklavin hat aus Scham ihren BH nicht abgelegt (Neapel, Archäologisches Museum).

zweiten Buches zu schildern, wie seine Geliebte Corinna versuchte, eine Abtreibung vorzunehmen.

Es ist heute nicht mehr zu klären, warum Augustus Ovid 8 n. Chr. nach Tomis am Schwarzen Meer verbannte. Als Vorwand diente Augustus, der gerade strengere Ehegesetze verabschiedet hatte, die Anstößigkeit der ovidschen Verse. Der eigentliche Grund für die Verbannung war wahrscheinlich aber ein anderer. Augustus selbst war – wie Ovid – dreimal verheiratet, von seiner zweiten Frau Scribonia hatte er eine Tochter Julia (39 v. Chr.–14 n. Chr.), die ebenfalls dreimal verheiratet war. Augustus ließ sich von ihr scheiden und heiratete die schwangere Livia Drusilla (58 v. Chr.–29 n. Chr.), die sich ebenfalls hatte scheiden lassen. Livia scheint eine sehr ehrgeizige Frau gewesen zu sein. Sie erreichte, dass Augustus ihren Sohn Tiberius aus erster Ehe adoptierte und zu seinem Nachkommen erklärte. Alles andere wurde auf die „übliche" Art geregelt: Die Tochter Julia wurde 2 n. Chr. wegen ausschweifenden Lebenswandels verbannt, die Enkelin im selben Jahr wie Ovid aus demselben Grund. Alle anderen Thronerben, darunter sämtliche Enkel des Augustus, wurden ermordet. Es ist zu vermuten, dass Ovid von diesen politischen Intrigen wusste.

Etwa im Jahr 10 n. Chr. hatte Ovid bereits ein Werk vollendet, das seinen Ruf als Dichter weit verbreitete, nämlich die „Metamorphoseon Libri", heute kurz „Metamorphosen" genannt. Ovid hatte sie, wie er in den „Tristia" schildert, eigenhändig verbrannt, da sie eine stark erotische Färbung hatten und den Dichter deswegen gefährdeten. Zum Glück gab es jedoch Abschriften, und so blieb das Werk erhalten, wenn auch nicht in der letzten Fassung.[11]

Ovid schuf mit den „Verwandlungen" ein episches Sagengedicht in 15 Büchern mit jeweils etwa 700–900 Hexameterversen. Es gibt keinen durchgängigen Helden. Die Bücher enthalten ca. 250 Fabeln, in denen das Prinzip der Verwandlung (griech. *metamórphosis*) im Vordergrund steht. Ovid ordnet die Verwandlungssagen chronologisch, d. h. von der Erschaffung der Welt aus dem Chaos bis zur imperialen Ordnung der augusteischen Epoche. Er unterlegt den 15 Büchern so scheinbar einen historischen Ablauf. Für uns heutige Leser besonders interessant ist der Mythos von Byblis, weil Ovid in diesem die Beziehungen von Leserinnen und Schriftkultur aus der historischen Gegenwart des Römischen Reiches auf die mythische Vergangenheit überträgt, als es natürlich weder Schreibtafel noch Griffel gab. Byblis ist unsterblich in ihren Bruder verliebt. Sie versucht, ihren Empfindungen Ausdruck zu verleihen, indem sie diese auf eine Wachstafel schreibt, aber da das Geschriebene ihren Gefühlen nicht entspricht, tilgt sie es immer wieder:

> „Nun, wie der Schwester erlaubt, soll von nun an der Bruder geliebt sein.
> Wär er jedoch von Liebe zu mir schon selber ergriffen,
> Könnt ich gefällig vielleicht mich seinem Verlangen bequemen.
> Soll ich drum, die doch nicht hätte verschmäht den Bewerber,
> Werberin sein? Doch kannst du es sagen und ihm es gestehen?
> Sehnsucht zwingt: ich kann's; und fesselt die Scham mir die Zunge,
> Kann ja ein heimlicher Brief das verstohlene Feuer bekennen."
>
> Dies sagt ihr zu, und der Einfall besiegt des Gemütes Bedenken.
> Seitwärts hebt sie sich nun und spricht, auf die Beuge des linken
> Armes gestützt: „So sei's! Wir gestehen die rasende Liebe.

Ach, wo komm ich hin! Welch Feuer entzündet das Herz mir!“
Und sie entwirft mit zitternder Hand das erwogene Schreiben,
Hält in der Rechten den Stift, das geglättete Wachs in der Linken,
Fängt an, zögert und sinnt; sie schreibt und verwirft das
Geschriebne,
Zeichnet von neuem und streicht; sie ändert und tadelt und billigt.
Mehrmals legt sie das Schreibzeug fort und ergreift es doch wieder
Und weiß nicht, was sie will. Was immer sie scheint zu erwählen,
Ist nicht recht. Im Gesicht liegt Scham nicht minder als Kühnheit.
„Schwester“ bereits stand da. Sie beschließt, den Namen zu tilgen
Und ins gestrichene Wachs zu graben die folgenden Worte:

„Glück, das ihr nicht wird, wenn du ihr nicht es gewährest,
Wünscht dir der Liebenden Gruß. (…)
Dich rühre der Liebe Geständnis,
Das nie wäre getan, wenn Not nicht hätte gezwungen.
Zieh dir die Schuld nicht zu, dass dich anklage mein Grabstein!“
(…)
Einen der Diener berief sie darauf, schamrot, und befangen
Sprach sie zu ihm mit freundlichem Wort: „Dies bringe, Getreuer,
Unserem“, lange nachher erst sagte sie, „unserem Bruder.“
(Metamorphosen, IX, 511 ff.)

Der Bruder erwiderte die Liebe der Schwester nicht. Darüber vergoss Byblis so viele Tränen, dass sie sich in eine Quelle verwandelte.

Übertragen auf die politisch sozialen Verhältnisse der Kaiserzeit zeigt sich ein Lesepublikum, das Ovid mit *legentium plebs* bezeichnete, also „die gewöhnlichen Leser“, die auch ohne besondere rhetorische Zusatzausbildung in der Lage waren, weniger anspruchsvolle Texte zu lesen. Dazu gehörten sicherlich auch Frauen aus wohlhabenden Familien und ebenso einige aus der Gruppe der *puellae faciles*, der willfährigen „leichten Mädchen“, die nicht nur ihren Körper, sondern auch ihren Geist verkauften. Ovid schließt seine „Metamorphosen“ mit einer Huldigung an Augustus, den er als künftigen Gott begreift, und gibt seiner Hoffnung Ausdruck, im ganzen Römischen Reich gelesen zu werden und in seinen Werken ewig zu leben.

In den Zeiten der Republik waren lesende Frauen noch eine Seltenheit. Ab der augusteischen Zeit finden wir auf Grabreliefen auch Frauen in

Lesepose mit einem *volumen* in der Hand. Die pompeianische Malerei zeigt neben Bildern männlicher Leser auch weibliche Leser.

6. Literatur und Unterhaltung

Ovids Wunsch nach einer Verbreitung der „Metamorphosen" im ganzen Imperium setzte einen weit verzweigten Buchhandel voraus. Die Namen zweier römischer Buchhändler nennt uns Martial in seinen Epigrammen:

> Sicher kommst du doch oft zum Argiletum:
> Caesars Forum gegenüber ist ein Laden,
> dessen Pfosten beschrieben ganz und gar sind,
> Daß man sämtliche Dichter schnell durchmust're.
> Fordre hier mich und frage nach Atrectus –
> Diesen Namen besitzt der Herr des Ladens –,
> Aus dem ersten der Fächer oder zweiten
> Wird er, purpurgeschmückt und glattgebimset,
> Martial dir für fünf Denare geben.
> (Epigramme, I, 117,8–16)

Demnach hatte also Atrectus auf dem Argiletum gegenüber dem Caesarforum eine offensichtlich gut bestückte Buchhandlung, in der Martials Werke schön ausgestattet für fünf Denare zu erwerben waren. Als zweiten Buchhändler erwähnt Martial den Freigelassenen Secundus, der seinen Buchladen hinter dem Tempel der Friedensgöttin und dem Nervaforum betrieb:

> Der du, wo du auch weilst, gern meine Büchelchen mitführst
> Und für den langen Weg sie zu Begleitern begehrst,
> Kaufe diese, die Haut in kleinen Blättchen umfasset:
> Gib die großen dem Schrein, Raum ist für mich in der Hand.
> Daß du jedoch auch weißt, wo ich feil bin, und in der Irre
> Nicht durchschweifest die Stadt, werd' ich ein Führer dir sein:
> Suche Secundus dir auf, den frei ließ Lucas Gelehrter,
> Hinter der Schwelle der Pax und dem Palladischen Markt.
> (Epigramme, I, 2, 1–8)

Zugleich mit dem Buchhändler Secundus wird hier erstmals etwas erwähnt, was in der Geschichte des Lesens bisher noch nicht bekannt war: ein Buch in der heutigen Form, von den Römern *codex* genannt. Seit mehr als 4000 Jahren war es üblich gewesen, längere Texte auf *volumina*, also Buchrollen, zu schreiben. Wann die Buchrolle aus ihrem Stammland Ägypten nach Griechenland gelangte, lässt sich inzwischen nicht mehr feststellen, aber aus Darstellungen auf Gefäßen wissen wir, dass sie dort schon um 500 v. Chr. verbreitet gewesen sein muss. Jetzt, im Rom des ersten nachchristlichen Jahrhunderts, erhält das Buch seine bis in die Gegenwart gültige Form. *Codex*, die griechische Entsprechung lautet *somation*, bezeichnete im antiken Rom ursprünglich die hölzernen, mit Wachs beschichteten Schreibtafeln, sofern diese mit Bändern zu einem Block zusammengefügt waren. Wie Martial im zitierten Epigramm herausstellt, hat der *codex* den Vorteil, dass der Leser oder die Leserin nur noch eine Hand benötigt, um ihn zu halten. Da Martial in seinem Epigramm eine „Haut" erwähnt, scheint es sich im genannten Fall um ein kleines Buch aus Pergamentblättern gehandelt zu haben. Weil sich der spröde Papyrus nicht gut für die neue Form des Buches eignete, bediente man sich zur Herstellung der *codices* des Pergaments. Qualität und Preis des Pergaments hingen davon ab, welche Tierhaut Verwendung fand (Kalb, Schaf, Ziege, Esel). Der *codex* bot noch weitere Vorteile: Er war erheblich einfacher und schneller herzustellen als eine Buchrolle. Dadurch stieg die Zahl der produzierten Bücher, deren Verbreitung zudem größer wurde. Da die Seiten eines *codex* beidseitig beschreibbar waren, konnte Schreibmaterial gespart und das Gewicht reduziert werden. Infolge der geringeren Herstellungskosten wurde auch das einzelne Exemplar billiger und wer sich bisher kein Buch leisten konnte, war jetzt in der Lage, sich eines oder gar mehrere anzuschaffen. Das *volumen* war eine ägyptische Erfindung, die von den Griechen übernommen wurde, der *codex* ist eine römische Erfindung, die das Buchwesen und das Leseverhalten entscheidend prägte.

Die zweite Ausgabe von Martials Epigrammen soll auf dem Titel ein Porträt des Verfassers gezeigt haben. So konnte dieser von sich sagen:

> Hier ist er, den du liesest, den du suchest,
> Martialis, bekannt im ganzen Erdkreis
> Durch scharf treffender Epigramme Bücher.
> (Epigramme, I, 1, 1–3)

Martials Epigramme wurden nicht nur in Rom gelesen. Wenn wir dem Autor Glauben schenken dürfen, gingen die Epigramme auch in Britannien von Mund zu Mund („Auch Britannia singt, so sagt man, meine Gedichte./Aber was nützet es? Nichts merket mein Beutel davon", Epigramme, XI, 3, 5–6). Der Erfolg Martials war so groß, dass sogar seine Jugendgedichte von Quintus Polius Valerian neu aufgelegt wurden. Doch anders als seine Epigramme wurde die Epik zwar gelobt, doch kaum gelesen. Martials Vorbildern entsprechend, sind viele seiner Epigramme erotisch, zuweilen sogar obszön. Ähnlich wie Catull lässt es Martial deshalb an Entschuldigungen nicht fehlen. Seine „schlüpfrigen" Verse seien nicht für Kinder, sondern für „leichtlebige Jünglinge" und „lockere Mädchen" (Epigramme, III, 69, 4) bestimmt, betont er. Im ersten Buch im 4. Epigramm heißt es: „lasciva est nobis pagina, vita proba" („Ist leichtfertig mein Blatt, bin ich im Leben doch keusch") (Epigramme, I, 4, 8).

Obwohl Martials Werke im gesamten Römischen Reich verbreitet waren, Martial selbst sich das Image eines Erfolgsautors gab, konnte er vom Verkauf seiner Bücher trotzdem nicht leben. Fraglich ist auch, ob es in der Antike überhaupt so etwas wie ein Autorenhonorar gab. Dichter und Schriftsteller ohne eigenes Vermögen waren daher auf Mäzene angewiesen, jedoch fehlte es nach dem Tod von Maecenas im Jahre 8 v. Chr. in Rom an kunstsinnigen Gönnern, die junge Dichter förderten. Martial, auf finanzielle Mittel angewiesen, reagierte auf seine Weise und verhielt sich gegenüber den flavischen Kaisern Titus (39–81 n. Chr.) und Domitian (51–96 n. Chr.) entsprechend servil. Über seine Lage gibt das Epigramm 108 im elften Buch Auskunft:

> Wenn auch dünkt mich, du satt des so langen Büchelchens sein kannst,
> Forderst du, Leser, von mir einige Distichen noch.
> Lupus jedoch will Zins und die tägliche Speise die Knaben.
> Gruß dir! Du schweigst, merkst nichts, Leser? So lebe mir wohl!
> (Epigramme, XI, 108, 1–4)

Zur Einweihung des Kolosseums schrieb Martial das „Liber spectaculorum", das „Buch von den Schauspielern", in dem er Titus pries. Dieser hatte die Fertigstellung des Amphitheatrum Flavium 80 n. Chr. mit 100-tägigen Spielen feiern lassen und hier erstmals Martial geehrt, dem er später den Rang eines Ritters verlieh. Domitian schenkte Martial ein kleines Landgut und ein Stadthaus in Rom. Doch der Reichtum hielt nicht lange vor und es gelang Martial nicht, die Gunst der nach der Ermordung Domitians an die Macht gekommenen Kaiser Nerva (30–98 n. Chr.) und Trajan (53–117 n. Chr.) zu erlangen. Plinius der Jüngere gab Martial das Reisegeld, so dass dieser 92 n. Chr. in seine Geburtsstadt Bilbilis zurückkehren konnte. Dort schenkte ihm Marcella, eine reiche Gönnerin (und Leserin!), ein anderes kleines Landgut. Martial starb etwa 104 n. Chr., schon bald nach Erscheinen der letzten Epigramme.

Da Martial kurze Textformen bevorzugte – sein längstes Gedicht umfasst 51 Verse (Epigramme, XI, 58) –, war es auch für ungeübte Leserinnen und Leser möglich, sich mit seinem Werk vertraut zu machen. Die Bücher Martials dienten letztlich weniger der Bildung als der Unterhaltung und dem Vergnügen.

Ein Freund Martials, Decimus Iunius Iuvenalis (dt. Juvenal) (ca. 60–128 n. Chr.), zeichnete ein sehr nachteiliges Bild von der reichen, gebildeten und lesenden Frau:

> Aber noch ärger ist die, die, wenn sie zu Tische gegangen,
> lobt den Vergil und verzeiht der dem Tode geweihten Elissa,
> mustert die Sänger sodann und vergleicht; hier legt sie den Maro,[12]
> und auf die andere Schale der Waage, da legt sie Homerus.
> Jeder Ästhet geht da ein, sie besiegt die Rhetoren, es schweigt der
> Ganze Verein; kein Jurist darf da reden, schon gar nicht ein Herold
> Oder ein anderes Weib: So mächtig stürzt sich ihr Wortschwall,
> gleich viel Becken und gleich viele Glöckchen auf einmal,
> so meint man,
> werden bewegt (…)
> Alles erlaubt sich ein Weib, nichts wird sie für schändlich erachten,
> wenn sie den Hals sich umgibt mit den grünen Juwelen und wenn sie
> mächtige Perlen sich hängt in die niedergezogenen Ohren.
> (Satiren, 6, 435 ff.)

Juvenal war wahrscheinlich ein Schüler von Marcus Fabius Quintilianus (35–96 n. Chr.), dem ersten staatlich besoldeten Lehrer für Rhetorik in Rom, der ab 68 n. Chr. als Erzieher am kaiserlichen Hof wirkte. In seinem Alterswerk, der „Institutio oratoria" („Unterweisung in der Redekunst"), beschäftigt er sich im 10. Buch mit einem Abriss der griechischen und römischen Literaturgeschichte. Dort (X, 1, 93) bezeichnet er die Satire (lat. *satura*, „buntes Allerlei“) als Schöpfung der Römer. Zur Zeit Juvenals war aus der *satura* schon die *satira* geworden, ein Spottgedicht, in dem Leidenschaften, Vorurteile, Torheiten und Laster der Menschen scharfzüngig lächerlich gemacht wurden. Auch wenn Lebensdaten und -umstände Juvenals ungewiss sind, wird doch in der späteren antiken Literatur übereinstimmend berichtet, dass er von Diokletian verbannt wurde, was mit dem Verlust von Vermögen und Stand einherging. Erst nach seiner Begnadigung durch Nerva begann Juvenal Satiren zu schreiben. Die sechste Satire, die voller Spott und Hohn in düsteren Farben die Laster des weiblichen Geschlechts malt, enthält auch den zitierten Abschnitt über lesende Frauen. Ihm können wir entnehmen, dass die Frauen der höchsten Stände Roms nicht nur in der Lage waren, die Werke Homers und Vergils zu lesen und zu kommentieren, sondern auch in Rhetorik und Grammatik brillierten. Nach Juvenal verstießen die Frauen damit gegen die herrschende Moral, die der Frau ihren Platz im Hause zuwies. Der Kritik Juvenals lässt sich entnehmen, dass Frauen aus reichen Familien an der Schriftkultur teilhatten. Aber – und das gehört zum Wesen der Satire – es scheint, als habe Juvenal hier verallgemeinert. Wahrscheinlich waren es nur wenige Frauen, die Kaiserin eingeschlossen, die ausreichend gebildet waren, um die Werke Homers und Vergils zu lesen.

Die Römer wollten unterhalten werden, und der Unterhaltung dienten nicht nur Gladiatorenkämpfe, Seeschlachten und Tierhetzen im Amphitheater, sondern auch die *malles libelli*, die „zärtlichen Büchlein“, kleine Schriften zur Erotik, zur Sexualität und zur Pornografie. Häufig enthielten diese Büchlein auch Abbildungen, die *obscoenae tabellae*, „unanständige Bilder“, und für die ganz Lesefaulen gab es sogar Schriftrollen, die nur *obscoenae tabellae* enthielten. Die erotische Literatur der damaligen Zeit bediente sich unterschiedlicher Formen und Gattungen, wie wir schon bei Ovid, Martial und Juvenal gesehen haben. Gerade minder begabte Schriftsteller, die möglichst viele Leser erreichen wollten, griffen gern auf erotisch gefärbte Stoffe zurück. Der Buchhandel in *omnes terras* breitete sich weiter aus: Wir finden nun Buchhandlungen in allen Provinzen des Römischen Reiches. Die ersten zwei Jahrhunderte der Kaiserzeit bezeichnen die Historiker deshalb häufig als die Blütezeit des römischen Buchhandels.

Die Standesgrenzen wurden durchlässiger, wie die Biografie des Lukian (ca. 120–nach 180 n. Chr.), eines griechisch schreibenden römischen

Schriftstellers, zeigt. Als Sohn einfacher Eltern, der Vater war Handwerker, ging Lukian zunächst bei einem Bildhauer in die Lehre, brach diese Ausbildung aber bald ab, um sich in der Rhetorik unterweisen zu lassen. Danach verdiente er seinen Lebensunterhalt vermutlich als Gerichtsredner und Vortragender aus seinen Schriften. Im Alter nahm er ein Amt beim ägyptischen Statthalter an. Auch Lukian wandte sich an ein Lesepublikum, das unterhalten werden wollte. Dabei schrieb er so witzig, dass er selbst diejenigen zum Weiterlesen verleitete, die im Lesen eher ungeübt waren. Die Gebildeten und Lesekundigen indessen amüsierten sich über seine Parodien klassischer Dichter und Schriftsteller. In den „alete dihegemata“, den „Wahren Geschichten“, heißt es:

> (...) eben so, glaube ich, ist es den Studierenden zuträglich, ihren Geist, nachdem sie ihn mit ernsthaften und anstrengenden Studien anhaltend beschäftigt haben, ausruhen zu lassen, und durch eine schickliche Erholung zu künftigen Arbeiten desto kräftiger und munterer zu machen.
> Zu dieser Absicht ist wohl nichts tauglicher, als eine Lectüre, die unter dem Schein, die Seele bloß mit freyen Ergießungen der Laune und des Witzes belustigen zu wollen, irgend einen nützlichen Unterricht verbirgt, und, die Musen gleichsam mit den Grazien spielen läßt. Etwas von dieser Art, hoffe ich, wird man in den gegenwärtigen Aufsätzen finden. Das anziehende, das sie (wie ich mir schmeichle) für die Leser haben werden, liegt nicht bloß in der Abenteuerlichkeit des Inhalts, oder in den drolligen Einfällen und in dem traulichen Ton der Wahrheit; womit ich eine so große Mannichfaltigkeit von Lügen vorbringe: sondern auch darin, daß jede der unglaublichen Begebenheiten, die ich als Thatsachen erzähle, eine komische Anspielung auf diesen oder jenen unserer alten Dichter, Geschichtschreiber und Philosophen enthält, die uns eine Menge ähnlicher Mährchen und Wunderdinge vorgelogen haben; und die ich bloß deßwegen zu nennen unterlasse, weil sie dir unterm Lesen von selbst einfallen werden.[13]

Lukian spielt mit dieser Einführung auf die „Lügengeschichten“ anderer Autoren an, die diese aber – anders als Lukian – für wahr ausgaben, indem sie behaupteten, dass die Geschichten auf eigenen Erlebnissen und Erfahrungen beruhten. Neben Homer nennt Lukian Jambulos (3. Jh.

v. Chr.), den Verfasser eines phantastischen Reiseberichts, in dem der Ich-Erzähler durch widrige Umstände auf eine Inselgruppe am Äquator verschlagen wird. Er findet hier Menschen, die in sozialer Gleichheit zusammenleben, so dass ihnen allen die Beschäftigung mit Bildung und Wissenschaft und damit die Entfaltung ihrer geistigen Fähigkeiten möglich ist. Ebenso erwähnt wird Ktesias von Knidos (4. Jh. v. Chr.), der Leibarzt des Perserkönigs Artaxerxes II., der eine 23-bändige Geschichte Persiens, die „Persika“, geschrieben hatte, sowie drei Bücher über Indien, die „Indika“, die lauter Wundergeschichten enthielten. Aus der Vorrede zu Lukians „Wahren Geschichten“ können wir schließen, dass zumindest in der griechisch sprechenden Welt der Römer – wohl auch bedingt durch die Feldzüge Alexanders des Großen – beim Lesepublikum die pseudo-historischen und pseudo-geografischen Berichte sehr beliebt waren. Im zweiten Buch der „Wahren Geschichten“ beschreibt Lukian einen Besuch auf der „Insel der Verdammten“, auf der die Übeltäter ihre Strafe empfangen:

> Am schärfsten unter allen werden die Lügner gezüchtiget, besonders die Geschichtsschreiber, die nicht die Wahrheit geschrieben haben, unter denen ich den Ktesias und Herodot, und noch viele andere bemerkte. Der Anblick dieser Leute machte mir gute Hoffnung für mein eigenes künftiges Schicksal, da ich mir Gottlob! nicht bewusst bin, eine einzige Lüge gesagt zu haben.[14]

Aus Lukians „hetairikoi dialogoi“, den „Hetärengesprächen“, erfahren wir mehr über die Lesegewohnheiten der damaligen Zeit. Die 15 Episoden spielen im Milieu der leichten Mädchen von Athen. Lukian entwirft ein ergötzliches Panorama menschlicher Sitten und Schwächen aus der Perspektive jener schnell gewonnenen, schnell wieder verlassenen, gefühls- und weltbewegenden Betthorizontalen, um die sich alles und nichts dreht.

Im vierten Hetärengespräch verlangt Melissa von ihrer Freundin Bacchis eine Zauberin, um ihren Freund Charinus zurückzugewinnen, der sie verstoßen hat. Melissa nennt den Grund:

> Ich eile ihm, wie gewöhnlich mit offenen Armen entgegen: aber er stößt mich zurück, und sagt, ohne mich nur ansehen zu wollen, packe dich zu dem Schiffsherrn Hermotimus, oder lies, was im Ceramicus an allen Wänden angeschrieben ist, wo euere Nahmen

> sogar auf einem öffentlichen Denkmale Parade zusammen machen.[15]

Charinus hat also offensichtlich an der Wand des Hauses des Schiffsherrn Hermotimus ein Graffito gelesen (Graffitos hat man schon in Pompeji gefunden), das nichts Gutes über Melissa besagt. Melissa schickt ihr Mädchen zum Haus des Hermotimus, um nachzusehen. „Sie fand aber nichts als dass an der Doppel-Pforte, rechter Hand im Hineingehen, geschrieben war: Melissa liebt den Hermotimus und besser unten: Hermotimus, der Schiffsherr, liebt Melissen"[16]. Nicht nur Melissas Freund Charinus ist also in der Lage, das Graffito zu lesen, sondern auch Melissas Dienstmädchen. Da im Römischen Reich – bis auf die schon erwähnten Unterschiede – die Leseerziehung überall gleich verlief, lassen sich die Athener Verhältnisse sicher auf andere größere Städte übertragen. Die meisten Bürger und Sklaven (bei Melissas Mädchen handelte es sich wohl um eine Sklavin) konnten zumindest Wörter in Großbuchstaben lesen.

Im zehnten Hetärengespräch erkundigt sich Chelidonion bei ihrer Freundin Drose nach ihrem Freier Klinias. Drose gibt ihr einen Brief von Klinias, den sie in der Nacht zuvor erhalten hatte, und fordert sie auf: „Lies ihn selbst, Chelidonion! Du hast doch wohl lesen gelernt"[17]. Chelidonion beklagt sich über die schlechte Handschrift und liest laut:

> Mein Vater hat mich dem Aristänet übergeben, um der Philosophie mit ihm obzuliegen. Dieser hat alles, was zwischen uns vorgegangen, ausgekundschaftet, und mich sehr stark deßwegen ausgescholten. Er sagt, es sey meiner, als eines Sohnes des Archildes und der Erasiklea, unwürdig, mit einem Mädchen von deiner Profession Umgang zu haben, und es sey viel besser die Tugend der Wollust vorzuziehen –[18]

Von dem Boten jedoch, der den Brief des Klinias überbrachte, hatte Drose erfahren, dass der Philosoph Aristänet Päderast ist und es selbst auf Klinias abgesehen hat. Chelidonion beschließt deshalb, nachts mit einem Stück Kohle „mit großen Buchstaben" an eine Hauswand zu schreiben: „Aristänet verführt den Klinias"[19].

Die Kürze und Prägnanz der einzelnen Gespräche gefielen sicherlich gerade einem weniger gebildeten Publikum, das Lukian mit pikant-amourösen Geschichten unterhielt. Lukian schrieb auch für solche Leser, die zwar Bücher sammelten, aber häufig nicht in der Lage waren, sich deren Sinn zu erschließen. Er kritisierte das Verhalten neureicher Emporkömmlinge, die Autoren, Werke und literarische Gattungen nicht zu unterscheiden vermochten und unfähig waren, ohne zu stocken Poesie oder Prosa vorzutragen, die aber dennoch bei jeder Gelegenheit mit ihrer Bildung prahlten. Wer sich bloß den Anschein von Bildung geben wollte, konnte hierbei auf verschiedene Hilfsmittel zurückgreifen. So wurde die Literatur, die für Unterrichtszwecke benutzt wurde und z.B. die Geschichte Roms vereinfacht und stark verkürzt nacherzählte, als Wissenschaftsgrundlage verwandt. Ebenso erleichterten es Kompendien, etwa zur Mythologie, sich rasch zu informieren, um sich anschließend als kundiger Leser auszugeben. Aber nicht nur um Bildung zu erwerben oder vorzutäuschen, wurde gelesen, sondern vor allem zum Zeitvertreib. Dazu dienten neben schöngeistiger Literatur auch Gebrauchsschriften über Magie und Traumdeutung sowie Horoskope. Das Bedürfnis nach Unterhaltung wurde insbesondere durch eine Erzählliteratur befriedigt, deren Niveau weit unter dem der Schriften etwa eines Lukian lag und die mit den Groschenromanen unserer Zeit verglichen werden kann. Hier drehte sich alles um die Themen Liebe und Abenteuer. Die nur scheinbar überraschenden Wendungen entsprachen dem Geschmack der Zeit, sie waren so stereotyp wie die geschilderten Situationen und die handelnden Charaktere. Natürlich entstand auch höherwertige Literatur. Ovid hatte mit seinen „Metamorphosen“ ein Vorbild geschaffen, dessen sich nachfolgende Generationen gern bedienten. Blieb bei Ovid der Bezug zur griechischen und römischen Mythologie jedoch immer gewahrt, so trugen seine Nachfolger dem Geschmack eines wenig gebildeten Lesepublikums Rechnung und ersetzten die mythologischen Bezüge durch Magie und Hexerei.

7. Die ersten Romane

Nicht nur der Adel und die vornehmen Familien des Römischen Reiches, sondern auch die Angehörigen der *plebs* verfügten aufgrund des wirtschaftlichen Wachstums und der Sklavenhalterei über mehr freie Zeit als je zuvor. Die herrschenden Kaiser erkannten bald, welche Sprengkraft in dieser Entwicklung begründet lag. Um die Bevölkerung von einschneidenden politischen Entscheidungen, und zwar siegreichen, aber zugleich verlustreichen Kriegen abzulenken, wurden immer wieder neue Formen der Unterhaltung ersonnen. Neben Wagenrennen, Theateraufführungen, Tierhetzen und Gladiatorenkämpfen sowie der kostenlosen Versorgung mit Getreide und freiem Zutritt zu den Bädern entstand ein ausgeprägtes Hetärenwesen. Im Gegensatz zu den *meretrices* (Prostituierten) galten die Hetären als gebildet und wurden sozial anerkannt. Zeitweise waren die vornehmsten Römerinnen Hetären und damit ein Vorbild für junge Mädchen aus weniger begütertem Hause.

Vor diesem Hintergrund verwundert es nicht, dass sich eine Literatur entwickelte, die sowohl dem Wunsch nach Unterhaltung als auch dem Bedürfnis nach Bildung Rechnung trug. Dies gilt insbesondere für die Werke des römischen Philosophen, Rhetors und Autors Lucius Apuleius (ca. 125–180 n. Chr.). Die Quellenlage zur Biographie des Apuleius ist verhältnismäßig gut. Aus der „Verteidigungsrede des Apuleius, Platonikers aus Madauris, wegen Zauberei"[20] erfahren wir viel über sein Leben. Und in den „Exzerpten eines Unbekannten", die unter dem Titel „Florida" einige seiner Prunkreden enthalten, rühmt sich Apuleius: „Alles, was ich euch jemals als Rede vortrug, hat man gleich stenographiert und gelesen; nicht ist mir vergönnt, es zurückzuziehen und irgend etwas zu verändern und zu verbessern. Um so größere Sorgfalt ist beim Vortragen vonnöten (...)"[21] Apuleius, der dem Mystizismus des mit pythagoreischen Vorstellungen durchsetzten und dem Dämonenglauben verhafteten Neuplatonismus anhing, lässt sich durchaus mit dem Spötter Lukian vergleichen, für den eher der Nihilismus der kynischen Lehre maßgebend war. Beide unternahmen als Lehrer der Rhetorik ausgedehnte Reisen zu Bildungs- und Lehrzwecken, beide wirkten als Verteidiger vor Gericht und beide wurden berühmt mit der lateinischen Nacherzählung eines auf Griechisch abgefassten, satirischen Romans mit dem Titel „Lukios" oder „Der Esel". Dieser Roman entstand im 1. Jahrhundert n. Chr. und ist uns nur durch die Schriften Lukians in Teilen erhalten geblieben. Über seinen Autor ist uns nichts bekannt. Apuleius und Lukian lassen sich der sogenannten Zweiten Sophistik zurechnen, die sich im 2. Jahrhundert n. Chr. unter Kaiser Hadrian entwickelte. Die „Zweite Sophistik" enthielt anders als die Sophistik (Weisheitslehre) zur Zeit Platons keine originellen erkenntnistheoretischen und philosophischen Einsichten, sondern zeichnete sich vor allem durch rhetorische Eleganz aus, die besonders bei Fest- und Gerichtsreden zum Tragen kam.

Apuleius wurde in Madaurus in der römischen Provinz Africa, dem heutigen Mdaurusch in Algerien, geboren. Sein Vater war ein hoher römischer Beamter, der seinen beiden Söhnen etwa zwei Millionen Sesterzen vererbte. Dies war eine ganz beträchtliche Summe, denn zur damaligen Zeit musste ein Ritter als Angehöriger des römischen Geldadels „nur“ ein Vermögen von mindestens 400 000 Sesterzen besitzen. Wie Augustin etwa 200 Jahre später in seinen „Confessiones“ („Bekenntnisse“) berichtet (II, 5), bestand zwar auch in Madaurus die Möglichkeit, nach dem 12. Lebensjahr sein Studium in der Grammatik und Rhetorik fortzusetzen. Doch Apuleius' Vater schickte den Jungen zur weiteren Ausbildung nach Karthago, wo dieser, wie in den „Florida“ zu lesen ist, erstmals mit der platonischen Philosophie in Berührung kam. Um seine Kenntnisse zu vervollkommnen, reiste Apuleius nach Athen. Dort bildete er sich nicht nur in Dichtung, Geometrie, Musik und Logik fort, nach eigenen Angaben ließ er sich auch in Mysterienkulte einweihen: „Sacrorum pleraque initia in Graecia participaui“ („An sehr vielen Mysterieneinweihungen in Griechenland habe ich teilgehabt“[22]). Ausgedehnte Reisen führten Apuleius nach Kleinasien, wo er wahrscheinlich auch Mysterienkulte des Ostens kennen lernte, und nach Rom, wo er als Rhetor tätig war. Von dort kehrte er in seine Heimatstadt zurück und wirkte als Rhetor und Vortragender an unterschiedlichen Orten der Provinz Africa. Nachdem er sein ererbtes Vermögen aufgebraucht hatte, heiratete Apuleius die wesentlich ältere Witwe Aemilia Pudentilla. Er wurde angeklagt, diese Hochzeit nur durch Zauberei erreicht zu haben, ein Vergehen, das mit dem Tod bestraft werden konnte. Seine Verteidigungsrede, sowohl witzig als auch überzeugend, ist uns vollständig erhalten. Auch sie muss ein breites Lesepublikum gefunden haben.

Wie Augustin berichtet (De civitate Dei, XVIII, 18), war bei den Leserinnen und Lesern jedoch Apuleius' Roman „Metamorphoses“ („Verwandlungen“) am beliebtesten. Bei diesem Werk handelt es sich um den ersten vollständig erhaltenen Roman der Antike, etwa um 170 n. Chr. verfasst. Augustin, der den Roman sehr schätzte, gab ihm den Titel „Asinus aureus“ („Der goldene Esel“). Er umfasst elf Bücher, die in Ich-Form vom Leben eines jungen Mannes erzählen, der sich in der Zauberei versucht und sich dabei versehentlich in einen Esel verwandelt. Als Esel wird er Zeuge von vielen magischen Praktiken: Hexen und Geister fallen ihre harmlosen Opfer an, Untote gehen auf Wanderschaft, Dämonen fahren in Weinschläuche, Leichname werden beseelt und ein Greis verwandelt sich in einen Drachen. Dabei findet sich in dem Roman durchgehend das

Motiv der Verwandlung: von Menschen in Tiere und von Tieren in Menschen. Der Held hätte gewarnt sein müssen, erblickt er doch beim Besuch seiner Tante Byrrhena ein Bild, mit dem die Schicksalsgöttin Fortuna ihm einen Hinweis auf sein künftiges Schicksal gibt:

> Eine sehr schöne Halle trug auf viermal, nämlich in den einzelnen Ecken, aufragenden Säulen Statuen, Gestalten der Siegesgöttin, welche, die Flügel ausgebreitet, mit taufrischen Sohlen, ohne fest aufzutreten, den schwankenden Grund einer rollenden Kugel berühren und doch nicht so darauf haften, daß sie verweilen; man möchte sogar glauben, sie fliegen. Und dort in der genau abgewogenen Mitte des ganzen Raumes befindet sich, aus parischem Marmor gestaltet, Diana, ein vollendet prachtvolles Standbild; das Gewand gebauscht, lebendig im Schreiten, so stellt es sich den Eintretenden entgegen, verehrungswürdig durch die göttliche Majestät. Hunde flankieren die Göttin auf beiden Seiten, und diese Hunde waren ebenfalls aus Stein. Ihre Augen drohen, die Ohren sind gespitzt, die Nasenlöcher aufgesperrt, das Maul voller Wut, und wenn irgendwoher aus der Nähe ein Bellen dringen sollte, so möchte man glauben, es kommt aus diesen Rachen von Stein; und worin jener treffliche Bildhauer den höchsten Beweis seiner Darstellungskunst geliefert hat, die Hunde richten sich auf mit erhobener Brust, so daß nur die Hinterläufe unten aufstehen, die Vorderbeine laufen. Hinten im Rücken der Göttin erhebt sich ein Fels nach Art einer Grotte mit Moos, Kraut, Blättern, Zweigen und an einer Stelle mit Weinranken, an anderer mit blühenden Bäumchen aus Stein. Drinnen liegt noch hell der Abglanz des Standbildes infolge des leuchtenden Marmors. Am äußersten Rand des Felsens hängen, geschickt herausgemeißelt, Äpfel und Trauben herab, welche die der Natur nacheifernde Kunst wahrheitsgetreu gestaltet hat. Man könnte meinen, es ließe sich davon etwas zum Essen abpflücken, sobald der mostreiche Herbst ihnen mit seinem Hauch die Farbe der Reife verliehen hat, und wenn man vornübergeneigt in die Quelle schaut, welche, zu Füßen der Göttin rieselnd, zu sanfter Welle sich kräuselt, dann glaubt man, daß jene Trauben, wie im Freien hängend, neben den anderen Merkmalen der Echtheit auch nicht der natürlichen Bewegung ermangeln. Mitten zwischen dem steinernen Laub sieht man Aktäon als Statue zugleich im Stein und im Quell, wie er neugierigen Blicks,

> in der Richtung auf die Göttin sich vorbeugt und, schon zum Tier in Hirschgestalt sich wandelnd, Diana belauert, die baden will.[23]

Unser Held hat Glück, anders als Aktaion, der Sohn der Autonoe und des Aristaios, wird er nicht von den Hunden der Diana zerrissen, sondern die Göttin Isis gibt ihm am Ende des Romans seine menschliche Gestalt zurück.

Im „Goldenen Esel" werden die zur damaligen Zeit am weitesten verbreiteten Religionen unter unterschiedlichen Aspekten behandelt. Die griechisch-römische Mythologie, die jeder Römer kannte, ohne noch an sie zu glauben, wird in dem einzigen uns aus der Antike überlieferten Märchen „Amor und Psyche", das in den Roman eingebettet ist, von Apuleius dargestellt, als sei sie Teil der alltäglichen Erfahrung: Mars fällt unter die Räuber, Venus geizt nicht mit ihren Reizen, Jupiter stellt sich als Don Juan dar. Und die Tochter, die aus der Vereinigung von Amor und Psyche hervorgeht, heißt ganz menschlich „Wollust" . Aber auch andere zeitgenössische Religionen werden in dem Roman satirisch aufs Korn genommen, so der aus dem orientalischen Raum stammende Kult der Vegetationsgottheit Kybele oder auch das Christentum, dieses in Gestalt einer Frau:

> Denn auch nicht ein einziges Laster fehlte dem ruchlosen Weibe, sondern alle schlechten Eigenschaften waren, gerade wie in einer dreckigen Kloake, in ihrem Herzen zusammengeströmt: sie war herrisch und närrisch, mannstoll und weintoll, zänkisch und störrisch, bei schnödem Raub raffgierig, bei schmutzigen Ausgaben wieder verschwenderisch, abhold der Treue und feind der Sittsamkeit. Dann verachtete und verhöhnte sie das Walten der Götter und setzte an die Stelle einer sicheren Religion zum Schein die verruchte Annahme eines, wie sie behauptete, einzigen Gottes, und während sie mit vorgespiegelter Einhaltung leerer Gebräuche alle Leute täuschte und ihren armen Ehemann betrog, hatte sie sich dem Trunk am frühen Morgen und andauernder Unzucht hingegeben.[24]

Der Isis-Kult kommt bei Apuleius auch nicht besser weg. Der Ich-Erzähler muss den Rest des väterlichen Vermögens dem Dienst der Göttin stiften, ja sogar seine Kleidung verkaufen. Als Rhetor und Grammatiker, teilweise angefeindet von seinen Schülern und Kollegen, lebt er nun kahl geschoren als Pastophor, d.h. als Träger der Götterbarke bei der Prozession, in der Gemeinschaft der Pastophoren, deren Vorsteher er für fünf Jahre wird. Der Schluss des Romans lässt sich also auch so deuten, dass der angebliche Held ein Tölpel bleibt, der vergebens nach dem religiösen Sinn des Lebens gesucht hat und als Sklave endet.

Das zentrale Motiv bei Apuleius ist die Sehnsucht nach der Erkenntnis des rational nicht Erklärbaren und des Göttlichen. Magie und Religion werden zu Themen eines Unterhaltungsromans von stark erotischer Prägung in einer Zeit, in der sich der Isis- und der Mithras-Kult ausbreiteten, das Zauberwesen blühte und das Christentum als junge Religion nach Italien gelangte. Emotional reflektierte der Roman die Situation jener Menschen, die sich in politisch unruhiger Zeit nach einem festen Halt im Leben sehnten und Gewähr für eine sichere Zukunft suchten, in den neuen Religionen aber keine verlässliche Antwort auf ihre Fragen fanden. Schließlich wurde der Roman, auch wenn dieser einen *lector scrupulosus*, einen „gewissenhaften Leser“[25], fordert, für jene Leserinnen und Leser attraktiv, die nur wenig Bildung besaßen, Schwierigkeiten mit dem Lesen hatten, aber auf eine „Erzählung griechisch schlüpfriger Art“[26] neugierig waren. Für alle Leser aber galt die Aufforderung des Autors: „Lector intende: laetaberis“[27], etwa: „Pass auf, Leser, du wirst dich amüsieren“, der eine Leser vor allem intellektuell durch die zahlreichen Anspielungen auf die griechisch-römische Mythologie, auf Religion und Literatur sowie die gekonnte Verwendung rhetorischer Stilmittel, der andere Leser mehr emotional durch die derb-erotischen Szenen. Den unterschiedlichen Interessen der Leser entspricht bei Apuleius ein Stil, dem es gelingt, die poetische und die umgangssprachliche Ebene des Wortgebrauchs geschickt miteinander zu verknüpfen. Der erste vollständige Roman der heidnischen lateinischen Literatur fand keine Nachfolge, wie uns seit dem 3. Jahrhundert n.Chr. ganz allgemein kein bedeutendes Werk der heidnischen Welt auf Latein erhalten geblieben ist. Die eigenständigste Leistung in lateinischer Sprache stellt im 4. Jahrhundert die christliche Philosophie Augustins dar.

Auch im Griechisch sprechenden Teil des Römischen Reiches bildeten sich während der Kaiserzeit epische Prosaerzählungen aus. Die uns heute noch erhaltenen Romane sind in der Mehrzahl zugleich Liebes- und Abenteuerromane. Im Mittelpunkt steht stets das Schicksal eines Liebespaares, das unerwartet getrennt wird, allerlei Abenteuer bestehen muss und zu guter Letzt wieder glücklich zusammenfindet.

Den ältesten vollständig erhalten gebliebenen Roman in griechischer Sprache verfasste Chariton aus Aphrodisias, von dem wir nur wissen, dass er im 1. oder 2. Jahrhundert n. Chr. lebte und wahrscheinlich der Sekretär eines Rhetors war. „Chaireas und Kalirrhoë" erzählt die Geschichte eines Paares, das nach der Hochzeit getrennt, aber nach langen Leiden, Scheintod, Beerdigung, Irrfahrten und anderem Unglück wieder vereint wird. Der Roman fand beim Lesepublikum offensichtlich großen Anklang, denn er beeinflusste erkennbar die späteren griechischen Liebes- und Abenteuerromane.

Über Xenophon von Ephesos (2./3. Jahrhundert n. Chr.) ist uns noch weniger bekannt als über Chariton, es ist sogar fraglich, ob er tatsächlich aus Ephesos stammte. Möglicherweise ist diese Herkunft fälschlich aus dem Titel seines Liebesromans „Ephesiaka" („Ephesische Abenteuer"), dessen Handlung in Ephesos beginnt und endet, abgeleitet worden. Der Roman in fünf Büchern verherrlicht den Isis-Kult. Er ist nicht vollständig erhalten und wurde wahrscheinlich im 3. Jahrhundert n. Chr. überarbeitet, wobei auch eine Lobpreisung des syrischen Sonnenkultes in den Text aufgenommen wurde. Die Helden des Romans, das Liebespaar Antheia und Habrokomes, erleiden das übliche Schicksal: Trennung, Schiffbruch und Scheintod. Schließlich findet das Paar im Isis-Tempel wieder zusammen. Achilleus Tatios, ein griechischer Schriftsteller aus Alexandria, verfasste im ausgehenden 2. Jahrhundert n. Chr. unter dem Titel „Leukippe und Kleitophon" einen Roman mit nahezu identischem Stoff.

Über Heliodor aus Emesa (2. Jahrhundert n. Chr.) ist ebenso nur wenig bekannt. Er berichtet in seinem Liebesroman „Äthiopika" von der äthiopischen Königstochter Charikleia, die als Kind ausgesetzt wird und durch Zufall nach Griechenland gelangt, wo sie sich in Theagenes, einen Nachkommen Achills, verliebt. Der ägyptische Priester Kalasiris, von Charikleias Mutter ausgesandt, ihre Tochter zu suchen, findet das Paar in Delphi und rät den beiden, nach Äthiopien zurückzukehren. Auf der Reise dorthin erleben die Liebenden die gängigen Abenteuer, bevor sie endlich ihr Ziel erreichen. Chariklea wird von ihren Eltern erkannt und einer Heirat steht nun nichts mehr im Wege. Dieser Roman – die Herkunft des Autors deutet es schon an – verherrlicht die Religion des syrischen Sonnengottes (*sol invictus*).

Ebenfalls der Unterhaltung dienten Romane, die wir heute unter der Gattung „Schäferromane" zusammenfassen. Der Schäferroman stellt eine idealisierte Natur dar, in der es kein Leiden gibt. Er entstand in einer Zeit zunehmender Verstädterung als Ausdruck einer sentimentalen Sehnsucht nach der Einfachheit und Naturverbundenheit ländlichen Lebens. Einer dieser Romane, der nach seiner Wiederentdeckung im 16. Jahrhundert auch heute noch großen Erfolg hat und schon von Goethe geschätzt wurde, ist uns vollständig überliefert. Verfasst wurde er von dem in griechischer Sprache schreibenden Erzähler Longos (lat. Longus), der wahrscheinlich um das Jahr 200 n. Chr. auf der Insel Lesbos lebte. Vermutlich war er der Freigelassene einer römischen Familie, die den Namen Longus trug. Sein Hirtenroman „Daphnis und Chloë" („Daphnis kai Chloë") verbindet Schäferpoesie und poetische Schilderung idyllischen Landlebens mit der Form des Abenteuer- und Liebesromans. Er ist das letzte bedeutende Zeugnis griechischer Bukolik. Dabei verweist schon der Name Daphnis auf die griechische Sage, wonach Daphnis, ein Rinderhirt auf Sizilien, Sohn des Hermes und einer Nymphe, der Erfinder des Hirtengesangs (Bukolik) war.

Zwei Kinder, Daphnis und Chloë, der Knabe 15 Jahre alt, das Mädchen 13, werden von den Hirten Lamon und Dryas auf einem Landgut auf Lesbos gefunden. In gegenseitiger, unschuldiger Liebe wachsen sie gemeinsam in ländlicher Idylle heran. Die Entwicklung ihrer Gefühle, denen die Kinder anfangs noch keinen Namen geben können, ist das Hauptthema des Romans. Die Handlung kommt durch das Eingreifen Dritter in Gang: Daphnis wird von Seeräubern entführt und wieder befreit, Chloë wird gleichfalls geraubt, kehrt aber mit Hilfe Pans unversehrt zurück. Nymphen lassen Daphnis einen Schatz entdecken, der es ihm erlaubt, um Chloë zu werben. Die beiden Liebenden werden von ihren Eltern wiedergefunden, reichen Familien aus einer weit entfernten Stadt, die zunächst andere Heiratspläne für ihre Kinder haben. Doch die Eltern stimmen der Vermählung ihrer Kinder schließlich zu. Auf Wunsch der beiden findet die Hochzeit auf dem Landgut vor der Grotte der Nymphen statt.

Ähnlich wie der „Goldene Esel" des Apuleius enthält auch dieser Roman eine gehörige Portion Erotik und ist mit frivoler Naivität erzählt. Sein Autor wandte sich an eine Leserschaft, die über die gebildete Schicht der *nobiles* hinausging. Die weniger Gebildeten lasen den Text als reinen Unterhaltungsroman, die rhetorisch Geschulten erkannten ihn als Einweihung in die Dionysos-Mysterien. Die Hinweise auf Dionysos sind zahlreich, aber nur latent vorhanden. Die Entführung des Daphnis durch Seeräuber verweist auf das Schicksal des Dionysos, von dem die griechische Mythologie berichtet, wie er von etruskischen Seeräubern entführt wird, weil sie ihn wegen seines prächtigen Aussehens für einen Königssohn halten und sich ein hohes Lösegeld erhoffen. Dionysos lässt jedoch Wein durch das Schiff rieseln, Weinstöcke am Mast wachsen und die Ruderblöcke mit Weinlaub bekränzen. Er verwandelt sich in einen Löwen und tötet den Kapitän. Vor Schrecken stürzt sich die Mannschaft ins Meer und verwandelt sich in Delfine. Allein der Steuermann bleibt an Bord, ihm offenbart sich Dionysos als Gott und macht ihn glücklich. Der Steuermann trägt den Namen Akoites, was etwa „Gatte" oder „Ehemann" bedeutet. Die Erwähnung des Gottes Pan bei der Errettung von Chloë und die sprechenden Namen der wiedergefundenen Väter (z. B. Dionysophanes = „in die Mysterien des Dionysos Eingeweihter") spielen ebenfalls auf den Dionysos-Kult an.

Anders als bei Apuleius werden bei Longos und in den anderen griechischsprachigen Liebes- und Abenteuerromanen die Frauen durchweg als Partnerinnen des Mannes dargestellt, so dass man sich durchaus auch Frauen als Leser dieser Werke vorstellen kann. Schon in Lukians Erzählungen finden wir das Bild einer in der Öffentlichkeit lesenden Frau:

> Sie hatte ein doppelt aufgerolltes Buch in der Hand und schien im Lesen des einen Teiles noch begriffen zu sein, den anderen aber schon gelesen zu haben.[28]

Gebildete Frauen aus den unteren Schichten konnten als Hetäre durch das Konkubinat mit einem höher gestellten Mann sozial aufsteigen. In den besseren Kreisen der Gesellschaft waren Vernunftehen üblich und die Eheschließung erfolgte meist durch einen Vertrag zwischen dem Bräutigam und dem Vater oder Vormund der Braut. Kaum eine Ehe war – wie im Roman – eine Liebesheirat, bei der sich beide Partner füreinander bestimmt fühlen. Viele Ehefrauen dürften sich schrecklich gelangweilt haben, denn alle anfallenden Arbeiten wurden von Sklavinnen oder Sklaven erledigt. In der Oberschicht gehörte es sich nicht für eine Ehefrau, in irgendeiner Weise körperliche Arbeit zu verrichten. So werden viele von ihnen schon zum Zeitvertreib gelesen haben. Da Frauen in der Welt der Politik und der Wissenschaft schweigen mussten, bot ihnen die Unterhaltungsliteratur eine willkommene Abwechslung. Hier fanden sie neben Sensationen, Abenteuern und großen Gefühlen auch Frauen, die dem Manne gleichberechtigt waren. Wahrscheinlich lasen die Frauen seltener in der Öffentlichkeit, sondern meist in den privaten Räumen ihrer Villen, bei Bedarf unterstützt von lesekundigen Sklaven. Dass die Romanschriftsteller ein weibliches Lesepublikum ansprechen wollten, belegt auch die Widmung, die Antonius Diogenes, ein Autor aus dem 2. Jahrhundert, den Lukian parodierte, seinen „Wunderbaren Abenteuern jenseits von Thule“ voranstellte. Er widmete dieses Werk seiner Schwester Isidora.

Ein weiterer „Bestseller“ der Kaiserzeit war der sogenannte „Alexanderroman“, ein griechischer Roman, der von Leben und Taten Alexanders des Großen berichtet. Historisch Gesichertes mischt sich hier mit sagenhaft-phantastischen Elementen und diversen Legenden, die sich schon bald um den makedonischen König rankten.

Der „Alexanderroman“ wurde in der Antike fälschlich Kallisthenes (ca. 370–327 v. Chr.) von Olynthos, einem Großneffen des Aristoteles, bei dem er auch aufwuchs, zugeschrieben. Als Hofhistoriograph nahm Kallisthenes an Alexanders Feldzügen teil. Als er sich weigerte, Alexander die Proskynese, d. h. die fußfällige Verehrung, die der König von seinen Höflingen forderte, zu erweisen, wurde der Grieche gefangen gesetzt und schließlich in Indien ermordet. Kallisthenes verfasste eine Geschichte Alexanders, die uns jedoch leider nicht erhalten ist.

Wahrscheinlich hat den „Alexanderroman“ ein alexandrinischer Bearbeiter im 3. Jahrhundert n. Chr. niedergeschrieben, der hierfür auf verschiedene schriftliche Quellen zurückgriff und auch die mündliche Überlieferung mit einbezog. An schriftlichen Quellen gab es eine historische Monographie (um 200 v. Chr.), einen Briefroman (1. Jahrhundert v. Chr.), die angeblichen Briefe Alexanders an seine Mutter Olympias und an Aristoteles, einen Bericht über die letzten Tage Alexanders (3. Jahrhundert v. Chr.) und ein Gespräch Alexanders mit einem indischen Brahmanen. Der Bearbeiter erfand wahrscheinlich noch weitere Legenden, um die Sensationsgier seiner Leser zu befriedigen, gebildet war er jedenfalls nicht. Er kannte sich weder in Geographie noch in Geschichte aus, doch trotz dieser sachlichen Mängel und dem Fehlen historischer Authentizität fand das Buch ein enorm großes Lesepublikum. Bereits um 300 n. Chr. wurde es von dem ansonsten unbekannten Autor Julius Valerius Polemius ins Lateinische übertragen. Er war es auch, der dem bisher ohne Titel und Name eines Verfassers erschienenen Werk den Titel „Res gestae Alexandri Magni“ („Die Taten Alexanders des Großen“) gab und den Stoff in drei Bücher (*ortus*, *actus* und *obitus* = Aufstieg, Taten und Tod) unterteilte. Seine Übertragung ist die erste Fassung des „Alexanderromans“ in lateinischer Sprache, die uns erhalten geblieben ist. Das Buch fand so großen Anklang beim Publikum, dass von dem ohnehin nicht sehr umfangreichen Text sogar eine gekürzte Fassung erstellt wurde, um den ungeübten Lesern die Lektüre zu erleichtern.

Beliebte Romane gab es aber nicht nur in verschiedenen Versionen. Wer nur wenig Geld zur Verfügung hatte, konnte sich seine Lektüre auch billig im Antiquariat besorgen. So berichtet Aulus Gellius (geb. um 130 n. Chr.) im neunten Buch seiner „Noctes Atticae“ („Attische Nächte“; IX, 4, 1–5) von einem Besuch im Hafengebiet von Brindisi, wo er einen Buchladen entdeckte, in dem bündelweise griechische *volumina* angeboten wurden, die teilweise durch Alter und unsachgemäße Lagerung in einem erbärmlichen Zustand waren. Gellius fand darunter aber die von ihm gesuchten älteren und wertvollen Schriften, die er zu einem geringen Preis erstehen konnte. Blanck kommentiert diesen Bericht von Gellius:

> Übrigens scheint es üblich gewesen zu sein, Bücher, die in Rom als Ladenhüter keine Käufer fanden oder als Ansichtsexemplare schmutzig geworden waren, an Antiquariate in der Provinz abzustoßen.[29]

Denkbar ist auch, dass die größeren Hafenstädte in zunehmendem Maße Antiquariate besaßen, damit sich die Reisenden für die bevorstehende Schifffahrt mit billiger Literatur versorgen konnten.

War vor Beginn der Kaiserzeit noch Rom das alleinige Zentrum für die Produktion und Rezeption aller Art von Literatur, änderte sich dies in augusteischer Zeit, so dass die Verbreitung literarischer Werke nicht mehr auf Italien beschränkt war. Die römischen Provinzen verloren in der späten Kaiserzeit ihre starke Abhängigkeit von Rom und mit der Dezentralisierung der Verwaltung gewannen ethnische und kulturelle Besonderheiten an Bedeutung. Die wachsende Mobilität, die das in großem Maßstab expandierende Römische Reich erforderte, ermöglichte Erfahrungen, die in dieser Weise zuvor nicht denkbar gewesen wären. Autoren aus Provinzstädten mussten nicht mehr unbedingt nach Rom gehen, um Furore zu machen. Die Ausweitung des Handels und der Geldwirtschaft begünstigte den Mittelstand, aus dem viele lesekundige Verwaltungsangestellte stammten. Trotzdem blieben die Leser eine Minderheit. Es gab mehr Bordelle als Buchhandlungen. Es lässt sich nicht genau sagen, wie viele Leser es zur damaligen Zeit gab und welche Bücher neben den bereits genannten zu den Bestsellern zählten. Die Gesamtbevölkerung des Römischen Reiches belief sich auf 50 bis 100 Millionen Menschen, Rom hatte zwischen 500000 und einer Million Einwohner, weitere wichtige Städte wie Karthago, Alexandria, Antiochia und Ephesos zwischen 100000 und 200000 Einwohnern. Die Seereise von Rom nach Antiochia dauerte bei günstigen Winden etwa zwei Wochen, zu Lande konnte ein Reisender etwa 30 bis 60 Kilometer am Tag zurücklegen. Im Westen des Reiches war Latein die Umgangs- und Verwaltungssprache, im Osten Griechisch. Insofern scheint nicht ausgeschlossen, dass sich in den verschiedenen urbanen Zentren auch ein Lesepublikum mit regional verschiedenen Vorlieben fand.

Anmerkungen

[1] Vgl. P. Veyne: Das römische Reich. In: Ph. Ariès und G. Duby (Hrsg.): Geschichte des privaten Lebens. Bd. 1: Vom Römischen Imperium zum Byzantinischen Reich. Hrsg. von P. Veyne, Frankfurt a.M. 1989, S. 19–227, S. 33.

[2] Vgl. G. Cavallo: Vom Volumen zum Codex. Lesen in der römischen Welt. In: R. Chartier und G. Cavallo (Hrsg.): Die Welt des Lesens. Von der Schriftrolle zum Bildschirm. Frankfurt a.M. 1999, S. 97–133, S. 103.

[3] H. Blanck: Das Buch in der Antike. München 1992, S. 71 ff.

[4] Vgl. Plutarch: Große Griechen und Römer. Eingeleitet und übersetzt von Konrat Ziegler. Bde. 1–6, Zürich/Stuttgart 1954–1965, Bd. 4, 1957, S. 373.

[5] Plutarch: op. cit., Bd. 2, Zürich/Stuttgart 1955, S. 96 ff.

[6] Plutarch: op. cit., Bd. 3, Zürich/Stuttgart 1955, S. 82.

[7] Plutarch: op. cit., Bd. 2, Zürich/Stuttgart 1955, S. 26 ff.

[8] Zit. nach H. Blanck: op. cit., S. 158.

[9] Martial. Epigramme, VIII, 55, 5.

[10] P. Veyne: Das römische Reich. In: Ph. Ariès und G. Duby (Hrsg.): Geschichte des privaten Lebens. Bd. 1: Vom römischen Imperium zum byzantinischen Reich. Hrsg. von P. Veyne, Frankfurt 1989, S. 19–228, S. 198 f.

[11] Ovid: Tristia. In: Ders., Werke in zwei Bänden. Aus dem Lateinischen übersetzt von Alexander Berg, Wilhelm Hertzberg, E. F. Metzger und Reinhart Suchier, hrsg. von Liselot Huchthausen, 2. Aufl., Berlin 1973, Bd. 2, S. 325.

[12] Hier ist Publius Vergilius Maro gemeint, dt. Vergil.

[13] Lukian: Die wahre Geschichte. In: Ders.: Werke in drei Bänden. Aus dem Griechischen übersetzt von Christoph Martin Wieland. Herausgegeben von Jürgen Werner und Herbert Greiner-Mai. 2. Aufl. Berlin, Weimar 1981, Bd. 2, S. 301–349, S. 301.

[14] Lukian, op. cit., S. 340

[15] Lukian, op. cit., S. 155–195, S. 163.

[16] Lukian, op. cit., S. 155–195, S. 163 f.

[17] Lukian, op. cit., S. 155–195, S. 178.

[18] Lukian, op. cit., S. 155–195, S. 178.

[19] Lukian, op. cit., S. 155–195, S. 178 f.

[20] Apuleius: Über die Magie. Eingeleitet, übersetzt und mit interpretierenden Essays versehen von J. Hammerstaedt, P. Habermehl, F. Lamberti, A. M. Ritter und P. Schenk. Darmstadt 2002, S. 10.

[21] Ebd.

[22] Apuleius, op. cit., S. 154.

[23] Apuleius: Metamorphosen oder der goldene Esel. Lateinisch/Deutsch von R. Helm, 2. Aufl. Berlin 1956, S. 55.

[24] Apuleius, op. cit., S. 259.

[25] Apuleius, op. cit., S. 3.

[26] Apuleius, op. cit., S. 3.

[27] Apuleius, op. cit., S. 4.

[28] Lukian von Samosata: Panthea oder die Bilder. In: Werke in drei Bänden. Übersetzt und kommentiert von C. M. Wieland. Berlin/Weimar 1974, Bd. 2, S. 125–139, S. 131.

[29] H. Blanck, op. cit., S. 127.

Die Spätantike

1. Die Ausbreitung des Christentums

Als das Triumvirat von Octavian, Antonius und Lepidus das Römische Reich mit Krieg überzog, angeblich um die Mörder Caesars zu bestrafen, war es das eigentliche Ziel dieser Männer, eine neue, autoritäre Staatsform einzuführen und sich selbst an die Spitze der Regierung zu setzen. Die „Dreimännerherrschaft zur Ordnung des Staates", wie das Bündnis offiziell hieß, beruhte auf der Verfügungsgewalt über die weitaus meisten römischen Legionen. Das Triumvirat ließ sich am 27. November 43 v. Chr. vom Senat diktatorische Machtbefugnisse auf fünf Jahre übertragen. Im Jahr darauf gingen Antonius und Octavian nach Griechenland, wo die Caesarenmörder Marcus Junius Brutus und Gaius Cassius Longinus ihre Streitkräfte versammelt hatten. Ihre Niederlage in der Schlacht von Philippi in Makedonien im Herbst 42 v. Chr. besiegelte das Ende der römischen Republik. Octavian ließ Brutus' Kopf vor der Statue Caesars in Rom niederlegen. Da aber der Sieg im Wesentlichen Antonius zu verdanken war, gewann dieser innerhalb des Triumvirats weiter an Einfluss. Als die Triumvirn nach Philippi ihre Machtbereiche absteckten, erhielt Antonius die wohlhabenden Ostprovinzen, Lepidus Nordafrika – damals die Kornkammer Roms – und Octavian den Nordwesten des Reiches und Italien. 36 v. Chr. wurde Lepidus durch seine Wahl zum Pontifex Maximus als Rivale um die Herrschaft ausgeschaltet. Während des Bürgerkrieges wurden all jene Intellektuellen, die wie Cicero für den Erhalt der Republik eintraten, für vogelfrei erklärt. Ihr Vermögen wurde konfisziert. Wer Ciceros „Philippicae Orationes" oder andere seiner Reden las, die sich gegen die Diktatur wandten, riskierte sein Leben. Cicero selbst war einer der Ersten, die der Praktik der Proskriptionslisten zum Opfer fielen.

Als der Machtkampf zwischen Octavian und Antonius in den Jahren 32–30 v. Chr. das römische Weltreich erschütterte, mehrten sich in der judäischen Nation die Rufe nach einem Messias (hebräisch *maschiach*, griech. *christos* = der Gesalbte). Bedingt durch die strenge Herrschaft des Antonius und der nichtjüdischen herodianischen Könige, war die Sehnsucht nach einem Erlöser immens gewachsen. Nach jüdischer Auslegung finden sich im Alten Testament, dem jüdischen Tanach, Weissagungen, die sich auf einen künftigen Nachkommen von König David beziehen. Dieser vollkommen menschliche und sterbliche Anführer sei zum neuen König der Juden und letztendlich zum König der ganzen Welt auserkoren, unter dem das Land Israel wieder aufgebaut und das Königreich Davids wieder hergestellt werde. Die messianische Zeit, die mit so großer Bestimmtheit erwartet wurde, sollte eine ganz neue Ordnung herbeiführen, in der die Menschen miteinander und mit Gott versöhnt sein sollten. Für einige Juden war der Messias Jesus Christus, ein Jünger des unter Herodes Antipas hingerichteten Johannes' des Täufers, der den Weg seines Meisters mit Erfolg fortsetzte und bald mehr Ruhm erntete als dieser. Die Christianer bildeten eine eigene Sekte, die zunächst in den jüdischen Kreisen der Obrigkeit wenig beachtet wurde, jedoch rasch Zulauf fand. Die ersten Christen verstanden sich als Juden und hielten den in der Thora vorgeschriebenen Sabbat als Ruhetag ein.

Bei den Aramäern, einem syro-mesopotamischen Volk, entwickelten sich die ersten rein christlichen Gemeinden im Orient. Die ersten Christen, die aus Jerusalem vertrieben wurden, fanden in Antiochia am Orontes (heute Antakya) eine neue Heimat (Apg XI, 19 ff.) und unternahmen von dort aus ausgedehnte Missionsreisen. Für die schnelle Ausbreitung des Christentums nach Osten war entscheidend, dass von Antiochien bis nach Babylonien und Elam in aramäischer Sprache gepredigt werden konnte. Das Christentum gelangte von Antiochien, wo die Anhänger der neuen Religion zuerst „Christen" (*christianoi*) genannt wurden (Apg XI, 26), nach Zypern, Kleinasien, Nordafrika, Spanien, Griechenland und Rom. Die einzelnen Gemeinden kommunizierten durch Briefe und reisende Missionare miteinander, wie die Briefe der Apostel belegen. Zu dieser Zeit fand die schrittweise Abspaltung des Christentums vom Judentum statt, mit einem scharfen Schnitt nach der Eroberung Jerusalems im Jahr 70 n. Chr. durch Titus Flavius Vespasianus. Parallel hierzu kam es zu Auseinandersetzungen zwischen Judenchristen und Heidenchristen, bei denen es im Kern um die Frage ging, inwieweit nichtjüdische Christen an das jüdische Gesetz gebunden sind. Diese Auseinandersetzungen fanden eine erste Lösung im Apostelkonzil 49 n. Chr. in Jerusalem. Die Versammlung entschied, dass Heiden, die sich zu Jesus bekehren, nicht an das jüdische Gesetz gebunden sind. Diese Öffnung des Christentums hatte weitreichende Folgen und bedeutete klar die Abspaltung von der jüdischen Mutterreligion.

Im Römischen Reich des ersten nachchristlichen Jahrhunderts entwickelten sich die Christengemeinden weitgehend im Schutze der Privilegien, die den Juden zustanden. Die Missionare – neben Paulus als dem bedeutendsten Missionar seiner Zeit sind Barnabas, Markus, Petrus, Apollos, Silas und Timotheus zu nennen – wandten sich an beide Geschlechter und machten keinen Unterschied zwischen Rassen und Klassen. Von Vorteil für die Ausbreitung des Christentums war nicht nur die geografische Lage Palästinas, von wo aus die Missionare gleich drei Kontinente bequem erreichen konnten, sondern auch die Pax Romana, die unter dem Schutz römischer Waffen und Gesetze den unterschiedlichsten Völkergruppen Frieden versprach. Durch die wachsende Zahl von Gemeinden und ihrer institutionellen Verfestigung, durch den Ausbau von Liturgie und Lehre und nicht zuletzt durch die Auseinandersetzung mit der Gnosis gewannen die Gemeindeämter an Gewicht.

Im 2. Jahrhundert bildete sich die bis heute verbreitete dreigliedrige Hierarchie von Bischof, Ältesten (*presbyteros*) und Diakon heraus. Um 180 n. Chr. gab es juden- und heidenchristliche Gemeinden in allen Provinzen des Römischen Reiches. Die bei den *nobiles* verbreiteten philosophischen Richtungen der Stoa und des Neuplatonismus förderten die Akzeptanz des Christentums.

Im dritten Jahrhundert nahm die Christenverfolgung im gesamten Reichsgebiet zu. Sie richtete sich nicht mehr gegen einzelne Christen, sondern gegen die Kirche als Ganzes. Unter Diokletian erreichten die Christenverfolgungen schließlich ihren Höhepunkt. Im Jahr 305 dankten Diokletian und sein Mitregent Maximianus ab, sein Nachfolger Galerius (305–311) setzte bis kurz vor seinem Tod die Christenverfolgungen fort, erließ aber noch in seinem Todesjahr ein Toleranzedikt, das den Christen völlige Religionsfreiheit zugestand. Nach dem Sieg Konstantins I. (306–337) über Maximianus' Sohn Maxentius kam es 313 zum „Toleranzedikt von Mailand", das dem Christentum darüber hinaus die Gleichberechtigung mit anderen Kulten gewährte. Jeglicher Staatskult wurde abgeschafft und das während der Christenverfolgungen beschlagnahmte Gut zurückerstattet. In der Folge nahm die Zahl der Christen, die vor der diokletianischen Verfolgung etwa 10% der römischen Einwohner umfasst hatte (im Osten eher mehr, im Westen eher weniger), stark zu. Allerdings gab es in dieser Zeit auch Bekehrungen aus rein politischen Gründen, insbesondere in der Umgebung des Kaiserhofs, wo Christen von Konstantin und seinen Nachfolgern deutlich bevorzugt wurden. Kirchen schmückten bald das Stadtbild, häufig wurden sie sogar vom Kaiser gestiftet. Die Form der Basilika erinnerte an die Empfangshalle des kaiserlichen Palastes, diente aber nicht der Verherrlichung eines weltlichen Herrn, sondern verwies auf den wahren, den unsichtbaren Herrscher der Welt. Die Kirchen wurden mit Mosaiken geschmückt, die erstmals die vier Evangelisten mit Tiersymbolen zeigten, so auch ein Mosaik in der Apsis der Kirche St. Pudentiana in Rom. Die christliche Kunst versah Christus mit einem Glorienschein und die Engel mit Flügeln. Die Mosaiken stellten Motive aus dem Alten und Neuen Testament dar und vermittelten den nicht lesekundigen Christen das göttliche Heilsgeschehen in Bildern.

Der Klerus wurde vom Staat bevorzugt mit Lebensmitteln beliefert und die Bischöfe der städtischen Gemeinden fanden Zugang zu den kaiserlichen Beamten, den *potentes.* Die christliche Basilika war der Ort, an dem sich Frauen und Männer aus allen Schichten in Solidarität versammelten, jetzt jedoch getrennt nach Geschlechtern auf verschiedenen Seiten des Hauptschiffes. Die säkulare Hierarchie spiegelte sich in der Gemeinde wider: Einige Gottesdienstbesucher trugen kostbare Gewänder, andere Lumpen, aber sie alle fühlten sich als Sünder, die der Gnade und Barmherzigkeit Gottes bedurften. Die Armen und Bedürftigen zu beschenken, war ein Gebot Gottes und ein Beispiel für die christliche Barmherzigkeit. Im Gegensatz zum Urchristentum hatte die Kirchenleitung nun strenge Regeln der Geschlechtertrennung durchgesetzt. Führende und gebildete Frauen, meist Witwen aus der Senatsaristokratie, die neben Latein und Griechisch auch Hebräisch beherrschten, konnten im patriarchalisch ausgerichteten Klerus keine Ämter bekleiden oder in anderer Weise Macht ausüben. Sie waren auf humanitäre Maßnahmen verwiesen und gewannen in der Öffentlichkeit weniger durch ihre Intellektualität Anerkennung als durch die Fürsorge, die sie Armen und Kranken angedeihen ließen.

2. Die Anfänge christlicher Literatur

Als schriftliche Grundlage ihrer Religion diente den Christen der Tanach, der nicht nur eine heilige Schrift der Juden, sondern auch die Bibel Jesu, des Jesus Ben Joseph, des beschnittenen Juden Jesus ist. Der Tanach ist auch Teil der Bibel der Christen in neutestamentlicher Zeit. So entstand bereits in der Konsolidierungsphase des Christentums umfangreiche exegetische Literatur zum Nachweis, dass christlicher Glaube und christliche Ethik bereits im Alten Testament angelegt sind. Als Sammelbezeichnung für die Schriften des jüdischen Kanons erscheint der Begriff „Altes Testament" (AT) allerdings erst im 2. Jahrhundert bei Melito von Sardes (gest. 190 n. Chr.). Das Neue Testament (NT) ist das zentrale Schriftwerk des Christentums. Es enthält die Zeugnisse über Worte und Taten Jesu Christi sowie die Berichte seiner ersten Anhängerinnen und Anhänger, insbesondere der Apostel. Der Begriff „Neues Testament" ergibt sich aus dem griechischen *koiné diathéke*, was „neuer Bund" heißt und ins Lateinische mit *novum testamentum* übersetzt worden ist. Jesus Christus benutzt den Ausdruck beim letzten Abendmahl, wahrscheinlich in bewusster Anlehnung an das Wort des Propheten Jeremia: „Siehe, es kommt die Zeit, spricht der Herr, da will ich mit dem Haus Israel und dem Haus Juda einen neuen Bund schließen" (Jer 31, 31). Das Neue Testament entstand in der zweiten Hälfte des 1. Jahrhunderts n. Chr. im jüdisch-christlichen Umfeld. Es ist fast durchgängig in griechischer Sprache, genauer: in der sogenannten *koiné*, der griechischen Umgangssprache, verfasst. Dem Kanon gemäß besteht das Neue Testament aus insgesamt 27 Schriften in griechischer Sprache, die je nach Schätzung über einen Zeitraum von 50 bis 100 Jahren entstanden sind. Für die christliche (katholische) Kirche wurde der uns heute vorliegende Schriftenkanon erst 1546 im Konzil von Trient festgelegt.

Die einzelnen Christengemeinden stellten individuelle Listen von akzeptierten Büchern zusammen. So nahm Marcion (85–160 n. Chr.), ein christlicher Theologe, kurz vor seinem Tod nur eine Auswahl der heute im Neuen Testament enthaltenen Texte in seine Liste auf und lehnte eine Reihe anderer ab, da er sie als verfälscht ansah. Er erkannte nur ein nach seiner Vorgabe von jüdischen Einflüssen „gesäubertes" Evangelium (das des Lukas) und einige paulinische Briefe an.

Ein weiteres christliches literarisches Zeugnis entstand in der ersten Hälfte des 2. Jahrhunderts oder – nach anderer Datierung – in der zweiten Hälfte des 1. Jahrhunderts. Es handelt sich dabei um eine Schrift des Freigelassenen Hermas, der in Rom wahrscheinlich als Händler oder Kaufmann lebte und Mitglied der dortigen christlichen Gemeinde war, mit dem Titel „Poimen" („Der Hirte"). „Der Hirte" ist seiner Form nach eine apokryphe Mahn- und Bußpredigt. Der Autor beschreibt seine Offenbarungen als Visionen, jedoch nicht von einer künftigen Welt. Verbunden mit moralischen Belehrungen übermitteln die Visionen vielmehr die besondere Botschaft, dass den nach der Taufe gefallenen Christen vom Herrn (*kyrios*) jetzt noch eine, aber auch nur eine Gelegenheit zur Buße gegeben sei. Das Buch ist unterteilt in fünf Gesichte (griech. *horaseis* oder lat. *visiones*), zwölf Gebote (griech. *entolai* oder lat. *mandata*), und zehn Gleichnisse (griech. *parabolai* oder lat. *similitudines*). Die ersten vier Offenbarungen verkündet eine Greisin, die die Kirche symbolisiert. Im Weiteren übernimmt diese Rolle ein strafender Bußengel, der in Gestalt eines Hirten auftritt. Daher der Titel „Poimen" oder lat. „Pastor". Die Schrift hatte für das frühe Christentum große Bedeutung, sie wurde nicht nur in das Lateinische, sondern auch in das Äthiopische, Koptische und das Persische übersetzt. „Der Hirte" macht deutlich, in welch schwieriger Situation sich die jüdisch-christlichen Gemeinden befanden. Dem Propheten Hermas ging es darum, den Gläubigen in den christlichen Gemeinden die Einfalt des kindlichen Herzens zu bewahren, sie frei zu machen von Arglist, Heimlichkeit und Angst. „Der Hirte" des Hermas sagt aber auch, dass denen, die den Herrn bewusst verleugnen, nicht vergeben wird. Apostasie, der Abfall vom Glauben, gehörte zu den größten Sünden. Die apokryphe Schrift des Hermas wurde im 2. und 3. Jahrhundert von christlichen Theologen zeitweise zum neutestamentlichen Kanon gezählt, aber nicht definitiv in diesen aufgenommen.

Für die Angehörigen der Gemeinden war es nicht immer leicht, Stellung zu beziehen und sowohl den Anforderungen der Gemeinde, die Solidarität und absolute Offenheit erwartete, als auch den Anforderungen einer heidnischen Umwelt, die Rücksichtnahme auf geschäftliche Beziehungen verlangte, zu genügen. Einerseits war es wichtig, über Geld und Prestige zu verfügen, um die junge Gemeinde unterstützen zu können, andererseits belasteten Reichtum und erfolgreiche Geschäfte auf dem Weg zu Gott. Die Praxis des Almosenspendens wurde zum Sinnbild der Solidarität innerhalb der christlichen Gemeinden.

Nach ersten Anfechtungen konsolidierten sich die ersten Gemeinden noch unter Paulus:

> Vor allem liegt mir daran, daß ihr als Gemeinde Bitten und Gebete, Fürbitte und Dank vor Gott bringt. Betet für alle Menschen, für die Regierenden und für alle, die Gewalt haben, damit wir ein Leben in Ruhe und Frieden führen können, fromm und anständig in jeder Hinsicht.
> (1. Tim 2, 1–2)

Unter dem Einfluss von Christentum, Stoizismus und Neuplatonismus wandelten sich allmählich die moralischen Ideale, monogame Ehen unter christlichen Sklaven wurden üblich und das Vorrecht auf Selbstmord zur Rettung der Ehre und Würde, das die Angehörigen der *nobiles* für sich in Anspruch nahmen, wurde gesellschaftlich geächtet.[1]

Von den Anfängen christlicher Literatur ist uns außer einigen Hinweisen in der Sekundär- bzw. Tertiärliteratur nichts erhalten geblieben, es könnte sich um Aufzeichnungen der Worte Jesu in aramäischer Sprache gehandelt haben. Jesu letztes Wort soll ein Psalmwort in aramäischer Sprache gewesen sein: „Mein Gott, mein Gott, warum hast du mich verlassen?“ („Eli, Eli, lama asabthani?“, Mt 27, 46).

Aramäisch wurde von Jesus Christus, seinen Jüngern und vielen Bewohnern Israels zu dieser Zeit als Alltagssprache gesprochen. In der ersten Hälfte des 1. Jahrhunderts n. Chr. ist Aramäisch in Jerusalem und Antiochia sicherlich die Predigtsprache der Apostel gewesen. Die Literatur aus dem 1. Jahrhundert ist uns jedoch ausschließlich in griechischer Sprache oder in späteren lateinischen Übersetzungen überliefert, hierunter fallen insbesondere die Briefe des Apostels Paulus. Diese Briefe wurden in den christlichen Gemeinden von Lesekundigen laut vorgelesen, sicherlich häufig kopiert und von Laienmissionaren – wohl meist reisenden Kaufleuten und Soldaten – bis in die entlegensten Winkel des Römischen Reiches gebracht. Wie die Briefe des Paulus geschriebene Predigt waren, so war auch die urchristliche Literatur in eigentlichem Sinn eine Predigt, die das persönliche Wort ersetzte. Sie richtete sich vor allem an Juden- und Heidenchristen. Reichhaltig war auch die Offenbarungsliteratur, von der „Der Hirte“ des Hermas ein Beispiel gibt. Aus späteren Erwähnungen wissen wir, dass es auch Texte gab, die sich auf eher unterhaltsame oder gar sensationslüsterne Art mit dem Christentum beschäftigten, so dass die Phantasie des Autors die geschichtlichen Tatsachen überwucherte und das Christentum für allerlei Spuk herhalten musste.

Im 2. Jahrhundert finden sich bereits geistliche Lehrer, Theologen, die zwar noch kein Amt innehaben, aber ähnlich wie die späteren Sprecher der Gemeinden große Autorität besitzen, so wie früher die Philosophen, die eine Akademie leiteten. Einer dieser sogenannten altkatholischen Väter war Irenäus von Lyon, dessen beide Hauptwerke „Die Entlarvung und Widerlegung der fälschlich so genannten Gnosis" und „Der Erweis der apostolischen Verkündigung" uns in späterer lateinischer und armenischer Übersetzung erhalten geblieben sind. Irenäus sah sich vor die Aufgabe gestellt, den rechten christlichen Glauben gegen seine Feinde zu verteidigen und Lehrer für die Gemeinde zu sein. Besonders ausgeprägt war die Verbindung des Christentums mit der Gnosis, eine Verbindung, die schon Paulus in Korinth bekämpfte. Irenäus berichtet, dass die Gnosis den pneumatischen Menschen dank metaphysischer Qualität erlöst, während die Hyliker, die nicht den Geist, sondern den Körper in den Mittelpunkt stellen, verdammt werden. Nach Irenäus kann jedoch nur der Psychiker, der mit freiem Willen ausgestattete Mensch, glauben und die Gnade Gottes empfangen. Die Theologen mussten sich also gegen häretische Gegenentwürfe zum Christentum verteidigen, gegen all jene, die sich gnostischen Lehren angeschlossen hatten oder die sich von der apostolischen Sukzession losgesagt hatten, wie Irenäus in seinem zweiten Werk schreibt. Die Schriftsteller, die das Christentum zugleich gegen äußere Feinde wie in innerkirchlichen Auseinandersetzungen verteidigten, nennt die altchristliche Literaturgeschichte „Apologeten" (Verteidiger). Die apologetische Literatur hat unterschiedliche Formen. Wir finden sowohl Bittschriften an den Kaiser als auch fingierte Gerichtsreden, Dialoge und christlich-philosophische Lehrschriften. Bei aller Verschiedenheit der Form dienten aber alle diese Schriften der Propaganda für das Christentum.

Auch von Seiten der Heiden gab es kritische Stellungnahmen zum Christentum. So verfasste Celsus 178 eine ausdrucksvolle Kampfschrift gegen das Christentum unter dem vieldeutigen Titel „Alethes logos", was man ungefähr mit „Wort der Wahrheit" oder „Die wahre Lehre" übersetzen könnte. Wir wissen nichts über die Person des Autors, erhalten geblieben ist uns lediglich die Gegenschrift des aus Alexandria stammenden Theologen Origenes (185–254), dessen apologetische Schrift „Kata Kelsu" („Gegen Celsus") etwa drei Viertel des Originaltextes des Celsus in wörtlichen Zitaten bewahrt hat. Aus diesen Zitaten geht hervor, dass Celsus hervorragend über das Judentum und über das Christentum in ihren unterschiedlichen Ausprägungen informiert gewesen sein muss.

Das Werk des Celsus umfasste zwei Teile. Im ersten Teil will Celsus beweisen, dass das Christentum nur unter Bruch der Tradition aus dem Judentum hervorgegangen ist, weil es die jüdische Messiasidee ablehnt und ein eigenes Verständnis des Messias entwickelt. Im zweiten Teil zeigt er, dass die Messiasidee selbst unbegründet und damit das Christentum obsolet ist. Schon das Judentum begreift Celsus als Verrat an der ägyptischen Religion. Judentum und Christentum seien aus fehlender Ehrfurcht gegenüber ihren Ursprüngen entstanden. Im Römischen Reich schwäche das Christentum die Verteidigung der antiken Kultur gegen den Ansturm der Barbaren. Der christlichen Religion setzte Celsus einen zeitgenössischen Platonismus entgegen. Er war bereit, die Christen zu tolerieren, wenn sich diese als loyale Staatsbürger erwiesen. Für die damalige Leserschaft war die Schrift von Celsus sicherlich ein hochinteressantes Buch. Mit ihren Verweisen auf Komödien, Geschichtsschreibung und andere Literatur entsprach sie dem Geschmack der gebildeten Leserschicht.

3. Christliche Bildung

Das frühe Christentum sah die Erfüllung der Messiaserwartung in Jesus Christus, seinem Wirken, seinem Tod und seiner Auferstehung. Die ersten Christen rechneten daher in naher Zukunft mit der Wiederkehr (griech. *parusia*) des Messias Jesus sowie dem Weltende und dem Weltgericht. Da die Parusie sich immer weiter verzögerte, kam um das Jahr 200 n. Chr. der Gedanke auf, dass ein Christ einer besonderen Erziehung und Vorbereitung bedürfe.

Als erster lateinischer Theologe stellte Quintus Septimius Florens Tertullianus die Frage, ob die griechische Bildung, wie sie die Schulen des Römischen Reiches vermittelten, überhaupt für einen Christen erstrebenswert sein konnte. Tertullian wurde etwa 160 n. Chr. als Sohn eines heidnischen Centurio in Karthago geboren und starb etwa 220 n. Chr. in seiner Geburtsstadt. Spätestens im Jahr 196 wurde er Christ und diente seiner Heimatgemeinde als Schriftsteller, indem er biblische Texte aus dem Griechischen übersetzte und kommentierte. Zuvor hatte er sich vor allem in Rom gründliche rhetorische und juristische Kenntnisse angeeignet. Es war ihm ein Anliegen, christliche Inhalte auch denjenigen zu vermitteln, die die griechische Sprache nicht beherrschten und nur die

Elementarausbildung erhalten hatten. Tertullian bediente sich deshalb der lateinischen Umgangssprache, die schon Apuleius im „Goldenen Esel" geschickt eingesetzt hatte. Durch seine Übersetzungen neutestamentarischer Texte gelang es ihm, die christliche Theologie zu latinisieren und auch solchen Lesern zugänglich zu machen, die vorher allein auf das gesprochene Wort angewiesen waren. Tertullian verfügte über einen glänzenden Stil. Er war der erste Kirchenvater, der Latein schrieb, und gilt deshalb als Vater des Kirchenlateins. Er prägte z.B. das lateinische Wort *trinitas* für die Dreifaltigkeit Gottes.

Etwa gleichzeitig mit Tertullian arbeitete Titus Flavius Clemens von Alexandria (ca. 150–215) daran, die hellenistische Rhetorenschule in eine christliche Katechetenschule umzuwandeln. Die Rhetorenschulen in Alexandria waren führend in der damaligen Welt, und die berühmtesten Ärzte, Philosophen, Theologen, Astronomen, Philologen und Mathematiker jener Zeit erhielten dort ihre Ausbildung. Zwar war die Museionsbibliothek bei der Belagerung Alexandrias verbrannt, dieser Schaden wurde jedoch zu einem Teil durch Antonius ersetzt, der Kleopatra 200000 Schriftrollen aus der Bibliothek von Pergamon schenkte. Die Bibliothek von Alexandria galt in hellenistischer Zeit somit weiterhin als die größte Sammlung von Schriften der antiken Welt.

Die Katechetik, die Unterweisung im Glauben, hatte schon Paulus für die Christen gefordert. Clemens bildete den ursprünglichen Taufunterricht – wie Tertullian – zu einer Katechetik in den wichtigsten Lehrstücken des christlichen Glaubens in griechischer Sprache aus. Auf diese Weise entstand so etwas wie eine christliche Wissenschaft, die auf die weitere Entwicklung der christlichen Theologie und die Struktur der Kirche bedeutenden Einfluss ausübte. Durch Einbeziehung der hellenistischen Kultur – denn nach Clemens' Ansicht enthielt die griechische Philosophie in der rechten Auswahl zwar keine absoluten, jedoch relative Wahrheiten – gelang es, neben den Christen auch gebildete Heiden anzusprechen und ihnen ein theologisches Verstehen auch heidnischer Werte zu ermöglichen. So fand das Christentum nicht nur in die ärmeren Schichten Eingang, die Tertullian im westlichen Teil des Römischen Reiches ansprach, sondern auch in die hoch gebildeten Kreise Alexandrias.

Um sein Idealbild vom wahren Christen zu gestalten, verband Clemens das Beispiel Jesu mit dem Vorbild des stoischen Weisen, der bedürfnislos und unerschütterlich in seinem Denken und Handeln ist. Die im Osten des Römischen Reiches weit verbreitete platonische Seelenlehre interpretierte er als Aufstieg der Seele zur Schau Gottes, wodurch die Seele so weit als möglich Gott gleich wird. Zwar reichte für den gewöhnlichen Christen der Glaube, der sich im Taufbekenntnis ausdrückt, aus, um Erlösung zu erlangen. Um sich jedoch als Christ zu vervollkommnen und eine bedeutende Stellung in der Gemeinde einzunehmen, war Clemens zufolge eine höhere Bildung erforderlich.

Zur Zeit als Clemens und Tertullian wirkten, festigte sich die frühkatholische Kirche, die Gemeinden schlossen sich enger zusammen und verständigten sich über die Grundsätze des Glaubens und die Glaubensregeln. Das Glaubensbekenntnis bei der Taufe, die *regula fidei*, bildete sich heraus und die Heiligen Schriften wurden kanonisiert. Das ursprünglich demokratische Führungsprinzip in der Gemeinde wurde im 3. Jahrhundert hauptsächlich auf Betreiben von Thasius Caecilius Cyprian (ca. 200–258), des Bischofs von Karthago, durch eine hierarchische Verfassung ersetzt. Die Kirche, außerhalb deren es keine Sakramentspendung und keine Hoffnung auf Heil gibt, war für Cyprian die eine in Klerus und Laien gegliederte, sichtbare katholische Kirche.

Die Ausbildung des Klerus übernahmen jetzt auch im westlichen Teil des Römischen Reiches ehemalige Rhetorikschulen. Häufig kam es auch vor, dass jemand zunächst die klassische Schulausbildung erhielt und erst später zum Christentum konvertierte. Einer der bekanntesten Konvertiten ist der spätere Presbyter und Bischof Aurelius Augustinus (354–430), der aus dem nordafrikanischen Thagaste stammte. Obwohl seine Eltern Christen waren, erhielt er die klassische humanistische Ausbildung. Er studierte Rhetorik vor allem in Karthago, wo er sich mit den Werken Ciceros beschäftigte, sowohl mit den Reden als auch mit den philosophischen Dialogen. Durch Cicero kam Augustin mit der platonischen Philosophie in Berührung. Beeinflusst durch seine Mutter Monnica, einer eifrigen Christin, begann Augustin mit der Bibellektüre. Sie befriedigte ihn jedoch nicht und er wandte sich der gnostischen Sekte des Manichäismus zu, der durch Vernunft überzeugen wollte und die alleinige Autorität der katholischen Kirche nicht anerkannte. In den Jahren 373–382 war Augustin überzeugter Manichäer. Da der Apostel Paulus im afrikanischen Manichäismus hoch geschätzt wurde, kannte Augustin die Paulus-Briefe bereits als Zwanzigjähriger. Mit der Hinwendung zum Manichäismus beendete er sein Studium und unterrichtete ein Jahr lang Grammatik in Thagaste, später in Karthago. 383 ging Augustin nach Rom, weil er sich über die Faulheit und Disziplinlosigkeit seiner Schüler in Karthago geärgert hatte. In Rom angekommen, bewarb er sich um die Stelle eines Rhetoriklehrers in Mailand. Er erhielt die Stelle und lernte bald den Mailänder Bischof Aurelius Ambrosius (339–397) kennen, dessen Predigten ihn tief beeindruckten. 385 verstieß er die Mutter seinen Sohnes Adeodatus, mit der er im Konkubinat zusammengelebt hatte. Zum Osterfest 387 ließ er sich von Ambrosius taufen. Bei einem Besuch in Hippo 391 wurde Augustin zum Presbyter, d.h. Priester, ordiniert. Im 4. Jahrhundert gab es auch noch *presbytides*, weibliche Priester, erst zu Beginn des 5. Jahrhunderts wurde es selbstverständlich, dass nur Männer zum Priester geweiht werden konnten. Bereits vier Jahre später wurde Augustin vom Bischof Valerius zum Mitbischof ernannt, 396 wurde er dessen Nachfolger. 35 Jahre lang residierte Augustin als Bischof in Hippo und erlangte von hier maßgeblichen Einfluss auf die katholische Kirche. Er starb während der Belagerung Hippos durch die Vandalen. Das von ihm in Hippo gestiftete Klerikerkloster verließen viele seiner Freunde und Schüler als Bischöfe, die die augustinische Lehrmeinung weiter verbreiteten.

Die immense Bedeutung Augustins liegt jedoch eindeutig in seiner schriftstellerischen Tätigkeit begründet. Vor allem die „Confessiones" („Bekenntnisse"), eine Autobiografie in 13 Büchern, sind für Theologen, Philosophen, Psychologen und Literaten bis heute aktuell, wobei der Begriff „Bekenntnis" einen dreifachen Sinn hat: Sündenbekenntnis, preisendes Bekenntnis zu Gott und Glaubensbekenntnis. Die Bücher 1–9 bilden den biografischen Teil der Lebensbeschreibung, die mit Augustins Geburt beginnt und mit einem Nekrolog auf die 387 in Ostia verstorbene Mutter Monnica endet. Augustin stellt sich selbst als Wahrheitssuchenden dar, der sich zunächst der Philosophie zuwendet. Der Drang, eine alles begründende Wahrheit zu finden, führt ihn zu der synkretistischen Lehre des Manichäismus, der sich als universale Vollendung vorangegangener Religionen versteht, und zu der Offenbarung, deren Künder Zarathustra, Buddha und Jesus sind. In dem strengen Dualismus von Gott und Welt, Licht und Finsternis finden sich bedeutende Elemente der Gnosis wieder. Die unheilvolle Lage der Menschen ist durch eine Vermischung der Prinzipien Licht und Dunkelheit entstanden. Die sich durch eine asketische Lebensführung auszeichnenden Menschen, die erkannt haben, dass ihre Seele göttlicher Natur ist, werden durch die Rückführung ihrer Seelen in das Reich des Lichts erlöst. Wenn alle Seelen der Auserwählten wieder zurückgekehrt sind, ist nach einem apokalyptischen letzten Kampf die ursprüngliche Trennung der dualen Prinzipien wieder hergestellt. Mehr als zehn Jahre hielt Augustin an den Lehren des Persers Mani (216–276) fest, dann bekannte sich der Erkenntnissuchende zu einem platonisch gestimmten Christentum, wie es ihm von dem Mailänder Bischof Ambrosius vermittelt wurde. Die Bekehrungsszene in Augustins Mailänder Wohnung, die von ihm dramatisch zugespitzt wird, bildet den Höhepunkt des autobiografischen Teils der „Bekenntnisse".

Das 10. Buch hat die Funktion einer Überleitung zu den Büchern 11–13, es enthält eine Selbstanalyse des Autors und einen Exkurs über das Gedächtnis (*memoria*). Das 11. Buch beschäftigt sich mit dem Problem der Zeit und greift Gedanken auf, die Augustin in der *memoria*-Lehre entwickelt hatte. Er deutet die Zeit als ein Bewusstseinsphänomen und grenzt sich damit gegen die Stoiker ab, die die Zeit als identisch mit der Bewegung des Weltalls und der Körper begriffen hatten: Die Zeit, der Augustin eine gewisse Ausdehnung zuschreibt, bleibt jedoch das Maß der Bewegungen, die sich in ihr vollziehen. Die letzten drei Bücher der Autobiografie sind eine Danksagung und eine Lobpreisung an Gott, verbunden mit philosophischen Betrachtungen.

„Tolle, lege" („Nimm und lies", Confessiones 8,12), diese Aufforderung galt nicht nur einem gebildeten christlichen Lesepublikum, sondern richtete sich auch an den heidnischen Intellektuellen, der auf der Suche nach einer alles umfassenden, existenziellen Wahrheit war. Augustin schuf mit seinen „Confessiones" die erste uns bekannte Autobiografie, seine individuelle Selbstanalyse mit ihrem bekenntnishaften Charakter fand in der damaligen schwierigen Zeit viele Leser.

In „De civitate Dei" („Über den Gottesstaat") wies Augustin Angesichts der Einnahme und Plünderung der Stadt Rom durch die Westgoten unter Führung von Alarich den Vorwurf der heidnischen Partei zurück, die Einnahme Roms sei den Feinden nur deshalb gelungen, weil das Christentum die alten Götter, die einst das Römische Reich beschützten, verdrängt habe. Mit diesem apologetischen Werk sprach Augustin vor allem ein christlich-klerikales Lesepublikum an, das auf diesem Wege Argumente erhielt, um sich gegen den gängigen Vorwurf zu wehren, der Niedergang des Reiches sei durch die Ausbreitung des Christentums bedingt.

Augustins Theologie beeinflusste die Lehre der katholischen Kirche in einem kaum vorstellbaren Maß. Im Lateinisch sprechenden westlichen Teil des Römischen Reiches waren seine Werke weit verbreitet. Die widrigen politischen Umstände verhinderten eine Übersetzung in das Griechische, sie gelangten erst im 14. Jahrhundert nach Konstantinopel. In der Ostkirche blieb Augustin aufgrund dieser späten Rezeption weitgehend unbekannt.

Hieronymus (347–420), ein Zeitgenosse Augustins, schuf als Berater des Papstes Damasus in den Jahren 382–385 eine neue Übersetzung der Bibel in das gesprochene Latein seiner Zeit, die seit dem 13. Jahrhundert „Vulgata" (lat. *vulgatus* = allgemein verbreitet) genannt wird. Hieronymus sprach nicht nur fließend Latein und Griechisch, sondern – als einziger Kirchenvater – auch Hebräisch. Deshalb konnte er ohne den Umweg über das Griechische direkt aus dem Hebräischen übersetzen. Alle bisherigen lateinischen Bibelübersetzungen gingen auf griechische Vorlagen zurück: die „Septuaginta", griechische Übersetzungen des Tanach und einige andere Schriften, die in Afrika, Italien und Gallien entstanden. Diese Übersetzungen werden „Vetus Latina" (lat. *vetus* = alt) genannt. Die ältesten von ihnen entstanden im letzten Viertel des 2. Jahrhunderts in Afrika. Die „Septuaginta" ist die älteste und wichtigste griechische Übersetzung des Alten Testaments. Sie entstand in den drei letzten vorchristlichen Jahrhunderten in Alexandria, wo damals die größte Griechisch sprechende jüdische Gemeinde lebte. Ihr Name (lat. *septuaginta* = siebzig) leitet sich von der Zahl der Gelehrten ab, die an der Übersetzung mitgearbeitet haben sollen.

Bildung und Bildungsbereitschaft nahmen im 4. Jahrhundert ganz allgemein immer mehr ab, als sich der wirtschaftliche Schwerpunkt des weströmischen Reiches aufgrund von Plünderungen und Zerstörungen von den Städten auf das Land verlagerte. Christliche Theologen empfahlen den Frauen, statt sich literarisch weiterzubilden und zu lesen, das Singen in der Gemeinde. Und selbst ein so gebildeter Kirchenvater wie Augustin – darin ganz Anhänger des Apostels Paulus[2] – schätzte die gebildete Frau nicht. Frauen sollten im besten Fall *litterata* sein, d.h. Grundkenntnisse im Lesen und Schreiben besitzen. Die meisten christlichen Frauen und wahrscheinlich auch sehr viele Männer waren darauf angewiesen, dass ihnen auf Gemeindeveranstaltungen vorgelesen wurde. Das Amt des Vorlesers in der Gemeinde hatte der *lector* inne, der den Versammelten die heiligen Texte vorlas.

4. Die Bibel und der Kodex

Die heiligen Schriften der Christen hatten von Anfang an die Form eines Kodex.[3] Der Kodex eignete sich ideal dazu, mehrere Texte christlicher Autoren zu bündeln, etwa die vier Evangelien. Bei entsprechendem Format konnte der Kodex den Text von vielen *volumina* aufnehmen. Da der Leser, ein gebildeter Christ oder christlicher Theologe, nur eine Hand brauchte, um die Seite umzublättern, hatte er – wenn er das Buch auf einem Pult las – die andere Hand frei. Diese, meist die rechte, konnte er benutzen, um den Text mit einer Schreibfeder aus Schilfrohr in Sinnabschnitte zu gliedern. Satzzeichen in unterschiedlicher Visualisierung dienten dazu, den Text in noch kleinere Einheiten aufzuteilen und das Lesen zu erleichtern. Was zunächst den Lektoren bei der Vorbereitung ihrer Lesung dabei half, den Text flüssig der Gemeinde vorzutragen, wurde später von den professionellen Schreibern der Pergamentkodizes übernommen. Es entstanden bereits interpunktierte *codices distincti*, die durch verschiedene Mittel der Textgestaltung wie Überhang und Einzug von einzelnen Textsequenzen den Text untergliederten.

Zwei Kodizes aus dem 4. Jahrhundert, die auf einem Pult gelesen wurden, sind uns erhalten geblieben. Der *Codex Sinaiticus*, ein ägyptisches Bibel-Manuskript, enthält große Teile des Alten und ein vollständiges Neues Testament. Er besteht aus $346^{1}/_{2}$ *folia* (lat. *folium* = Blatt). Davon entfallen 199 *folia* auf das Alte und $147^{1}/_{2}$ *folia* auf das Neue Testament, das um den nicht anerkannten „Brief des Barnabas“ und den gleichfalls nicht anerkannten „Hirten“ des Hermas ergänzt wurde. Der *Codex Vaticanus* umfasste ursprünglich die „Septuaginta“ sowie das Neue Testament. In seinem heutigen Zustand besteht er aus 759 *folia* teilweise geringer Qualität, von denen 142 *folia* große Teile des Neuen Testaments beinhalten.

> Einer der umfangreichsten bis jetzt bekannten Papyruskodizes, ein koptisches (manichäisches) Psalmbuch aus dem 4./5. Jahrhundert, hatte mindestens 638 Seiten, der Pergamentkodex Vaticanus gr. 1209 (4. Jahrhundert) mit dem Text der ganzen Bibel zählt 1600 Seiten, der Codex Alexandrinus, ebenfalls eine Bibel (5. Jahrhundert), sogar ursprünglich mindestens 1640 Seiten.[4]

Neben den großformatigen Kodizes, die nur auf einem Pult liegend gelesen werden konnten, gab es auch kleinformatige Bücher, die mehrere

Vorteile auf sich vereinten: Zum einen waren sie transportabel, konnten also überallhin mitgenommen werden, zum anderen ließen sie sich in der Zeit der Christenverfolgungen leicht aus dem Buchbestand entfernten und an einem sicheren Ort verstecken. Aus dem 5. Jahrhundert ist uns ein Kodex erhalten, der nur 3,5 cm × 4,5 cm misst.

Von Bedeutung war auch, dass der Kodex im Vergleich zum *volumen* durch einen festen Einband geschützt ist, der ihn weniger anfällig für Beschädigungen macht.

Schon zur Zeit der *volumina* gab es Illustrationen, die die Textkolumnen der Schriftrollen unterbrachen. Der Kodex machte es nun möglich, Illustrationen in Form von Tafelbildern auf einer eigenen Seite abzubilden. Durch die flach aufgeschlagene Seite kam das Bild erst voll zu seiner Geltung. Außerdem eignete sich das Pergament der Kodizes besser als Papyrus zum Träger von Zeichnungen und Bildern, weil seine Oberfläche besonders glatt war, was die Künstler im Übrigen schon seit dem 5. Jahrhundert v.Chr. wussten. Natürlich litten die Abbildungen auch nicht durch das häufige Rollen, wie es bei den *volumina* üblich war.

Einem leseunkundigen christlichen Publikum kamen sicherlich Kodizes entgegen, die ausschließlich Bilder mit biblischen Motiven enthielten, für die Lesekundigen gab es den entsprechenden Text dazu in einem zweiten Kodex. Welche biblischen Texte ein Kodex jeweils enthielt, war von verschiedenen Faktoren abhängig. Die Textauswahl trafen die Bischöfe von Alexandria, Antiochia, Jerusalem, Konstantinopel und Rom sowie die Konzile. Bischöfe wie Ambrosius von Mailand oder Augustinus von Hippo spielten in der Kirche des 4. Jahrhunderts theologisch und kirchenpolitisch eine weit bedeutendere Rolle als die meisten ihrer Kollegen in Antiochia, Rom und Alexandria. Dementsprechend groß war ihr Einfluss auf die Zusammenstellung der Texte, so dass die Persönlichkeit eines Metropoliten oft von größerer Bedeutung war als die des Bistums selbst.

Die optische Gestaltung der Kodizes erleichterte das stumme und konzentrierte Lesen, das vor allem bei gebildeten Christen das laute Lesen ablöste und der stillen Andacht diente. Im Gegensatz zu den Heiden, die die Muße (*otium*) als Ideal schätzten und die körperliche Arbeit (*negotium*) verachteten, standen bei den Christen Beruf und Arbeit im Vordergrund. Die Lust am Lesen, der sich die heidnischen Römerinnen und Römer so gern und ausgiebig hingaben, war der christlich orientierten Leserschaft fremd. Die Lektüre christlicher Texte, die man zu interpretieren hatte, um die eigene Lebensführung danach auszurichten, galt ihr als Gottesdienst. An die Stelle vieler Texte unterschiedlicher Provenienz, die in den ersten drei Jahrhunderten der Kaiserzeit das Bedürfnis nach Unterhaltung oder Bildung befriedigt hatten, traten mit der Erhöhung des Christentums zur Staatsreligion ab dem 4. Jahrhundert nur sehr wenige, aber für den Christen verbindliche Texte. Vor allem die Bibel mit dem Neuen Testament wurde von den Christen gelesen und immer wieder neu gelesen, enthielt sie doch die absolute Wahrheit, die von Gott und seinem Sohn offenbart worden war.

5. Der Verfall der Lesekultur und der Untergang des Römischen Reiches

Das römische Kaiserreich erlebte seine größte Blüte und Ausdehnung unter den Adoptivkaisern im 2. Jh. n. Chr. Allerdings nahm bereits zu dieser Zeit der Druck auf die Reichsgrenzen zu. Im Norden und Nordosten bedrohten die Germanen, im Osten die Parther und später die Sassaniden das Reich. Ackerbau, Handwerk und Handel litten unter Kriegen, Bürgerkriegen und Plünderungen.

Im ausgehenden 2. Jh. wurden der heidnische Polytheismus und die damit eng verbundene klassische Bildung mehr und mehr von neuen Glaubens- und Denkformen verdrängt. Im Westen des Reiches wurden im Kampf gegen die Germanen zunehmend Söldner aus orientalischen Gebieten eingesetzt. Der Orient umfasste den gesamten Osten der damals bekannten Welt. Die östliche Grenze bildete Indien, die südliche der heutige Sudan. Diese Teile der Armee förderten das Vordringen orientalischer Kulte und Mysterienreligionen. Ihnen allen war gemeinsam, dass es sich um monotheistische Erlösungs- und Offenbarungsreligionen handelte. Der einzige Gott bzw. die einzige Göttin waren z. B. der persische Mithras, die phrygische Kybele, der Sonnengott von Emesa, Isis, Serapis oder der Sol Invictus. Diese Kulte fanden auch unter der weströmischen Bevölkerung Anhänger. Bei den *nobiles* war die Lehre der Gnosis mit ihrer scharfen Trennung von Geist und Materie weit verbreitet. In dieser kulturell und wirtschaftlich schwierigen Situation formierte sich eine weniger gebildete Leserschaft, die vor allem an mythisch-magischem Schrifttum, astrologischen Schriften und an Zauberei interessiert war. Diese Leser waren nicht mehr auf der Suche nach rationaler Orientierung in der Welt, sondern wollten mit einer neuen Gottheit in Kontakt treten, um Halt und Sicherheit in der Religion zu finden. Aber auch bei den gebildeten Lesern verschoben sich die Akzente, die immer noch produzierten philosophischen Werke enthielten vielfach irrationale Elemente.

Zwei Namen wären hier vor allem zu nennen: Diogenes Laertius und Sextus Empiricus. Diogenes Laertius lebte wahrscheinlich am Ende des 3. Jh. Genaueres zu seinen Lebensdaten und seiner Herkunft ist nicht bekannt. Er verfasste eine Philosophiegeschichte mit dem Titel „Über Leben und Meinungen berühmter Philosophen“, die sich in zehn Bücher gliedert. Sie besteht in der Hauptsache aus Exzerpten und Zitaten aus dritter oder vierter Hand, der Autor scheint die Originaltexte kaum selbst gelesen zu haben. Deshalb sind auch die biographischen Details zum Leben der antiken Philosophen selten authentisch. Mit Ausnahme von Buch 10 handelt es sich bei den biographischen Angaben in erster Linie um Anekdoten, Klatsch oder Spott. Im letzten Buch findet sich das angebliche Testament des Epikur. Die Art der Einteilung und der Herleitung philosophischer Positionen ist äußerst problematisch. So werden etwa Sokrates und Platon in die Nachfolge der durch Anaximander begründeten Naturphilosophie gestellt und Epikur wird als Fortsetzer des Pythagoras aufgefasst. Die auch in stilistischer Hinsicht wenig originellen Ausführungen weisen zudem eine Reihe von Unstimmigkeiten in den chronologischen Abfolgen auf. Die Bedeutung des Werkes liegt daher nicht in der philosophischen oder literarischen Leistung seines Verfassers, sondern vielmehr in seiner Eigenschaft als Quelle für Zeugnisse, Fragmente und Daten. Die Kompilation des Diogenes ist die einzige uns vollständig überlieferte philosophiegeschichtliche Darstellung der Antike.

Sextus Empiricus (ca. 200–250 n.Chr.) war Philosoph und Arzt aus der empirischen Schule. Er war Skeptiker, ein Nachfolger des Begründers des antiken Skeptizismus Pyrrhon von Elis (um 360–ca. 272 v.Chr.). Sextus lehrte in Alexandria, Athen und Rom. Er negierte in seinem Hauptwerk „Grundzüge der pyrrhonischen Skepsis“ die Möglichkeit einer apodiktischen, d.h. gesicherten Erkenntnis von Wahrheit. Unter dem Obertitel „Adversus mathematicos“ („Gegen die Mathematiker“) finden sich Abschnitte, in denen Sextus die damaligen Auffassungen von Logik, darunter auch die der Stoiker und Peripatektiker (Aristoteles), kritisiert.

Sextus erstellte eine Sammlung von Argumenten, die er zur Widerlegung der Meinungen jener Philosophen zu nutzen empfahl, die die Existenz gesicherter Urteile anerkannten. Er entwickelte nicht nur eine eigene Art von Skepsis, sondern sammelte und ordnete auch die Argumente aller früheren Skeptiker gegen den Dogmatismus und schuf damit eine der wichtigsten Quellenschriften für die antike Philosophie.

Die Einfälle der Germanen und die Bürgerkriege im 3. Jh. forderten immer höhere Tribute von der Bevölkerung. Steuern und Abgaben stiegen und selbst die *nobiles* und Neureichen blieben nicht verschont. So berichtet der Geschichtsschreiber Herodian (um 170–um 240 n. Chr.), man könne täglich sehen, wie die gestern noch Reichen heute schon zum Bettelstab greifen müssten. Die einstige römische Überflussgesellschaft, die auf einem Heer von Sklaven und beständiger Zufuhr von Kriegsbeute beruhte, brach zusammen und es erfolgte eine inflationäre Entwertung der Währung, verbunden mit drastischen Preissteigerungen. Die gängigste Münze, der Denar, verfügte gegen Mitte des 3. Jh. nur noch über rund 1/30 seiner ursprünglichen Kaufkraft. Die Zahl der Lese- und Schreibkundigen sank immer mehr. Bildung war ein teures Gut geworden, worunter zunächst die Töchter zu leiden hatten, deren Eltern ihnen nicht einmal mehr den Besuch des Elementarunterrichts ermöglichen konnten. Hatte eine Familie – wie es aus steuerlichen Gründen die Regel war – drei Kinder, reichte das Geld häufig nur noch, um einem Jungen die klassische Schulbildung zu bezahlen. Das Erlernen der griechischen Sprache war jedoch nicht mehr nötig, die griechische Rhetorik war längst latinisiert und im lateinisch sprechenden Teil des Römischen Reiches gab es genügend Rhetorikschulen.

Auch die Christen litten unter den wirtschaftlichen Verhältnissen. Immer wieder kam es zu Christenverfolgungen. Der römische Staat suchte jedoch nicht systematisch nach Christen, sondern verließ sich auf Denunzianten. Daraus resultierte für die Christen eine permanente Rechtsunsicherheit, die sie vom Wohlwollen ihrer nicht christlichen Nachbarn abhängig machte. Die Personen, die als Christen denunziert wurden, stellte man vor die Wahl, dem Kaiser zu opfern oder inhaftiert oder hingerichtet zu werden.

Im 3. Jh. jedoch nahmen die Christenverfolgungen im gesamten Reichsgebiet wieder zu. Sie richteten sich nun nicht mehr gegen einzelne Christen, sondern gegen die Kirche als Ganzes. Unter Diokletian (284–305) erreichten die Verfolgungen ihren Höhepunkt. Seine Maßnahmen zielten darauf ab, das Christentum vollständig auszurotten. Christen wurden gefoltert, um sie zum Abfall von ihrem Glauben zu bewegen, die Gebildeten unter ihnen, die in der kirchlichen Hierarchie einen höheren Rang bekleideten, insbesondere Bischöfe und Priester, wurden getötet, das Eigentum von Christen wurde konfisziert, christliche Schriften wurden vernichtet.

Das Heer war unterdessen auf nahezu eine Million Soldaten angewachsen, die bezahlt und ernährt werden mussten. Durch mehrere Reichsreformen versuchte Diokletian, der wachsenden Schwierigkeiten Herr zu werden. Der Einfluss des Senats wurde noch weiter zurückgedrängt, die Steuern ein weiteres Mal erhöht und Höchstpreisverordnungen erlassen, um die Inflation unter Kontrolle zu bringen. All diese Maßnahmen führten dazu, dass sich die Bürger – zu Untertanen (*subiecti*) gemacht – zur Wehr setzten. Doch Diokletian und sein Mitregent Maximianus ließen die Aufstände blutig niedergeschlagen. Die *nobiles* in den rasch wachsenden Städten verloren nicht nur ihr Vermögen, sondern auch ihre Macht. Sie wurden einem Beauftragten des Kaisers unterstellt, der die Stadt in dessen Auftrag regierte und gemeinsam mit den Großgrundbesitzern dafür sorgte, dass die Kleinbauern ihre Steuern entrichteten. In den Städten wuchs die Armut, ganze Stadtteile verwandelten sich in Slums, die sanitären Einrichtungen konnten den Massen an Menschen nicht mehr genügen, die Hygiene verschlechterte sich. Obwohl der Staat die Lebensmittellieferungen an die großen Städte und deren Verteilung an alle Bürger – egal ob reich oder arm – garantierte, Zirkus und Theater förderte und öffentliche Thermen unterhielt, verlagerte sich der kulturelle Schwerpunkt auf das Land. Die Zivilisationsunterschiede zwischen Stadt und Land verschwanden. Die Beauftragten des Kaiser, die *potentes*, residierten fernab der Zentren des öffentlichen Lebens in Palästen und Villen auf dem Land. Die Großgrundbesitzer erweiterten ihren Landbesitz, da die freien, unbewaffneten Bauern sich nicht selbst gegen marodierende Diebesbanden zur Wehr setzen konnten und ihren Landbesitz gegen Schutz eintauschten. Die gierigen Steuereinnehmer nahmen sich häufig, was den Bauern noch an Besitz geblieben war. Die Großgrundbesitzer behandelten die ehemals freien Bauern wie Sklaven, gewährten ihnen jedoch in ihren wehrhaften Gutshöfen Schutz. Der Palast des kaiserlichen Beauftragten, die Villa des Notabeln und der Gutshof des adligen Großgrundbesitzers mitsamt ihren Bibliotheken avancierten zu den wichtigsten kulturellen Zentren. Hier hielten die neuen

Führungskreise ihre Bankette ab und hier finden wir jetzt die kostbaren Kunstwerke, mit denen sich vormals die Städte schmückten: die klassischen Meisterwerke der Bildhauerkunst. Dem Auszug der *potentes* aus den Städten folgte die Flucht des städtischen Proletariats auf das Land, in der Hoffnung, dort den Lebensunterhalt zu finden, den die Großstadt nicht mehr garantieren konnte. So verlagerte sich nicht nur der kulturelle, sondern auch der wirtschaftliche Schwerpunkt auf das Land.

Durch das Toleranzedikt von Nikomedia, das Gaius Galerius (röm. Kaiser von 305–311) am 30. April 311 erließ, endeten die Christenverfolgungen. Das Edikt erlaubte den Christen wieder, Gottesdienste abzuhalten. Auch andere Zusammenkünfte, soweit sie die öffentliche Ordnung nicht störten, waren ihnen erlaubt. Mit dem Edikt verbunden war die Aufforderung, für das Heil des Kaisers und das öffentliche Wohl zu beten. Viele Christen durften aus den Bergwerken, in denen sie Zwangsarbeit leisteten, heimkehren, zwar gezeichnet von der Folter, aber dankbar für das Edikt des Galerius, das sie – nur fünf Tage vor seinem Tod vom Kaiser erlassen – als ein Wunder ansahen.

Nach dem Konzil von Nicaea, einer Stadt in der Nähe von Byzanz, im Jahre 325, wurde die christliche Kirche im römischen Staat zu einer tragenden Kraft. Der christenfreundliche Kaiser Konstantin der Große berief das Konzil ein, führte den Vorsitz und erzwang die Beschlüsse des Konzils. Konstantin hatte alle 1800 Bischöfe der damaligen christlichen Kirche (etwa 1000 im griechischen und 800 im lateinischen Sprachraum) brieflich zur Teilnahme am Konzil aufgefordert und übernahm die Reisespesen der 318 Bischöfe, die seiner Einladung folgten. Da jeder Bischof zwei Presbyter und drei Diakone mitbringen konnte, dürften mehr als 1500 Geistliche am Konzil teilgenommen haben. Die meisten östlichen Provinzen des Reiches waren gut vertreten. Von der lateinischen Kirche kamen jedoch nur sieben Männer: Hosius von Córdoba, Nicasius von Dijon, Caecilian von Karthago, Domnus von Strido, Markus von Kalabrien und die beiden Presbyter Victor (oder Vitus) und Vicentius als Abgeordnete des alten Bischofs von Rom Sylvester I. Unter den Bischöfen waren einige durch die Christenverfolgung sichtbar verstümmelt, so z. B. Paphnutius von Theben, Potamon von Heraklea und Paul von Neo-Caesarea.

Das Konzil beschloss, dass der Sohn Teil der Dreieinigkeit und nicht Teil der Schöpfung sei. Die Kirche übernahm damit als offizielle Position das Nicänische Glaubensbekenntnis (Nizäum), das Christus als wesensgleich mit Gott definierte. Das Konzil legte weiterhin fest, dass das Osterfest am Sonntag nach dem jüdischen Passahfest gefeiert werden sollte. Nur zwei ägyptische Bischöfe, Theonas und Secundus, weigerten sich konsequent zu unterschreiben und wurden zusammen mit Arius, einem Presbyter aus Alexandria, nach Illyrien verbannt. Die Bücher des Arius wurden verbrannt, der Besitz seiner Schriften unter Todesstrafe gestellt und seine Partei als Feind der Christenheit gebrandmarkt: der erste Fall, in dem eine Irrlehre nicht bloß als Vergehen gegen die Kirche, sondern auch als Vergehen gegen den Staat angesehen wurde.

In der Frage der Christologie entschied sich Konstantin für die Lehre des Athanasios. Die gültige Lehre wurde durch die Kanonisierung (lat.: *canon* = Regel, Norm) einzelner Texte positiv bestimmt und die Kirchenorganisation weitgehend festgelegt. Die *canones*, in der doppelten Bedeutung der von der Kirche als Urkunden göttlicher Offenbarung anerkannten Schriften und der Regeln für die Bußpraxis, wurden im Zweiten Ökumenischen Konzil von Konstantinopel im Jahre 381 bestätigt. In der Folgezeit entstand ein „Corpus Canonicum", das die Texte und Regeln enthielt, die von den Synoden unter kaiserlicher Aufsicht zusammengestellt worden waren, und ein „Ius Canonicum" in Abgrenzung zum staatlichen Recht. Alle Autorität kirchlicher Würdenträger in der Spätantike beruhte auf diesen kanonisierten Schriften. Für das Heil des Christen war es wichtig, diese Schriften und Regeln zu kennen. Für das gebildete christliche Lesepublikum bildeten sie die ausschließliche Lektüre, den nicht Lesekundigen wurden sie vom Lektor verkündet und vom Presbyter ausgelegt. Christlicher Unterricht an Laien förderte so nicht das Lesen und Schreiben, sondern das Auswendiglernen des Glaubensbekenntnisses und einzelner Bibeltexte.

Während sich die Patriarchen um die Verbindlichkeit der von den apostolischen Vätern verkündeten Dogmen stritten, entstand, bedingt durch die Christenverfolgungen, eine neue Literaturgattung: Märtyrer- und Heiligenlegenden förderten die Frömmigkeit der einfachen, meist leseunkundigen Christen. Der Begriff „Märtyrer" (von griech. *martys* = Zeuge, *martyrion* = Zeugnis) findet sich erstmals im Bericht vom Martyrium des Polykarp aus dem dritten Viertel des 2. Jh. n. Chr. Der erste christliche Märtyrer war Stephanus, der wegen seines Glaubens gesteinigt wurde (Apg. 6, 54–60). Seine Ermordung machte den Auftakt zu einer Welle von Christenverfolgungen in Jerusalem, an der sich Saulus besonders eifrig beteiligte. Viele Christen starben so den Märtyrertod.

Später forderten erbittert geführte innerkirchliche und zwischenkonfessionelle Richtungskämpfe zahlreiche Opfer, von denen nicht wenige zu Märtyrern erklärt wurden.

Als Heilige werden in der katholischen und orthodoxen Kirche Christen bezeichnet, die für ihren Glauben gestorben sind und/oder zu ihren Lebzeiten ein im christlichen Sinne vorbildliches Leben geführt haben und deshalb von den Gläubigen verehrt werden. In den orthodoxen Kirchen sind dabei auch viele Personen des Alten Testaments gemeint, während in der katholischen Kirche in der Regel nur solche Personen heilig gesprochen werden können, die nicht vor der Geburt Christi starben. Das Leben der Heiligen sollte den Menschen als Maßstab und Ideal dienen und dazu auffordern, das eigene Leben nach ihrem Vorbild zu gestalten.

Die Geschichten um den Fortbestand der Kirche selbst in schwierigster Zeit und die damit verbundenen Leidensberichte wurden immer wieder von den *lectores* in der Gemeinde verlesen. Sie dienten der Erbauung und als Beispiel vorbildlicher Lebensführung. So kam es, dass die Christen dazu übergingen, auch Märtyrer und Heilige zu verehren und sie als Fürbitter anzurufen. Heidnische Vorstellungen von Magie und Zauberei verbanden sich im christlichen Volksglauben mit der Verehrung angeblich wundertätiger Reliquien. Ebenso beruhte die christliche Praxis von nächtlichen Liebesmählern, die an den Gräbern von Freunden oftmals bis zum Exzess abgehalten wurden, auf heidnischen Bräuchen.

Ambrosius von Mailand und Augustin waren entschiedene Gegner dieser Rituale.

Im Jahr 330 verlegte Konstantin die Hauptstadt des Römischen Reiches in den Osten. Aus dem damals griechischen Byzantion wurde Konstantinopel. Es sollte zum „Neuen Rom“ werden und das alte, heidnische Rom nicht nur politisch, sondern auch kulturell überflügeln. Die von Konstantin I. dort geplante Bibliotheksgründung wurde erst von seinem Sohn und Nachfolger Konstantius II. (337–361) verwirklicht. Die Bibliothek sollte vor allem den Studierenden der Hochschule von Konstantinopel zur Verfügung stehen. Der Neffe von Konstantin I. und Nachfolger von Konstantius II. Julian (361–363), der trotz strenger christlicher Erziehung zum Heidentum konvertierte und deswegen den Beinamen „Apostata“ (griech. = der Abtrünnige) erhielt, führte nicht nur in der Finanz- und Steuerpolitik nützliche Reformen ein, sondern stiftete der Bibliothek auch ein neues Gebäude und zahlreiche Bücher. Kaiser Valens, der Mitregent seines Bruders Valentianus (364–375) für den Osten des Reiches war, bestimmte 372, die *volumina*, die Papyrusrollen, auf *codices*, Pergamentkodizes, zu übertragen. Deshalb stellte er der Bibliothek in Konstantinopel vier Kalligraphen für das Griechische und drei für das Lateinische zur Verfügung.[5] Die kaiserlichen Beamten hatten die Arbeit zu überwachen, die von Sklaven ausgeführt wurde. Blanck vergleicht das Aufkommen des Kodex mit der Erfindung des Buchdrucks durch Johannes Gutenberg:

> Das Aufkommen des Kodex neben der seit Jahrhunderten üblichen Rolle und letztlich das Verdrängen derselben durch die neue Buchform war ein ebenso bedeutender und folgenreicher Vorgang wie die Erfindung des Buchdrucks mit beweglichen Lettern durch Johannes Gutenberg und der Sieg des gedruckten Buches über das handgeschriebene. Eine der schwerwiegenden Auswirkungen betrifft die Tradierung der antiken Literatur in die Zeiten des ausgehenden Altertums, des Mittelalters und endlich bis in unsere Tage. Als man nämlich in der Spätantike begann, den Bestand der Bibliotheken, auch den der privaten, auf die neue Buchform umzustellen, und die Literatur von Papyrusrollen auf Pergamentkodizes übertrug, traf man eine Auswahl, die sich an dem literarischen Zeitgeschmack orientierte, bzw. nach der Bedeutung, die man damals den alten Werken beimaß. Auf diese Weise blieb beispielsweise von den 44 Komödien des Aristophanes nur eine Auswahl von 11 Stücken erhalten, und auch von den Texten des früher so beliebten Menander, dessen Ansehen zur Zeit der Textübertragungen auf Kodizes gesunken war, wurden nur wenige Transkriptionen hergestellt. Diese sind heute spurlos verschollen. So beruhen die Texte, die wir jetzt von Menander besitzen, außer einigen Zitaten allein auf Papyrusfunden aus Ägypten.[6]

Als die kaiserliche Bibliothek von Konstantinopel 473 einem Brand zum Opfer fiel, umfasste sie 120 000 Bände. Es wurde eine neue erbaut, die jedoch nur noch 36 500 Bücher zu ihrem Bestand zählte, darunter auch zahlreiche christlich-theologische Werke.

Das vierte nachchristliche Jahrhundert mit seinen zahllosen Bürgerkriegen und Aufständen offenbarte schon den Verfall des Römischen Reiches, dem nach dem Tod von Theodosius (394–395) schließlich mit der Teilung des Reiches unter seinen minderjährigen Söhnen Arcadius (Osten) und Honorius (Westen) entgegengewirkt werden sollte. In dieser Situation wurde das Christentum von den römischen Kaisern funktionalisiert. Ein Großteil der Bevölkerung verarmte immer mehr und bekannte sich zum Christentum, in der Hoffnung, dort mildtätige Gaben und Trost zu finden.

Im 5. Jh. spitzte sich die Lage für das weströmische Reich immer mehr zu. Honorius (395–423) ließ den Feldherrn Stilicho, der von seinem Vater zum Reichsverweser und Vormund des Sohnes eingesetzt worden war, wegen Hochverrats hinrichten. Stilicho hatte die weströmischen Grenzen noch schützen und Aufstände in Afrika niederschlagen können. Nach seiner Hinrichtung drangen die Westgoten unter Alarich in Italien ein, eroberten am 24. August 410 Rom und plünderten die Stadt. In den Jahren 409–411 ließen sich Vandalen, Alanen und Sueben in Spanien nieder. Westgoten, Franken, Burgunder und Alemannen drangen in Gallien ein. 407 musste Britannien aufgegeben werden und ab 409 fielen die Hunnen in die römische Provinz Pannonien, zwischen dem Ostrand der Alpen und der Donau gelegen, ein. Honorius residierte zunächst in Mailand, dann ab 404 in Ravenna, das sich unter seiner Herrschaft zur Hauptstadt des weströmischen Reiches entwickelte. In dieser Zeit schrumpfte das Lesepublikum noch mehr. Da Honorius Heiden und Häretiker unerbittlich verfolgte, fanden die klassische Literatur der Antike und die in ihrer Nachfolge stehenden Werke keine Leser mehr. 455 wurde Rom erneut geplündert, diesmal von den Vandalen. Romulus Augustulus wurde 476 von dem Rugierfürsten Odoaker zur Abdankung gezwungen und auf den einstigen Villenbesitz des Lucullus in Kampanien verbannt. Mit seiner Absetzung ging das weströmische Reich zu Ende.

Mit dem Sieg Odoakers verkümmerte auch in den Provinzen des oströmischen Reiches die Bildung. Lernwillige und wohl auch lesehungrige Gebildete, die als Verwaltungsbeamte oder Bischöfe in die Provinz kamen, führten in ihren Briefen beredt Klage über die herrschende Unbildung, den Mangel an literarischen und theologischen Texten und die geistige Öde ihres Exils. Bedingt durch das Vordringen der Araber und die deshalb erfolgte Einteilung des kleinasiatischen Gebietes in Militärbereiche (Themen), in denen der militärische Stratege auch die zivile Macht ausübte, führten die Provinzen ein Eigenleben fernab von Konstantinopel. Die sich formierende Bauernmiliz entwickelte kein Interesse an Bildung. So hatte die byzantinische Literatur einen ausgeprägten großstädtischen Charakter. Die literarischen Werke dienten der Lobpreisung des Kaisers als weltlichen und geistigen Führer, die Schriftsteller waren als Hofliteraten von der Gunst der kaiserlichen Familie abhängig, deren Ruhm und göttliche Macht sie immer wieder in zu sakralen Formeln erstarrten literarischen Schöpfungen priesen. Das Publikum dieser Art von Literatur blieb auf die höfischen Kreise und die Gebildeten in der Hauptstadt beschränkt, die sich als Parteigänger des jeweiligen Herrschers begriffen. Das Byzantinische Reich existierte noch bis 1453.

6. Christliche Askese, frühes Mönchtum und erste Klostergründungen

Dem Alten Testament und dem Judentum ist die Askese (griech. a*skesis* = Übung) eigentlich fremd. Wir finden jedoch schon ab dem 5. Jahrhundert v. Chr. in der griechischen Philosophie die Vorstellung von einem Gegensatz zwischen Leib und Seele, verbunden mit der Forderung, sich bei Speise, Trank, Schlaf und Sexualleben weitmöglichst einzuschränken, um die freie Tätigkeit des Geistes nicht zu behindern. Im Neuplatonismus wurde diese „Weltflucht“ gefördert, um systematisch die Leiblichkeit abzutöten und zur Einsicht in ewige Wahrheiten zu gelangen.

Der bekannteste Asket des Neuen Testaments ist Johannes der Täufer, der auf Eigentum und einen Wohnsitz verzichtete, enthaltsam lebte und dieses auch von anderen forderte. Jesus fastete zeitweilig selbst, erließ aber kein allgemeines Gebot der Askese. Zudem übte er auch Kritik an asketischen Praktiken, vor allem dann, wenn die Gläubigen durch diese die Liebe Gottes erzwingen wollten. Paulus griff die Idee der Askese in seinem ersten Brief an die Korinther auf: „Das Beste ist es, wenn ein Mann überhaupt keine Frau berührt“ (1. Kor. 7, 1). So kam schon im ausgehenden ersten Jahrhundert in einigen Gemeinden die Sitte auf, eine nur geistliche Ehe zu führen. Die weiblichen Partner solcher Ehen wurden *gynaikes syneisaktoi* (griech.: als Lebensgefährtinnen angenommene Frauen, lat. *virgines agapetae* oder auch *virgines subintroductae* und *adoptivae feminae*). Nach Ignatius, dem Bischof von Antiochia, der als Schüler des Apostels Johannes galt und um 110 n. Chr. in Rom den Märtyrertod starb, diente die Bewahrung der Keuschheit der Ehre des Fleisches des Herrn. Um das Jahr 200 finden wir vor allem in Syrien eine große Schar von wandernden Asketen, die als Beweis vollendeter Reinheit in geistlicher Ehe lebten. Zu Beginn des 3. Jahrhunderts forderte der Kirchenlehrer Origenes (ca. 185–254 n. Chr.) strengste Askese und entmannte sich selbst. Er begründete seine Selbstkastration mit dem Matthäusevangelium:

> Es gibt verschiedene Gründe, warum jemand nicht heiratet. Manche Menschen sind von Geburt an zeugungsunfähig, manche – wie die Eunuchen – sind es durch einen späteren Eingriff geworden. Noch andere verzichten von sich aus auf die Ehe, um Gott besser dienen zu können. Versteht es, wenn ihr könnt! (Mt. 19, 12)

Später bezeichnete Origenes diesen Schritt als Irrweg, führte die Kastration doch dazu, dass er nicht Presbyter in Alexandria werden durfte.

Origenes begriff sich als vollkommener Nachfolger Christi. Steigern ließ sich die Askese nur noch durch das christliche Eremitentum. Der älteste uns bekannte Eremit ist Antonius der Große, auch Antonius Abbas oder Antonius Eremita genannt, der 356 in hohem Alter starb. Er gilt als der erste christliche Mönch und Vater der Mönche. Nach Mt. 19, 16–30 ging Antonius in die Wüste und ließ sich unweit des Roten Meeres auf einem Berg nieder. Dort führte er in einer Höhle ein Leben unbedingten Gehorsams gegenüber den biblischen Geboten. Antonius versammelte eine Reihe von Schülern um sich, so dass sich am Fuße des Berges nahe einer Quelle bald eine Eremitenkolonie bildete. Die Eremiten, die *monachoi* (griech. = die Einsamen) oder Mönche, lebten auf Weisung von Antonius in stetem Wechsel von Gebet, Arbeit und Meditation. Vor allem im Osten des Römischen Reiches entstanden nach diesem Vorbild noch andere asketisch lebende Mönchsgemeinschaften.

Die für das Mönchstum bestimmende Form des Klosters wurde von Pachomios (ca. 292–348) geschaffen. Allerdings war die Klosterordnung noch nicht so fest gefügt wie in späterer Zeit: Innerhalb der Klostermauern standen die Zellen mit ihren Kapellen frei um die Kirche. Darüber hinaus gab es noch den Speise- und den Büchersaal und einige andere Gemeinschaftsräume. Pachomios wurde um 315 Schüler des Eremiten Palamon, eines streng christlichen Asketen. Um 325 gründete er unter dessen Mitwirkung in Tabennisi, einem verlassenen Dorf bei Theben, eine Einsiedlergemeinschaft, die zur Keimzelle des ersten Klosters des Christentums wurde. Die Legende führt die Klostergründung auf die Engelstafel zurück. Demnach überbrachte ein von Gott gesandter Engel Pachomios eine Tafel, auf der die ersten Regeln für das Zusammenleben der Mönche geschrieben standen. Die Engelsregel des Pachomios ist nicht mehr in ihrer Urfassung erhalten, eine spätere und erweiterte Fassung ist uns durch Hieronymus überliefert.

Bereits um 330, kurz nach seiner Wahl zum Bischof von Alexandria, besuchte Athanasius (um 300–373) die Klöster des Pachomios, die in seine Zuständigkeit fielen. Pachomios hatte, wie viele frühen Asketen, die Gabe der Vision. Im Jahr 345 wurde er auf der Synode von Latopolis wegen Missachtung der Oberhoheit der örtlichen Bischöfe angeklagt. Ein Attentat auf Pachomios während der Bischofskonferenz misslang, er konnte mit seinen Begleitern fliehen. Pachomios starb 346 während einer Seuche in seinem Kloster Pbow. Sein Grab blieb unbekannt.

Die Klostergründungen des Pachomios setzten die Tradition der Eremitenkolonie des Antonius fort und entwickelten die neue Lebensform weiter. War bei Antonius nur der Gottesdienst von allen gemeinsam gefeiert worden, entstand jetzt das *koinobion* (griech. = Zusammenleben), das gemeinsame Leben der Klostermönche. Als Abt erlies Pachomios für alle Verrichtungen des täglichen Lebens einfache Vorschriften, die den Tagesablauf der Mönche bis ins Detail regelten. Zugleich schuf er eine dem Militär ähnliche Befehlsstruktur, die unbedingten Gehorsam forderte. Der Tagesablauf im Kloster wurde vom Wechsel zwischen Arbeit und Gottesdienst bestimmt. Es herrschte eine strenge Zucht, Pachomios übte die Prügelstrafe oft selbst aus. Kranke und Bedürftige wurden gut versorgt. Auch gab es eine Ausbildung für die Jungen. Die strenge Askese der Einsiedler trat zugunsten eines geregelten Gemeinschaftslebens zurück. Am Ende seines Wirkens leitete Pachomios fünf bis sieben Klöster mit etwa 5000 Mönchen, seine Schwester Maria stand zwei Nonnenklöstern vor. Ohne die Leistungen des Pachomios sind die zahlreichen christlichen Klostergründungen im Osten und Westen des Römischen Reiches während des 4. und 5. Jahrhunderts nicht denkbar.

Einen neuen Abschnitt in der Geschichte des oströmischen Mönchtums markieren die Klostergründungen nach den Regeln von Basilius dem Großen (329–379 n. Chr.). Basilius wurde in Caesarea geboren und erhielt seine Ausbildung in Konstantinopel und Athen, wo er Rhetorik, Grammatik, Philosophie, Astronomie, Geometrie und Medizin studierte. Nach einem Bericht des Gregor von Nyssa (ca. 335–395 n. Chr.) war auch seine älteste Schwester eine hochgebildete Frau, die sich in der griechischen Philosophie und den Naturwissenschaften ebenso auskannte wie in der Bibel. Nach seiner Taufe 357 besuchte Basilius die Männer des *eremos*, der Wüste, und wurde selbst Einsiedler. Bereits 370 wurde er zum Bischof seiner Geburtsstadt und zum Metropoliten von Kappadokien ernannt. Basilius studierte die Mönchsorden in Ägypten und Syrien und gründete dann ein Kloster in einer einsamen Gegend in Kappadokien. Neu war, dass Basilius nicht nur Gebet, Askese und körperliche Arbeit als unverzichtbare Bestandteile des Klosterlebens betrachtete, sondern auch ein intensives Bibel- und Textstudium forderte. In seinen „Asketika", den „Asketischen Unterweisungen", geht er davon aus, dass die Welt schlecht, der Mensch aber vom Verlangen nach dem Guten bestimmt ist. Das Gute jedoch ist Gott, und sich mit Gott zu vereinigen, ist Aufgabe des Menschen. Zur Erfüllung dieser Aufgabe eignet sich nicht die individuelle Askese am besten, sondern das koinobitische Ideal einer klösterlichen Gemeinschaft. Basilius stellte für die Klöster Regeln und Techniken der moralischen Erziehung auf und setzte Maßstäbe des sittlichen Verhaltens und der spirituellen Zucht, wie sie im säkularen Bereich früher nur von den humanistisch gebildeten Eliten der Städte praktiziert wurden. Die Regeln des Basilius blieben bis heute für das gesamte byzantinische Mönchtum verbindlich, als ihr Vater ging Basilius in die Kirchengeschichte ein.

Spätestens im 4. Jahrhundert vollzog sich im oströmischen Reich auch ein Paradigmenwechsel in der Erziehung. Erhielten die Jugendlichen zunächst häufig eine heidnisch-rhetorische Ausbildung, bevor sie getauft wurden, so bestimmten vornehme und wohlhabende Familien ihre Kinder jetzt von Anfang an zum Dienst an Gott. Mädchen wie Jungen wurden im Geist des asketischen Ideals erzogen, um jene Triebkräfte zu unterdrücken, die den Menschen am stärksten an die säkulare Welt binden: die Gier nach Reichtum, das Verlangen nach körperlicher Lust und Fortpflanzung und die Herrschaft des eigenen Willens. Die jungen Christinnen und Christen wuchsen in einer literarischen Kultur auf, die ausschließlich die Bibel, Bibelauslegungen und -kommentare, Heiligenlegenden und liturgische Texte kannte. Oft kehrten die Kinder als Jugendliche aus den einsam gelegenen Klöstern wieder in die Städte zurück und bildeten dort eine neue Elite von Klerikalen, die durch die Schule der Askese gegangen war. Andere blieben als Äbtissinen und Äbte in den Klöstern auf dem Land.

Die Mönchsregeln des Basilius sind auch der katholischen Kirche des weströmischen Reiches nicht unbekannt geblieben. Benedikt von Nursia (ca. 480–547), einer Stadt in Umbrien, erwähnt die „Regulae sancti patri nostri Basilii" („Regeln unseres heiligen Vaters Basilius") in seiner „Regula monasteriorum" („Klosterregel"). Die Idee des Mönchtums war im christlichen Osten entwickelt worden und hatte durch Basilius eine institutionelle Regelung gefunden. Doch für das Gebiet des ehemals weströmischen Reiches sollte die Klosterregel Benedikts bestimmend werden. Sie beeinflusste wesentlich die mittelalterliche Form des Zusammenlebens, nicht nur im Kloster, sondern auch außerhalb, in Dörfern und Städten. Mit der Welle von Stadtgründungen erschloss sich den Klöstern im Spätmittelalter zudem ein neuer Aufgabenbereich: die Sozialfürsorge für die Unterschicht und die Kranken- und Altenpflege in den Städten.

Bei der Formulierung seiner „Klosterregel" griff Benedikt zum Teil auf ältere Quellen zurück, zum Teil arbeitete er die Regeln neu aus. Er gliederte seine Lehre über das mönchische Leben als einem Leben nach den Evangelien in fünf Teile mit insgesamt 73 Kapiteln. Im ersten Teil legte er die Grundstruktur des Klosters (Abt und brüderliche Gemeinschaft) fest. Dieser Abschnitt enthält auch die Lehre vom geistlichen Leben, die Ordnung des Gottesdienstes, die Bestimmungen über die Gehilfen des Abtes und den Strafkodex. Mit der Verwaltung des Klosters beschäftigen sich die Kapitel 31–57: Der Abt hat als Klostervorsteher absolute Autorität, muss jedoch vor wichtigen Entscheidungen den Rat der Mönche einholen. Der zweite Teil der Regel Benedikts umfasst die Aufnahmeordnung in das Kloster, der dritte die Bestellung des Abtes und seines Stellvertreters, der vierte handelt von der Klosterpforte und der fünfte Teil besteht aus ergänzenden Bestimmungen. Die Benediktinerregel ist weniger streng asketisch als die des Basilius angelegt. Auch sie erklärt zwar das „vollkommene Leben" zu ihrem Ideal, Nahziel ist jedoch das „gute Leben", die Regel eine „Vorschrift für Anfänger". Die Benediktinerregel fand bald überall Anerkennung und verdrängte die konkurrierenden Regeln, bis sie schließlich zur nahezu einzig gültigen Regel für das Mönchtum im Abendland wurde.

Das klösterliche Zusammenleben diente bei Benedikt nicht ausschließlich der Askese, sondern beinhaltete auch den Wunsch Gleichgesinnter nach geistigem Austausch und praktischer Nächstenliebe. Dass sich die Benediktinerregel im ganzen Abendland durchsetzte, hat kulturgeschichtlich weit reichende Konsequenzen gehabt. Für die Antike war die Arbeit als solche kein Wert. Mit der Benediktinerregel verkehrten sich die Wertsetzungen. Die Arbeit diente nicht nur der Selbstversorgung der klösterlichen Gemeinschaft, sie war gleichzeitig Selbstzucht, um den Körper zu disziplinieren, förderte das Seelenheil und schützte vor sündigen Handlungen und Gedanken. Die von Benedikt festgelegte Ordnung des Tagesablaufs regelte Dauer und Folge von gemeinsamen Gebeten, Mahlzeiten, Arbeitszeiten und Lesungen. Sie förderte das methodische Arbeiten, indem sie die verschiedenen Tageszeiten sinnvoll nutzte und nach dem Prinzip der Arbeitsteilung verfuhr. In gewisser Weise beinhaltete sie auch bereits das Leistungsprinzip. Die Steigerung der Arbeitsleistung war nicht nur für die Gemeinschaft von Nutzen. Im Sinne des asketischen Ideals war sie zugleich Gottesdienst, und durch vermehrte Arbeit war es möglich, das über den Gemeinschaftsbedarf hinaus Erwirtschaftete denjenigen zur Verfügung zu stellen, die Not litten.

Neben Gebet und Arbeit hat Benedikt die Lesung verlangt, nicht nur die Lesung der Bibel und der Texte kirchlicher Schriftsteller, sondern auch der Werke antiker Autoren. So setzte die Benediktinerregel nicht nur voraus, dass die Mönche lesen konnten, sie machte es auch erforderlich, dass jedes Kloster über eine Bibliothek verfügte. In Kapitel 32 der „Regula monasteriorum“ ordnete Benedikt an, dass der Klostervorsteher ein Verzeichnis über den Besitz des Klosters aufstellen musste. Erfasst werden sollten alle beweglichen und nichtbeweglichen Güter. Dank dieser Anweisung verfügen wir noch heute über mittelalterliche Bibliothekskataloge. Das im Jahre 909/10 gegründete Kloster Cluny hatte beispielsweise anfangs eine Bibliothek, die aus ganzen zwölf (!) Büchern bestand. Alle Klöster besaßen *scriptoria*, Schreibräume, in denen die Mönche antike Literatur kopierten und sie so der Nachwelt bewahrten. Ständige Neugründungen von Klöstern erforderten eine rege Abschreibetätigkeit, die dadurch noch gesteigert wurde, dass die Oblaten (*pueri oblati*) mit Lehrbüchern versorgt werden mussten. Die Mönche griffen bei der Auswahl der Lehrbücher auf die Literatur der Antike zurück, vor allem auf die Grammatiken zum Lateinlernen. Die Klosterschulen und die damit verbundene wissenschaftliche Arbeit bewirkten, dass viele der dort beschäftigten Mönche sich für die Priesterweihe qualifizierten. Mit der Weihe zum Priester übernahmen diese auch seelsorgerische Pflichten außerhalb der Klostermauern.

Neben der wissenschaftlichen Arbeit wurde in den benediktinischen Klöstern nach südländischer Art Acker-, Garten- und Weinbau betrieben. Da es zeitlich nahezu unmöglich war, Kopf- und Handarbeiten zu verbinden, kam es in den Klöstern zu ersten Arbeitsteilungen. Mönchspriester und Laienbrüder übernahmen verschiedene Tätigkeiten, Erstere widmeten sich der Wissenschaft, dem Unterricht und der Seelsorge, Letztere trieben Land- und Ackerbau und verrichteten die anfallenden handwerklichen Arbeiten. Diese Arbeitsteilung hatte zur Folge, dass die säkulare Welt immer tiefer in die Klöster eindrang, die sich ihrerseits der Welt öffneten. Die von Benedikt den Klöstern bestimmte Hauptaufgabe, Stätte des Rückzugs zu sein, wo die Mönche dem urchristlichen Ideal entsprechend ihr Leben gänzlich Gott widmen konnten, trat häufig in den Hintergrund: Je mehr das Mönchtum auf die weltlichen Verhältnisse einwirkte, desto mehr verlor es von seiner ursprünglichen Bedeutung.

Anmerkungen

[1] Vgl. K. Löwith: Die Freiheit zum Tode. In: Ders., Vorträge und Abhandlungen. Zur Kritik der christlichen Überlieferung. Stuttgart 1966, S. 274–289.

[2] Vgl. Vulgata: Epistula ad Corinthios I. 14,34: „Mulier taceat in ecclesia" („Die Frau schweige in der Gemeinde").

[3] Vgl. H. Blanck: Das Buch in der Antike. München 1992, S. 95.

[4] H. Blanck, op. cit., S. 87.

[5] Vgl. Blanck, op. cit., S. 177.

[6] Blanck, op. cit., S. 97.

Das Mittelalter

1. Die Anfänge der deutschen Literatur

Wenn im Folgenden von „deutscher" Literatur die Rede ist, soll unter „deutsch" zunächst die altfränkische Volkssprache (*theodisca lingua*) als Sammelbezeichnung für die Sprachen des (Ost-)Fränkischen Reiches verstanden werden. „Deutsch" ist dabei etymologisch von der altfränkischen Bezeichnung *theudisk* für „zum Stamm oder zum Volk gehörig" herzuleiten.

Die Anfänge der deutschen Literatur sind auf das Engste mit kirchlichen Verhaltensnormen und Wertvorstellungen verbunden. Älteste schriftliche Zeugnisse finden sich erst seit der Regierungszeit Karls des Großen (768–814), vor allem in fränkischen, alemannischen und bayrischen Klöstern. Um die heidnischen germanischen Stämme zu missionieren, mussten die Theologen zunächst die christlichen Texte aus dem Lateinischen in die verschiedenen Stammessprachen übertragen. Diese Übertragung war schwierig, denn die schriftlosen Stammessprachen ließen sich nur mit den Schriftzeichen des lateinischen Alphabets erfassen, das für diese Art von Sprachen nicht geeignet war. Außerdem mussten auch Anschauungen, Gewohnheiten und Eigenarten der germanischen Welt mit der christlichen Denkart in Übereinstimmung gebracht werden. Die Anpassung der germanischen Stammessprachen an theologische Inhalte erwies sich insofern als überaus aufwändig und kompliziert.

Die althochdeutsche Sprache hat Sprachelemente aller missionierenden Gruppen in sich aufgenommen, die bis heute in der Kirche als Lehnwörter lebendig sind, so z. B. „Christ", „Kirche", „Kelch" und „segnen". Auch Lehnübersetzungen wie „Gewissen" aus *conscientia*, „Gemeinde" aus *communio*, „Vorsehung" aus *providentia* oder „barmherzig" aus *misericors* gibt es in großer Zahl. Rätselhaft bleibt, weshalb lateinische Wörter wie *deus* („Gott“) und *dominus* („Herr“) nicht als Lehnwörter in die Stammessprachen übernommen worden sind. Das lateinische *deus* wird in allen germanischen Sprachen mit „got“ in seiner christlichen Bedeutung wiedergegeben. Dieses Wort war im ganzen Frankenreich verbreitet. Es stammt wahrscheinlich aus altem germanischem Spracherbe und hatte wohl zunächst eine andere Bedeutung, bevor es christlich umgedeutet wurde.[1] Zur Wiedergabe des lateinischen *dominus* wurden im Althochdeutschen drei verschiedene Wörter benutzt, nämlich „frô“, „truktîu“ und „herro“ (von lat. *senior*), von denen sich im heutigen Deutsch „Fronleichnam“, „Frondienst“ und „frönen“, die Bezeichnung „Truchsess“ sowie „Herr“ ableiten. „Truktîu“ bezeichnete in den germanischen Sprachen das Herr-Sein, nicht im Sinne eines Sklavenbesitzers, wie es ihn auch in der germanisch geprägten Welt gab, sondern im Sinne eines Gefolgschaftsführers, dem seine Männer aus freiem Willen folgen. Das Händefalten beim christlichen Gebet, die Kommendation, erinnert noch an eine Geste des Gefolgschaftswesens.

2. Das Christentum als Buchreligion und das kirchliche Bildungswesen

Nach dem Verfall des weströmischen Reiches zog sich die Gelehrsamkeit für Jahrhunderte in die Klöster zurück. Von einem Buchhandel, wie er sich während der römischen Kaiserzeit entwickelt hatte, konnte nun keine Rede mehr sein. Der Klerus kopierte Bücher ausschließlich für den eigenen Gebrauch oder arbeitete auf Bestellung für andere kirchliche Institutionen. Die Klöster tauschten zwar untereinander Bücher aus, die abgeschrieben werden sollten, aber dies auch nur, wenn für das ausgeliehene Buch ein wertvolles Pfand hinterlegt wurde.

Im frühen Mittelalter verstand sich das Christentum wie das Judentum und der Islam als Buchreligion. Zu Jesu Zeit war das Christentum noch reine Offenbarungsreligion gewesen, d.h., der Messias verkündete den schenkenden Heilswillen Gottes. Jetzt finden wir die ersten Darstellungen von Heiligen, die ein Buch in der Hand halten. Um tief in den Glauben einzudringen, musste man lesen können. Im Gegensatz zum antiken, weltlichen Unterricht mit seiner Betonung der formalen Rhetorik und der Dialektik, der sich zunächst noch in einigen Regionen erhielt, konzentrierte sich der Unterricht in den Klosterschulen auf die Vermittlung der lateinischen Sprache und das Lesen- und Schreibenlernen. Die neu erworbenen Kenntnisse sollten die Schüler in die Lage versetzen, die lateinische Bibelübersetzung zu verstehen und mit Bibelkommentaren und anderen religiösen Texten umzugehen. Damit rückte an den Klosterschulen die Grammatik in den Mittelpunkt des Unterrichts.

Zu den grammatischen Disziplinen, den *officia grammaticae*, zählte als Erstes die *lectio*. *Lectio* bezeichnete den Vorgang des Lesens, der häufig durch fehlende Satzzeichen und Leerstellen zwischen den Wörtern sowie unterschiedliche Schriftformen erschwert wurde. Der Leser musste die einzelnen Elemente des Textes wie Buchstaben, Silben, Wörter und Sätze korrekt trennen und identifizieren, was als *discretio* oder Trennung bezeichnet wurde. War dieser Schritt erfolgreich durchgeführt, folgte das laute Lesen, die *pronuntiatio*, bei der sich der Vortragende um Lesepausen und eine sinngemäße Betonung zu bemühen hatte. Ebenfalls zu den *officia grammaticae* gehörte die *emendatio* des Textes, eine Verbesserung, die der Leser vorzunehmen hatte, wenn der Text in der vorliegenden Form trotz aller Bemühungen keinen Sinn ergab. Der Leser fügte in diesem Fall Korrekturen in den Text ein, die beim weiteren Abschreiben übernommen wurden. Verfügte der Leser über gute Grammatikkenntnisse, konnte dies durchaus sinnvoll sein. Häufig führten mangelhafte Lateinkenntnisse jedoch dazu, dass Texte verfälscht wurden. Auf die grammatische Disziplin der *emendatio* folgte die *enarratio*, die Erklärung, mündliche Auslegung oder Interpretation des gelesenen Textes hinsichtlich seiner literarischen und rhetorischen Formen. Im *iudicium* beurteilte der Schüler schließlich den Text und bestimmte seinen theologischen, moralischen oder philosophischen Wert sowie seine literarische Qualität.

Als Hilfsmittel dienten Lehrern und Schülern die Grammatiken der Antike, die auf dem Wort als isolierbarem Phänomen eines Textes beruhten und u.a. morphologische Kriterien benutzten, um Wortklassen, in den Grammatiken „Redeteile“ genannt, festzulegen. Verwendet wurden vor allem die Grammatik des Aelius Donatus (4. Jh.), die sowohl als Lehrbuch für Anfänger (*ars minor*) als auch in einer umfangreicheren Ausgabe für Fortgeschrittene (*ars maior*) vorlag, und die Grammatik des Priscianus (ca. 6. Jh.). Dabei diente die Grammatik des Priscianus mit dem Titel „De institutione grammatica“, die auch eine Syntax enthielt, als Standardwerk für diejenigen grammatischen Probleme, die in der Elementargrammatik des Donatus nicht oder nur unzureichend behandelt wurden. Beide Grammatiken waren im Mittelalter viel benutzte Schulbücher und gehörten wohl zu den am meisten gelesenen Werken. Sie erleichterten vor allem das Identifizieren von Textelementen, wenn die Manuskripte in der *scriptio continua* abgefasst waren.

Die antiken Grammatiken wurden von den Mönchen nicht weiterentwickelt, denn die verbindliche Sprache, in der es das Wort Gottes zu entschlüsseln galt, war das Lateinische. Da die antike Grammatik zugleich auch Literaturwissenschaft war, wurden durch ihre Anwendung bei der Exegese heiliger Schriften religiöse Erziehung und literarischer Unterricht eng miteinander verknüpft.

Im Mittelalter änderten sich die Motive für das Lesen. War es in der Antike und in der römischen Kaiserzeit neben dem Wunsch nach Bildung, wissenschaftlicher Erkenntnis oder einfach Unterhaltung vor allem die Neugier, von anderen Kulturen zu erfahren, die zum Lesen bewegte, so trat jetzt ein neues Motiv in den Vordergrund: die Errettung der Seele vor dem Bösen und ihre Hinführung zu Gott. Dieses Motiv bestimmte auch weitgehend die Literaturauswahl. In den Klosterschulen wurde der Psalter zum elementaren Lesebuch und jahrhundertelang galt die Kenntnis der Psalmen als entscheidendes Kriterium für die Lesefähigkeit. Der Errettung der Seele diente nicht nur die Lektüre der heiligen Schriften selbst, sondern auch die Beschäftigung mit theologischen Werken, in denen christliche Ideale beispielhaft dargestellt wurden wie in den sog. „Libri catholica".

Großen Einfluss hatten z. B. die „Dialogi de vita et miraculis patrum italicorum", die „Dialoge über das Leben und die Wunder der italienischen Väter" von Papst Gregor I. (Papst von 590–604). Gregor stammte aus einer römischen Adelsfamilie und hatte neben der christlichen auch eine klassische rhetorische Ausbildung genossen. So folgen die „Dialoge" in der Einleitung dem stilistischen Vorbild von Ciceros „Tusculanae disputationes" („Tusculaner Gespräche"). In Abgrenzung zur oströmischen Kirche hebt Gregor die Wundertätigkeit weströmischer Heiliger hervor. Das zweite Buch seines Werkes behandelt ausschließlich das Leben und die Wundertaten des Benedikt von Nursia, des Begründers des abendländischen Mönchtums. Diese „Vita S. Benedicti exlibro II dialogorum S. Gregorii papae" ist neben der benediktinischen Ordensregel unsere Hauptquelle für Benedikts Leben. Die anderen drei Bücher beschäftigen sich mit verschiedenen Heiligen, die Wunder wirkten, und mit Erscheinungen, die darauf hindeuten, dass die Seele des Menschen auch nach dem Tod weiterlebt. Mit seinen „Dialogen" förderte Gregor nicht nur die weitere Verbreitung der Benediktinerregel – sieben Klöster stiftete er selbst –, er schuf zugleich die Monografie in lateinischer Sprache und damit die Möglichkeit der Emanzipation von den Heiligen des Orients. Die „Dialoge" fanden im Mittelalter weite Verbreitung unter den Theologen. Papst Zacharias (741–752), ein süditalienischer Grieche, übersetzte sie in seine Muttersprache und König Alfred von Wessex (871–899) ließ sie neben anderen bedeutenden historischen und philosophisch-theologischen Werken ins Angelsächsische übertragen. Aus dem ersten Buch der „Dialoge", Kapitel 9, erfahren wir, was bei der richtigen Auslegung der Worte Gottes hilft: „Den Kommentaren zur Heiligen Schrift entnimmt man, wie die Tugend erworben und bewahrt wird, aus Wundergeschichten ersieht man, wie das Erworbene und Bewahrte offenkundig wird."

Ein Klosterschüler, der lesen lernte, musste den Text laut vorlesen, damit sich der geistliche Lehrer ein Urteil über seine Kenntnisse bilden konnte. Um die Technik des mündlichen Vortrags zu verbessern, wurden neben den heiligen Texten auch dramatische Werke gelesen, z. B. die Komödien des Terenz (ca. 190–159 v. Chr.), von denen im 9. und 10. Jh. vielfach Abschriften angefertigt wurden. Gegen die Lektüre heidnischer Texte gab es aber auch Widerstand. So verfasste die Nonne Hrothsvith (ca. 935–975), genannt Roswitha, die im Kloster Gandersheim lebte, sechs Dramen in lateinischer Sprache nach Art des Terenz, angereichert mit Wundern, die aus Glaubenskraft stammen, und einer Verurteilung der Todsünden.[2] Wenn auch die Grammatik im Vordergrund des Unterrichts stand, so war doch die rhetorische Kompetenz gleichfalls von Bedeutung. Vor allem die Lektoren mussten rhetorisch geschult sein. So lebte die antike Rhetorik in den liturgischen Bibellesungen fort. War in der Antike dem vorherrschenden Ideal des Rhetors entsprechend das laute Lesen weit verbreitet, änderte sich dies mit dem Aufkommen des benediktinischen Mönchtums. Die Benediktinerregel befürwortete außerhalb der *lectiones* ein leises und privates Lesen, schon um den Mitbruder nicht zu stören. Außerdem setzte sich die Einsicht durch, dass gerade das stumme Lesen ein besseres Verständnis des Textinhalts ermöglichte.

Seit dem 9. Jh. änderte sich auch die Einstellung zum Text. In seinen „Confessiones" hatte Augustin die Auffassung vertreten, dass Buchstaben für Lautzeichen und Lautzeichen wiederum für Dinge oder Sachverhalte stehen, die wir denken. Knapp 200 Jahre später hielt Isidor (ca. 560–632), Metropolit von Sevilla, in seinen „Etymologiae" Buchstaben für lautlose Zeichen, die uns auf stummem Weg (*sine voce* = ohne Stimme) die Äußerungen von Menschen mitteilen, die abwesend sind. Gegenüber Augustin entfällt eine Dimension, bei Isidor stehen die Buchstaben unmittelbar als Zeichen für die Dinge. Wenn aber Buchstaben bzw. Buchstabenkombinationen Zeichen für die Dinge selbst sind, kann nur ein korrekter Text das Wahre wiedergeben. So wird verständlich, warum das Sammeln und Abschreiben der Werke antiker Autoren für die Mönche zur Pflicht wurde: Sie allein bildeten die richtige lateinische Sprachnorm ab. Diese „Norm der Richtigkeit" führte auch dazu, dass die für den Gottesdienst verbindlichen Texte bis heute laut gelesen statt auswendig vorgetragen werden, um sie nicht zu verfälschen. Durch die Stimme wird die Richtigkeit des kanonisierten Textes veranschaulicht, eine Praxis, die sich in allen Konfessionen der christlichen Kirche findet.

Im Römischen Reich gab es viele grafische Varianten ein und desselben Buchstabens. Jetzt bemühten sich die Schreiber, die Zahl der Varianten einzuschränken. Unter Karl dem Großen und auf dessen Geheiß wurde die im 7. und 8. Jh. in Westfranken gebräuchliche merowingische Schrift überarbeitet. Es entstand als neue Schriftform die sog. karolingische Minuskel, die mit Kleinbuchstaben geschrieben wurde. Von ihr stammen die Kleinbuchstaben unserer heutigen lateinischen Schrift ab. Die zunächst erst regionale Vereinheitlichung der Schrift machte das Lesen einfacher. Hinzu kam, dass die *scriptio continua* aufgegeben wurde. Die Abschreiber gingen dazu über, einzelne Redeteile nach grammatischen Aspekten zu trennen, und führten am Anfang eines Textes oder Abschnitts größere Buchstaben ein, um den Beginn eines neuen Sinnabschnitts zu verdeutlichen. Auch einzelne Interpunktionszeichen finden sich jetzt. In der zweiten Hälfte des 10. Jh. begannen die *scriptores*, die Wörter nach morphologischen und grammatischen Kriterien getrennt zu schreiben. Dies erleichterte nicht nur das Erlernen der lateinischen Sprache, sondern auch das Lesen. Dennoch dauerte es noch fast 150 Jahre, bis sich zu Beginn des 12. Jh. in den westlichen Ländern die Getrenntschreibung von Wörtern konsequent durchgesetzt hatte.

Etwa zur gleichen Zeit, als Benedikt von Nursia im 6. Jh. das Kloster auf dem Monte Cassino gründete, ordnete eine Synode in Toledo die Gründung einer Domschule an, die vornehmlich der Erziehung des kirchlichen Nachwuchses dienen sollte. Unter Karl dem Großen wurden auch im Frankenreich, das sich als legitimer Erbe Westroms begriff, zahlreiche Domschulen gegründet. Diese Domschulen vermittelten das Mindestmaß an Bildung, über das ein Priester verfügen sollte. Bis zum Beginn des 11. Jh. waren die Klosterschulen den Domschulen weit überlegen, nur in den Klosterschulen gab es eine Synthese zwischen dem Erbe der Antike und der christlichen Tradition. Aus dem antiken Unterrichtswesen hatten die Mönche die *septem artes liberales* übernommen und sie mit der Theologie als höchster Wissenschaft gekrönt. Bald kam es jedoch zu einer Krise im kirchlichen Bildungswesen. Viele Klöster wehrten sich gegen die zunehmende Verweltlichung und lehnten es ab, dass Laien die Gewalt über sie ausübten. Reformmönche forderten eine strengere Hinwendung zu Gott und eine Beschränkung des Unterrichts auf theologische Fragestellungen. Die Klosterschulen sollten nach Möglichkeit kein umfassenderes Wissen mehr vermitteln, sondern einzig zur Frömmigkeit erziehen. Verstärkt wurde die Krise dadurch, dass viele Klöster inzwischen wirtschaftlich unabhängig waren, ihre Unabhängigkeit aber immer wieder bedroht sahen, weil die Bischöfe Ansprüche auf die Klostergüter geltend machten. Die Klöster sahen insofern nicht nur ihre geistig-geistliche, sondern auch ihre wirtschaftliche Selbstständigkeit in Gefahr. Häufig hatte der Bischof sein Amt durch Simonie, d. h. Ämterkauf, erworben, konnte weder lesen noch schreiben und war nur daran interessiert, seine weltliche Macht zu vermehren. Seitdem die Kirche begonnen hatte, Macht und Reichtum anzuhäufen – durch die Mailänder Edikte von 313 erhielten die Christen Land- und Hausbesitz zugesprochen – und nicht mehr in ihrer Existenz bedroht war, hatte sich die Simonie zu einem weit verbreiteten Problem entwickelt. Obwohl immer wieder von Konzilen verboten, kam es vor allem vom 9. bis 12. Jh. zum Verkauf von geistlichen Ämtern und von Gegenständen, die der Kirche gehörten. Eine Anekdote über Kaiser Heinrich II. (1014–1024) und Meinwerk, den Bischof von Paderborn (1009–1036), gibt uns einen Einblick in jene Zeit der Reformbewegungen:

> Wenn Heinrich II. auch im Sinne dieser Bestrebungen die Klöster reformieren ließ, so war er deswegen keineswegs den Geistlichen untertan. Er konnte mit seinen Bischöfen, denen er – in der Jugend selbst zum Geistlichen bestimmt – in der Bildung oft überlegen war, derbe Späße treiben. Meinwerk von Paderborn etwa ließ er einen köstlich verzierten Brief zustellen, in dem ihm vom Himmel

> sein baldiger Tod verkündet wurde. Meinwerk glaubte an die Nachricht und erwartete in einem Sarg sein Ende. Als sich zu dem angekündigten Tage nichts ereignete und Meinwerk leicht verstört am nächsten Morgen vor dem Herrscher erschien, gratulierte ihm der als „wiederauferstandenem Lazarus".
> Vor Messtexten hatte Heinrich auch nicht mehr Respekt; er ließ einzelne Worte abändern, so dass der des Lateins nicht eben kundige Meinwerk vor dem lachenden Hof eine Messe für Esel und Maulesel hielt.[3]

Die Domschulen, für Mädchen nicht zugänglich, bildeten den Weltklerus aus. Die Lehrer an den Domschulen hießen *scholastici.* Erst im späten Mittelalter durften sich nur noch die Leiter der Dom- und Stiftsschulen so nennen. Hugo von St. Victor (ca. 1096–1141), so genannt nach der Abtei von St. Victor in Paris, fasst in seiner Abhandlung „Didascalion" oder „Eruditionis didascalicae libri septem" („Lehrbuch" oder „Sieben Bücher der Gelehrsamkeit") den Lehrstoff der damaligen Zeit zusammen. Sein Werk ist sozusagen ein Kompendium des profanen und theologischen Wissens. Im Gegensatz zu den Reformklöstern schätzte Hugo auch das profane Wissen. Er forderte dazu auf, eifrig zu studieren, denn er hielt kein Wissen für überflüssig, wenn auch die Theologie als *divinitas* das Zentrum allen Wissens darstellte. Letztlich verbirgt sich die (theologische) Wahrheit in den Werken aller Disziplinen. Es ist deshalb notwendig, möglichst viele Bücher zu lesen, um in einer Synthese des Gelesenen ein wahres Bild von Gottes Werken zu erhalten. Die Texte müssen nur richtig gedeutet werden. Dem Konservatismus der Reformklöster stellte Hugo einen an der Vernunft orientierten Unterricht gegenüber und schlug damit die Brücke zur Scholastik des Hochmittelalters. In seinem „Didascalion" betont er auch die grundlegende Bedeutung des Lesens für den Unterricht und für alle Wissenschaften. Um den Lesern das Auffinden von Textstellen zu erleichtern, wurden Kapitelüberschriften eingeführt. Häufig ermöglichten auch alphabetische Sachregister am Ende eines Kapitels oder Buches einen schnelleren Zugriff auf die gesuchten Textstellen. Während an den Klosterschulen das schrittweise Erschließen der Bibeltexte und die ständige Wiederholung der Lektüre dieser Texte im Mittelpunkt stand, ging es an den Domschulen jetzt darum, angesichts der ansteigenden literarischen Produktion auch andere, effektivere Lesemethoden zu entwickeln.

3. Die ersten Universitäten

Bücher waren im Mittelalter kostbar und längst nicht so häufig vorhanden, wie man sich dies heute vielleicht vorstellt. Die mittelalterliche Welt war vor allem durch Oralität bestimmt, durch die mündliche Überlieferung, die Vorrang vor der literarischen Tradition besaß. Durch die Einrichtung von Schulen in den wachsenden Städten stieg jedoch der Bedarf an Büchern und damit auch an Skriptorien, denn die Lektüre von Texten bestimmte die gesamte mittelalterliche Pädagogik und das kirchliche Unterrichtswesen. Öffentliche Lesungen von Texten durch ihre Autoren, wie wir sie aus der Antike kennen, gab es indessen nicht. Der Unterricht konzentrierte sich auf das Lesen, die Erklärung und die Kommentierung von Texten, und das Wort *lectio*, das Lesen einer Schrift, war gleichbedeutend mit Unterricht. Das stumme Lesen, die ausschließlich visuelle Erfassung des Textes, setzte sich immer mehr durch, um die Texte schneller aufnehmen zu können. Neue Autoren griffen gern auf Textsammlungen oder Anthologien zurück, die Auszüge aus der Bibel, den Schriften der Kirchenväter oder den Werken klassischer Autoren enthielten: Nur mit der Hilfe solcher *auctoritates*, mit der Beglaubigung durch allgemein akzeptierte und angesehene Autoritäten, konnte der Autor der eigenen Argumentation Gewicht verleihen. Die Anthologien verführten jedoch viele Leser – in der Hauptsache immer noch Geistliche – dazu, sich nicht mehr mit der Lektüre eines oder mehrerer Werke zu beschäftigen, sondern mit deren bruchstückhafter Existenz in einer entsprechenden Zusammenstellung vorlieb zu nehmen. Bücher waren nicht nur rar, sondern im Verhältnis zu den Lebenshaltungskosten auch fast unerschwinglich. Zitatenlexika, sei es zur Bibelauslegung oder zu antiken Autoren, entlasteten den Geldbeutel, ein Buch trat an die Stelle von vielen. Anthologien hatten zusätzlich den Vorteil, nur kanonisierte Texte zu enthalten, so dass ein Verdacht auf Häresie erst gar nicht aufkommen konnte.

Mitte des 12. Jh. entstand in Paris eine der ältesten Universitäten, die Sorbonne. Ihr Name geht auf ein von dem Domherrn Robert de Sorbonne eingerichtetes Internat für mittellose Schüler zurück. Vorbild war die aristotelische Akademie. Rektor der Sorbonne war der Bischof von Paris, der den einzelnen Fakultäten vorstand. Zu den berühmten Gelehrten, die schon früh in Paris tätig waren, gehörten der französische Philosoph und Theologe Pierre Abélard (1079–ca. 1142) und der italienische Philosoph und Theologe Thomas von Aquin (1225–1274). Die Sorbonne blieb für die folgenden drei Jahrhunderte ein Zentrum der religiösen Bildung in Europa, besonders in Fragen der Dogmen und des Kirchenrechts spielte sie eine entscheidende Rolle.

Weitere namhafte Universitätsgründungen des 13. und frühen 14. Jh. erfolgten unter Verleihung eines Stiftungsbriefes von Kaiser oder Papst in Neapel (1224), auf der Iberischen Halbinsel in Palencia und Salamanca (1220), in Valladolid (1250) und Lissabon (1290), in Frankreich in Orléans (1309) und Grenoble (1330), in Italien in Padua (1264), Rom (1303), Perugia (1308), Modena (1328), Pisa (1334) und Florenz (1349). Ab Mitte des 14. Jh. folgten die Gründungen auf Reichsboden nördlich der Alpen. Zu den bekanntesten zählen Prag (1348), Krakau (1364), Wien (1365), Heidelberg (1386) und Köln (1388). Allen Universitäten des Mittelalters waren die lateinische Unterrichtssprache und die Wohngemeinschaft von Magistern und Scholaren in Kollegien und Konvikten gemeinsam. Von den Fakultäten war die der „Artisten" zahlenmäßig die stärkste. Hier wurden die aus der Antike bekannten *septem artes liberales* gelehrt. Auf diesem Grundstudium bauten die drei höheren Fakultäten auf: Medizin, Jura und Theologie. Die theologische Fakultät war nach Lehrkörper und Schülerzahl an den meisten Universitäten die größte. Verschiedene akademische Abschlüsse konnten erworben werden: Der *baccalaureus* als niedrigster akademischer Grad war Voraussetzung dafür, höhere akademische Weihen zu empfangen. Doktor- und Magistergrad waren im 13. Jh. noch gleichgestellt, wurden später jedoch differenziert: Der Magistertitel blieb der artistischen Fakultät vorbehalten, der Doktortitel berechtigte *hic et ubique docendi* („hier und überall zu lehren"). Der *licentiat* war ursprünglich kein akademischer Grad, sondern die Befugnis, den Doktorgrad zu erwerben. Viele Lehrer ließen es beim Lizentiat bewenden, um die nicht eben geringen Promotionskosten zu sparen. Der höchste erreichbare Abschluss, die Promotion zum Doktor in einer höheren Fakultät, bedeutete für die weltliche oder geistliche Laufbahn des Inhabers dieses Titels die Gleichstellung mit dem Adel. Nur wenige Studierende haben ihre akademische Karriere damit krönen können, je nach Universität betrug die Zahl der Studienabbrecher zwischen 65 und 75 Prozent.[4]

Mit der Gründung von Universitäten büßten die kirchlichen Schulen ihre Funktion ein, für ein höheres geistliches Amt auszubilden. Sie beschränkten sich nun darauf, auf den späteren Universitätsbesuch vorzubereiten oder für eine Stelle im niederen Klerus auszubilden. In Städten, die Verbindung zu Klöstern oder anderen kirchlichen Einrichtungen unterhielten, stieg die Zahl der Schüler. Die Schulen nahmen jetzt auch Jungen auf, die keine kirchliche Laufbahn anstrebten. Der Anteil dieser Laien war nicht festgelegt, und so nahm man auf sie bei der Stoffauswahl keine Rücksicht. Mädchen erhielten nur in den Nonnenklöstern Unterricht. Ausgenommen waren die Töchter von Königen oder Fürsten, denen gemeinsam mit den Töchtern des Hochadels eine hauptsächlich geistliche Bildung vermittelt wurde, die bei Bedarf auf mundane, vor allem rechtliche Bereiche, ausgeweitet werden konnte. Die Universitäten gingen in der Regel auf kirchliche Schulen zurück. Ausnahmen bildeten die von dem Stauferkaiser Friedrich II. gegründete Universität von Neapel oder die von der Stadt selbst initiierte Universität von Bologna. Aber auch diese Einrichtungen wurden später an die Kirche angebunden.

Mit dem 12. Jh. setzte eine merkliche Steigerung der literarischen Produktion ein, in Paris gab es die ersten Bücher zu kaufen und mit den Büchern wurden den Gelehrten die Mittel an die Hand gegeben, das notwendige Fachwissen zu erwerben. Das Abschreiben der Bücher erfolgte durch Mönche in den Skriptorien der Klöster in der gesamten damals bekannten Welt (Abb. 14). Allein die räumliche Trennung machte es den akademischen Lehrern unmöglich, einen Einblick in die aktuelle Buchproduktion zu erhalten. Aus dieser Not heraus entstanden Enzyklopädien, in denen das Wissen zu einzelnen Fachgebieten zusammengefasst wurde. Neben den Enzyklopädien entstanden auch zahlreiche Glossare und lateinische Wörterbücher, um Bedeutungsdifferenzen angemessen erfassen zu können. Unterschiedliche Textzusammenstellungen ersetzten die Lektüre ganzer Bücher, der Kompilator bestimmte, welche Textauszüge in welcher Zusammenstellung der Leser erhielt. Hatte Hugo von St. Victor in seinem „Didascalion“ noch gefordert, die Mühe auf sich zu nehmen, die Bücher vollständig zu lesen, um Wissen und Weisheit zu erlangen, so änderte sich jetzt nicht nur die Einstellung zum Buch, sondern auch das Ziel des Lesens: Innerhalb kürzester Zeit wollten die Leser zumindest ein sporadisches Wissen erwerben. In den Vordergrund trat der Aspekt der Nützlichkeit. Dieses neue Leseverhalten hatte auch gewichtige ökonomische Gründe. Die meisten Studierenden, die auf den unteren Stufen bereits selbst Lehrveranstaltungen abhalten durften, konnten es sich nicht leisten, ein Buch zu kaufen, denn der Preis dafür überstieg den Jahreslohn, den ein solcher *doctor* erhielt. Der großen Zahl von Studenten an der Sorbonne – um die Mitte des 13. Jh. waren es etwa 20000 bis

Abb. 14: Mönche beim Diktat im Skriptorium. Aus: Wilhelm von Ockham: Dialogorum libri septem adversos haereticos. Lyon ca. 1494 (Göttingen, SUB, Sign.: 4° Patr. Lat. 1918/51 Inc.).

30000 – standen in der Bibliothek nur rund 2000 Bücher gegenüber. Viele Originalbände durften nicht entliehen werden und waren wegen ihrer Kostbarkeit angekettet. Waren es zunächst nur Studenten, die auf entleihbare Nachschlagewerke und Anthologien zurückgriffen, folgten bald auch Lehrende dem Beispiel und benutzten diese Bücher als Grundlage für ihren Unterricht.

4. Die Scholastik und der Universalienstreit

Die Scholastik (lat. *schola* = Schule) stellte im Mittelalter den Versuch dar, die antike Philosophie mit der christlichem Theologie zu einem System zu verbinden. Diese Bemühungen bestimmten den Diskurs an den Hochschulen und Universitäten Europas von der Mitte des 11. bis zur Mitte des 15. Jh. Mit dem 13. Jh. wurde an den Universitäten der Einfluss der aristotelischen Philosophie tonangebend. Von Aristoteles' Werk war allerdings nur bekannt, was Boethius (ca. 480–524) übersetzt und kommentiert hatte, hauptsächlich Teile der logischen Schriften. Über die Mauren in Spanien und die von Bischof Raimund (1126–1152) gegründete Übersetzerschule in Toledo gelangten aus dem Arabischen ins Lateinische übersetzte Texte von Aristoteles wieder in das Abendland und prägten den universitären Unterricht. Während die Methodik in den Klosterschulen durch den Dreiklang Lektüre, Meditation und Kontemplation bestimmt wurde, gab es zur Zeit der Scholastik drei verschiedene Arten, mit einem Text umzugehen. *Legere* („lesen“) beinhaltete gleichfalls Erklärungen und Kommentare zum Text, *disputare* („erörtern“) war die Kunst der Diskussion mit logischen Argumenten und schließlich *predicare* („verkünden“) die Fähigkeit der Vermittlung von Textinhalten an mögliche Zuhörer. Je mehr von der aristotelischen Logik bekannt wurde, desto entschiedener herrschte die Dialektik (als Logik) und die Kunst des logischen Schließens vor und prägte den gesamten Unterricht an den Universitäten. Alles theoretische Wissen nahm die Form logisch-rationaler Wissenschaft an und verdrängte als begriffliches Denken den bisher vorherrschenden Wissenschaftstyp von Bild und Metapher. Die *septem artes liberales*, die seit der Karolingerzeit als Basis aller Bildung galten, hielt man jetzt für unzureichend. Die freie Entfaltung von wissenschaftlicher Lehre und Diskussion passte nicht mehr in die traditionsbestimmten Kloster- und Domschulen. Sie entwickelte sich an den Universitäten, die außerhalb der Feudalordnung standen: Die Universitäten waren nämlich nicht ständisch gegliedert. Ihre Leitung lag in den Händen eines gewählten Rektors. Die innere Gliederung erfolgte nach Fakultäten und Nationen.

Die Auseinandersetzung mit den aristotelischen Schriften führte zu einer Säkularisierung der Wissenschaften und zu einer Verwissenschaftlichung der Theologie. Im Mittelpunkt der wissenschaftlichen Betrachtung stand der Text, den es formal und inhaltlich zu analysieren galt.

Dabei entzündete sich über die Frage, was die Erkenntnis bei der Bildung des Allgemeinbegriffs vom Gegenstand selbst einbringt, ein Jahrhunderte währender Streit. Die eine Seite, die Universalisten, behauptete eine Entsprechung von Sache und Begriff, die auf einer Art inhaltlicher Abbildung beruhen sollte, die durch eine Abstraktion vom Realobjekt mit Hilfe eines geistigen Bildes (*species*) gewonnen wird. Die andere Seite, die Nominalisten, behauptete, dass nur Einzelobjekte real sind, während die Universalien oder Ideen lediglich als abstrakte Begriffe existieren. Den Anstoß für den Universalienstreit lieferte die von den Kommentatoren der aristotelischen Texte aufgeworfene Frage, ob es die Logik mit Dingen oder mit Wörtern zu tun habe. Die Deutung der Universalien änderte sich im Verlauf des Mittelalters mehrfach. Die aristotelische Logik setzte sich in allen Bereichen des Wissenschaftsbetriebes uneingeschränkt durch. Die Diskussion litt jedoch darunter, dass kaum noch Originaltexte gelesen wurden. Die Technik der Argumentation, das logische Schließen nach Aristoteles, wurde an Sammlungen ausgewählter Texte erprobt: Häufig trat sie derart in den Vordergrund, dass die Inhalte mehr oder weniger beliebig wurden.

Die Rarität von Originalen bzw. das Fehlen von Abschriften hatten vor allem ökonomische Gründe. Pergament wurde aus den ungegerbten Häuten von Schaf-, Kälber- oder Ziegenfellen gewonnen und war extrem teuer. Der Preis wurde noch dadurch in die Höhe getrieben, dass das Schreiben und Kopieren, sofern es nicht in den Klöstern erfolgte, gesellschaftlich keinen hohen Stellenwert besaß. Nur Gelehrte mit hohem Einkommen konnten sich einen Kopisten und das nötige Pergament leisten. Die Mitglieder von Bettelorden erhielten zudem häufig vom hohen Klerus ein Kopierverbot, mit der Begründung, es sei sinnvoller, die Zeit besser zu nützen und die Christen zu sittlicher Strenge, Armut, Entbehrung und Pflichteifer zu ermahnen.

5. Das stille Lesen und die Macht der Schrift

In den Jahren 1347–1352 überrollte eine Pestepidemie ganz Europa. Sie forderte 25 Millionen Tote, etwa ein Drittel der Bevölkerung. Die Städte waren besonders betroffen. Die Epidemie führte u. a. dazu, dass sich die Zusammensetzung der Hochschüler mit Blick auf ihre Bildungsvoraussetzungen änderte. Viele Studenten kamen jetzt vom Land in die entvölkerten Städte, und es ist anzunehmen, dass ihr Bildungsniveau niedriger war als das ihrer Vorgänger. Gefordert war jetzt der möglichst schnelle Erwerb von Bildung bei geringen Kosten, wobei nach dem Tod so vieler Gelehrter und Studenten die Bücher erschwinglicher geworden waren.

Seit dem 12. Jh. wurde unterschieden zwischen dem lauten Vorlesen eines Textes in der *prelectio* und dem privaten stummen Lesen, das in den Klöstern bereits als Teil der Meditation betrieben wurde. Im 13. Jh. begannen die Autoren auch, ihre Texte selbst zu schreiben, statt sie zu diktieren. Sie gewannen dadurch an Privatheit und konnten auch Gefühle ausdrücken, die man in Gegenwart eines Schreibers nicht auszusprechen wagte. In den Skriptorien der Klöster war das Kopieren von Texten zu einer rein mechanischen Arbeit geworden, viele Mönche lasen den Text nicht mehr, sondern nahmen ihn als rein visuelles Bild wahr, das sie wie ein Maler kopierten. Je nach Größe des Schreibtisches lag auf ihm die Textvorlage und das Pergament für die Abschrift ruhte auf den Knien. Häufig wurden für die Vorlagen kleine Katheder als Buchstützen verwendet, so dass der Schreiber das Pergament für die Abschrift bequem am Schreibtisch bearbeiten konnte. Geschrieben – oder besser: gemalt – wurde mit Tinte und einer Feder, die mit einem kleinen Messer immer wieder angespitzt werden musste. Das Federmesser diente auch als „Radiergummi", um Fehlerhaftes wieder wegzukratzen. Die Kopiertätigkeit der Mönche zielte vor allem auf sakrale Zwecke und kam im Wesentlichen dem Klerus zugute. Daher standen die akademischen Lehrer mit dem Aufkommen von Universitäten vor dem Problem, für den Unterricht ihrer zahlreichen Schüler übereinstimmende und sorgfältig angefertigte Texte zur Verfügung zu haben. Das Problem wurde verwaltungstechnisch gelöst, vereidigte Beamte, die *instationari*, meist selbst akademische Lehrer, betreuten die Anfertigung und den Verleih der Texte. Der Student konnte entweder selbst eine Abschrift anfertigen oder gegen Entgelt eine Kopie bestellen. Jeder Lehrer besaß ein Monopol auf seine Texte, die deshalb nicht nach auswärts verkauft werden durften, und jeder Student, der die Universitätsstadt verließ, musste seine Bücher an der dortigen Hochschule zurücklassen. In den *lectiones* kommentierte der Magister oder Doktor den Text, dessen Abschriften die Studenten vor sich liegen hatten. Durch stilles Lesen konnten sie den Gang der Kommentierung verfolgen. Wie entsprechende Bilder der damaligen Zeit zeigen, wurde auch in den Präsenzbibliotheken der Universitäten lautlos gelesen. Das stille Lesen förderte die Ausbildung individueller Skepsis, eine „Zensur" durch die Zuhörer, die beim lauten Lesen meist anwesend waren, fand nicht statt.

Die Möglichkeit, eigene Texte zu verfassen, andere wiederum still zu lesen, führte dazu, dass sich häretische Schriften ohne Kontrolle durch die Kirche verbreiten konnten. Um die Verfasser, Leser und Verbreiter solcher Texte wirksam zu verfolgen, setzte Papst Gregor IX. 1231 eine ständige Kommission zur Bekämpfung der Häresie ein und erließ eine Verordnung, die Ketzern lebenslängliche Haft und Verlust des Heils androhte und die Todesstrafe für Rückfällige vorsah. 1235 setzte der Papst offiziell die Inquisition (lat., Befragung) ein. Diese übergab die überführten Ketzer nach der Befragung und „Beweisaufnahme" der weltlichen Macht, die die Bestrafungen durchführte. Kaiser Friedrich II. ordnete 1238 für alle überführten Ketzer die Todesstrafe durch Verbrennen an. 1252 genehmigte Papst Innozenz IV. zum Zwecke der Wahrheitsfindung die Folter, die in der weltlichen Justiz der damaligen Zeit üblich war. Ende des 13. Jh. war die Inquisition eine allgemeine Einrichtung, die in vielen Regionen über ein Amt zu ihrer Unterstützung verfügte. Nicht nur die Ketzer wurden verbrannt, auch das häretische Schrifttum übergab man den Flammen. Die Kirche fürchtete die Macht, die vom geschriebenen Wort ausging, obwohl die Zahl der Leser noch äußerst gering war.

6. Volkssprachliche Texte

Im nördlichen Europa hatten sich komplementär zur Vereinheitlichung der Schrift und der Worttrennung in lateinischen Texten geschriebene Volkssprachen entwickelt, um das Lesen denjenigen zu erleichtern, die kein Latein konnten. Da viele Laienbrüder in den Klöstern jedoch weder die lateinische Sprache beherrschten noch überhaupt lesen konnten, kamen sie bestenfalls als Zuhörer der volkssprachlichen Texte in Frage, sofern diese vorgelesen wurden. Neben den Klerikern und Laienbrüdern der Klostergemeinschaften gab es noch die „Weltleute": Diejenigen von ihnen, die lesen konnten, wurden *litterati* genannt, die Leseunkundigen *illitterati*. Von der Karolingerzeit bis ins Spätmittelalter fiel der Unterschied von *litteratus* und *illitteratus* weitgehend mit dem Unterschied von Klerus und Laienschaft zusammen. Im Bildungswesen des Mittelalters blieb das Recht, Schulen und Universitäten zu leiten, allein Klerus und Mönchtum vorbehalten.

Wahrscheinlich wurde ein Großteil der volkssprachlichen Dichtung in Prosa und Versen zunächst mündlich abgefasst und erst später verschriftlicht. Bei der Niederschrift volkssprachlicher Texte wurde anders als im Lateinischen die Worttrennung nur unzureichend durchgeführt, sie setzte sich erst Mitte des 13. Jh. durch und die Gestaltung volkssprachlicher Texte glich sich allmählich dem Vorbild lateinisch-scholastischer Texte an. Um die Mitte des 14. Jh. übernahmen auch die Mitglieder des Laienadels die bereits an den Universitäten geübte Praxis des stillen Lesens. Gelesen wurden vor allem in Volkssprache geschriebene Texte, neben literarischen Werken finden sich Übersetzungen aus dem Lateinischen von scholastischen Texten. Landessprachliche Texte waren auch bei den Studenten sehr beliebt, ersparten sie es ihnen doch, sich mit der grammatischen Komplexität lateinischer Satzperioden auseinander zu setzen. Das stumme Lesen förderte die Lesegeschwindigkeit, man konnte jetzt mehr Bücher in derselben Zeit lesen, so dass sich auch die Anzahl und Qualität der Bücher erhöhte, die für adlige Haushaltungen hergestellt wurden.

Besonders beliebt, vor allem beim französischen Adel, waren die Stundenbücher, die *Horae Beatae Virginis Mariae* oder *Livres d'heures*, die im 13. Jh. entstanden. Es handelte sich hierbei um Gebetbücher für Laien, entweder in Latein oder in Landessprache verfasst. Sie waren handgeschrieben, oft mit künstlerisch wertvollen Initialen und Bildern versehen und deshalb äußerst kostbar. Meist enthielten sie einen Kalender und als Hauptteil, wie schon der lateinische Name besagt, Gebetstexte zur Heiligen Jungfrau Maria. Daneben finden sich andere Texte aus offiziellen kirchlichen Büchern, manchmal auch Bußpsalmen. Die Produktion prächtiger, mit Miniaturen illustrierter Stundenbücher diente oft weniger Andacht und Gebet als der Zurschaustellung des eigenen Reichtums. Im 15. Jh. begannen auch reiche Bürger, sich Stundenbücher anzuschaffen.

Die Verschriftlichung und das Kopieren von „Volkserzählungen" hatte eine Vereinheitlichung der Orthografie zur Folge, die Wörter waren – wie im Lateinischen – auf Grund ihres Wortbildes so leichter zu erkennen und zu lesen. Neben der vor allem theologisch geprägten wissenschaftlichen Literatur der Scholastik bildete sich eine landessprachliche höfische Dichtung aus. Lateinkenntnisse besaßen in der damaligen Zeit nur der Klerus und äußerst selten auch Herrscher und Hochadel, in der Regel waren die Angehörigen des Adels Analphabeten, ihre Ausbildung beschränkte sich auf die körperliche Ertüchtigung sowie Reit- und Waffentechnik. Um zu regieren, zogen sie vom König bis zum Grafen durch ihre Ländereien, nahmen die Huldigungen ihrer Untertanen entgegen und übten die Rechtsprechung aus. Erst ab der Mitte des 12. Jh. wurde der herrschende Adel sesshafter und es entstanden territoriale Residenzen. Die Bewohner dieser Residenzen und die Angehörigen der Hofgesellschaft waren gewöhnlich lese- und schreibunkundig und beherrschten natürlich auch die lateinische Sprache nicht. Deshalb musste eine Literatur, die für diese Menschen bestimmt war und ein ritterliches Tugendideal sowie höfische Verhaltensnormen vermitteln sollte, in der jeweiligen Volkssprache gehalten sein, und sie musste vorgelesen, vorgetragen oder vorgesungen werden. Der weitaus größte Teil der volkssprachlichen Dichtung wurde wohl zunächst mündlich in Versen oder Prosa abgefasst, entweder vom Dichter selbst oder von anderen übernommen und dann auswendig gelernt. Diese Texte wurden dann bei Hofe meist von Rittern vorgetragen. Hatte sich dort aus politisch-wirtschaftlichen Erwägungen heraus schon eine Schreibstube gebildet, konnten die vorgetragenen Texte dort aufgeschrieben werden. Vor allem die Epiker bemühten sich um die Aufzeichnung ihrer Texte, schon weil das Auswendiglernen längerer Versdichtungen sie vielfach wohl überforderte. So muss man davon ausgehen, dass die Epik in Reimpaaren, also z. B. die Artusepik, abschnittweise vorgelesen wurde, während die Epik in Reimstrophen oder auch die Heldenepik wahrscheinlich vorgesungen wurde. Die bekannteste Heldenepik um die Wende vom 12. zum 13. Jh. war das mittelhochdeutsche „Nibelungenlied".

Im Jahre 1755 entdeckte der Arzt und Literaturliebhaber Jakob Hermann Obereit in einer gräflichen Bibliothek in Österreich zwei Pergamentbände[5], die Hohenems-Laßbergische Handschrift des heute weltberühmten „Nibelungenliedes". Johann Jakob Bodmer, ein Literaturpapst der damaligen Zeit, veröffentlichte 1757 den zweiten Teil unter dem Titel „Chriemhildens Rache" als Buch, der Gesamttext erschien 1782 unter dem Titel „Der Nibelungen Liet. Ein Rittergedicht aus dem XIII. oder XIV. Jahrhundert" in Berlin, herausgegeben von Christoph Heinrich Müller (auch Myller), einem Freund Bodmers. 1768 wurden in der Stiftsbibliothek von St. Gallen und 1779 in Hohenems weitere Handschriften des „Nibelungenliedes" gefunden. Bis heute verfügen wir über 35 Handschriften des Liedes, die aus dem 13.–16. Jh. stammen und teilweise nur als Fragmente erhalten sind, wobei die Texte außerdem voneinander abweichen.

Das „Nibelungenlied" berichtet im ersten Teil, den Kapiteln 1–19, hier Aventiuren genannt, von Siegfrieds Jugend, seiner Brautwerbung um die Königstochter Kriemhild und seiner Vermählung mit ihr, von dem Betrug bei Gunthers Werbung um Brünhild, vom Streit der beiden Königinnen Kriemhild und Brünhild und von Siegfrieds Ermordung durch Hagen. Der zweite Teil mit den Aventiuren 20–39 enthält Etzels (mittelhochdeutsch für Attila) Werbung um Kriemhild, die Einladung der Burgunden an Etzels Hof, ihre Reise zu Etzel und schließlich den Kampf, bei dem alle Burgunden umkommen. Das „Nibelungenlied" beginnt mit den berühmten Zeilen:

> uns ist in alten maeren wunders vil geseit
> von helden lobebaeren, von grôzer arebeit,
> von fröuden, hôchgezîten, von weinen und von klagen,
> von küener recken strîten muget ir nu wunder hoeren sagen.
> (Strophe 1, Handschrift B, entstanden zwischen 1225 und 1275)

Grosse übersetzt die Eingangsverse wie folgt:

> Uns wird in alten Erzählungen viel Wunderbares berichtet: Von berühmten Helden, großer Mühsal, von glücklichen Tagen und Festen, von Tränen und Klagen und vom Kampf tapferer Männer könnt ihr jetzt Erstaunliches erfahren.[6]

Inwieweit dieses „Erstaunliche" auf historischen Fakten beruht, haben Philologen immer wieder herauszufinden versucht. Für die literarische Qualität des Textes ist es letztlich unerheblich, ob er der historischen Wahrheit entspricht. Für den ersten Teil des „Nibelungenliedes" finden sich keine geschichtlichen Entsprechungen. Für den zweiten Teil sind nur wenige Ereignisse der Handlung historisch festzumachen. Im 5. Jh. gab es ein burgundisches Reich am Niederrhein, und auch ein Burgundenkönig mit dem Namen Gundelarius oder Gundalar ist belegt, der 436 oder 437 von einem Hunnenheer geschlagen wurde, das vermutlich zu den Hilfstruppen des römischen Feldherrn Aëlius gehörte. Die gesamte burgundische Königsfamilie fand bei der Schlacht den Tod, insgesamt sollen etwa 20 000 Menschen umgekommen sein. Die Hunnen wurden jedoch in dieser Schlacht nicht von Attila geführt, doch kam dieser im Jahr 453 in seiner Hochzeitsnacht mit einer Germanin namens Hildico durch einen Blutsturz ums Leben. Schon früh hatte sich das Gerücht gebildet, Hildico habe ihren Gatten getötet, um sich für die Grausamkeiten zu rächen, die die Hunnen den germanischen Stämmen angetan hatten. All diese Ereignisse wurden über Jahrhunderte mündlich tradiert und verdichteten sich zu einer volkssprachlichen Literatur, die im 13. Jh. schon eine erstaunliche Perfektion besaß, was die Beherrschung der literarischen Formen betrifft.

7. Die Rezeption französischer Hofkultur

Bei der Rezeption der höfischen Kultur Frankreichs spielten die Staufer eine wichtige Rolle. Es waren auch die Staufer, die als Erste in Deutschland Turniere nach französischem Vorbild veranstalteten. Durch die Heirat Kaiser Friedrichs I. (1152–1190) mit Beatrix von Burgund wurden die Bindungen an den Westen noch verstärkt. Am deutlichsten lässt sich die Bedeutung der Staufer für die höfische Literaturgeschichte daran ablesen, dass zwei von ihnen selbst als Dichter hervortraten. Die Lieder von „Kaiser Heinrich" und „König Konrad dem Jungen" am Anfang der „Manessischen Liederhandschrift" werden Kaiser Heinrich VI. (1190–1197) und seinem Enkel, König Konrad IV. (1237–1254), zugeschrieben.

Grundsätzlich muss man bedenken, dass Deutschland im Mittelalter ein unfestes Gebilde war, hervorgegangen aus den Teilungen des karolingischen Großreichs. Die Grenzen des Deutschen Reichs ragten im Westen weit über die deutsch-französische Sprachgrenze hinaus und umschlossen von Flandern bis zum Mittelmeer einen breiten Gürtel französischer Kultur. Die Sprachen gingen ineinander über und Schreiber und Vortragende waren oft nicht identisch. So nimmt es nicht wunder, dass die mittelhochdeutsche Dichtung stark von der französischen Hofdichtung beeinflusst wurde, ja abgesehen vom „Nibelungenlied" alle großen Epen der Zeit um 1200 auf französische Vorlagen zurückgehen.

Frankreich war spätestens seit dem 12. Jh. im abendländischen Bildungsprozess führend und auch die höfische Hofkultur übertraf die der anderen europäischen Staatsgebilde. Auch in Deutschland hörten die Adligen sicher gern die keltischen Geschichten um König Artus und seine

Tafelrunde. Wie beim „Nibelungenlied" ist auch hier nicht mehr auszumachen, ob der Text auf historischen Ereignissen basiert. Der früheste erhaltene Hinweis auf einen König mit Namen Artus findet sich in der walisischen Dichtung „Y Gododdin" aus dem 6. Jh. Als historische Figur taucht ein König Artus erstmals in der „Historia Britonum" des walisischen Geschichtsschreibers Nennius (Mitte des 9. Jh.) auf. Die erste längere Artuserzählung finden wir bei dem englischen Chronisten Geoffrey von Monmouth in seiner „Historia regum Britanniae", der „Geschichte der Könige Britanniens", die um das Jahr 1139 entstanden ist. Dort wird Artus als Sohn des Königs Uther Pendragon vorgestellt, der, vom Zauberer Merlin erzogen, sein Herrschaftsgebiet auf das europäische Festland ausdehnt. Während eines Feldzuges nach Rom raubt sein Neffe Mordred ihm Frau und Land. Die „Historia" erwähnt auch die geheimnisvolle Insel Avalon, ein mythisches Zwischenreich, in das sich Artus nach seiner tödlichen Verwundung im Duell mit Mordred zurückzieht, um dereinst zur Rettung seines Landes ruhmreich zurückzukehren. Dieses Gedankengut der keltischen Mythologie sowie die Legendenkreise um Tristan und Isolde und den Gral gelangten nach Frankreich und auf das gesamte Festland. Aber zuerst gestaltete Chrétien de Troyes diese keltischen Erzählungen aus dem Artuskomplex in dichterischen Werken. Um mit dieser altfranzösischen Literatur vertraut zu werden, musste man nicht lesen können, es reichte aus, die Volkssprache mündlich zu beherrschen. Wahrscheinlich gab es viele kongeniale Nachdichter dieses Stoffes, die weder lesen noch schreiben konnten. So heißt es z. B. bei Wolfram von Eschenbach (ca. 1170–1220), der sich in seinen Versepen an das altfranzösische Vorbild anlehnte: „ine kan deheinen buochstap" und: „swaz an den buoden stât geschriben, des bin ich künstelos beliben"[7] (Abb. 15). Diese Zeilen können natürlich auch ein Ausdruck von Bescheidenheit sein. Hartmann von Aue (ca. 1160–1210), ebenfalls ein Ritter, schreibt:

> Ein ritter sô gelêret was
> daz er an den buochen las
> swaz er dar an geschriben vand
> der was Hartmann genant.[8]

Für die meisten Adligen und Ritter der damaligen Zeit waren Lesen und Schreiben Künste, die dem einfachen Volk vorbehalten blieben bzw. denen, die von ihnen abhängig waren. Für den niederen Adel war der rit-

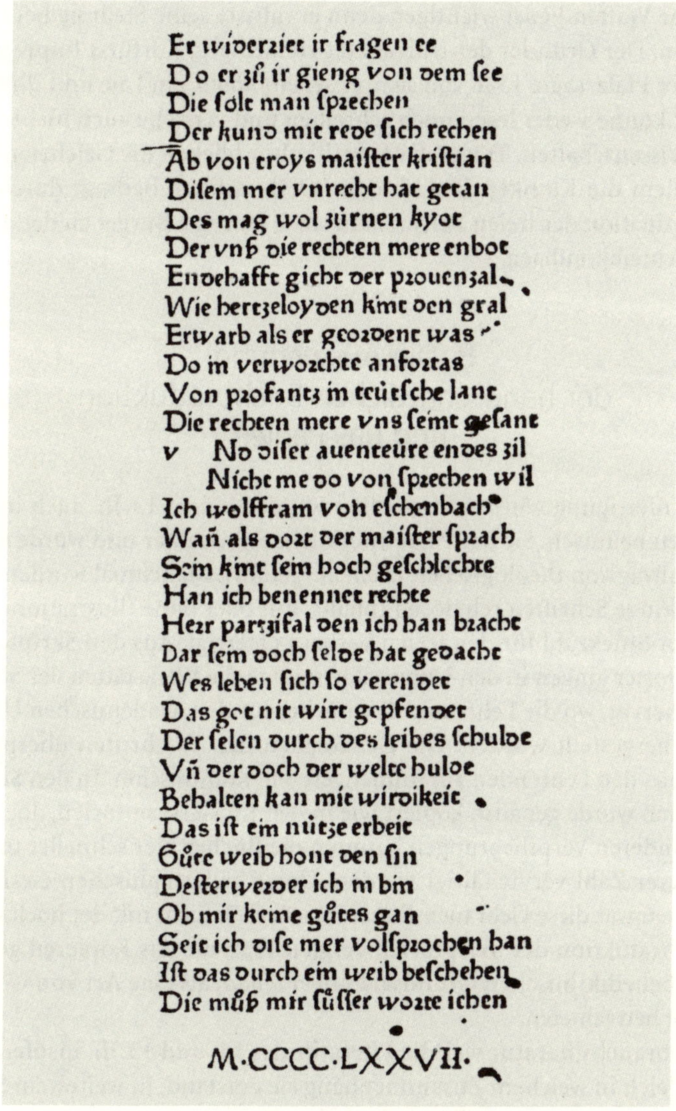

Er widerziet ir fragen ee
Do er zů ir gieng von dem ſee
Die ſolt man ſprechen
Der kund mit rede ſich rechen
Ab von troys maiſter kriſtian
Diſem mer vnrecht hat getan
Des mag wol zürnen kyot
Der vnß die rechten mere enbot
Endehafft gicht der prouenzal
Wie hertzeloyden kint den gral
Erwarb als er geordent was
Do im verworchte anfortas
Von profantz in teütſche lant
Die rechten mere vns ſeint geſant
v No diſer auenteüre endes zil
Nicht me do von ſprechen wil
Ich wolffram von eſchenbach
Wañ als dort der maiſter ſprach
Sein kint ſein hoch geſchlechte
Han ich benennet rechte
Herr partzifal den ich han bracht
Dar ſein doch ſelde hat gedacht
Wes leben ſich ſo verendet
Das got nit wirt gepfendet
Der ſelen durch des leibes ſchulde
Vñ der doch der welte hulde
Behalten kan mit wirdikeit
Das iſt ein nütze erbeit
Güte weib hont den ſin
Deſter werder ich in bin
Ob mir keine gůtes gan
Seit ich diſe mer volſprochen han
Iſt das durch ein weib beſchehen
Die můß mir ſüſſer worte iehen

M·CCCC·LXXVII·

Abb. 15: Wolfram von Eschenbach: Parzifal. Straßburg 1477 (Göttingen, SUB, Sign.: 4° Poet. Germ., I, 8883 Inc. Rara). Das Versepos um König Artus entstand zwischen 1200 und 1210 als Auftragsdichtung für einen Adligen. Der Straßburger Drucker Mentelin war der einzige deutsche Drucker, der mittelalterliche höfische Dichtungen druckte.

terliche Waffendienst wichtiger, denn er musste seine Stellung bei Hofe sichern. Der Gründer der Universität Heidelberg, Kurfürst Ruprecht I. von der Pfalz, sagte 1386 von sich, er sei ein *idiota*, ein Laie und *illitteratus*, er könne weder lesen noch schreiben und verstehe auch nichts von den Wissenschaften. Träger der Schriftkultur blieben die Gelehrten und vor allem die Kleriker. Erst ab dem 13. Jh. zählten bedingt durch die Emanzipation der freien Reichsstädte auch einzelne Bürger zu den Lese- und Schreibkundigen.

8. Die Ausweitung der handschriftlichen Buchproduktion und das Papier

Die Anfertigung von Handschriften wurde ab dem 13. Jh. auch in den Städten heimisch. Sie hatte handwerklichen Charakter und wurde meist im Auftrag von theologischen Laien ausgeführt. Manchmal wurden aber auch kurze Schriften religiösen Inhalts, mit oder ohne Illustrationen, in kleiner Stückzahl für den freien Verkauf gefertigt. Aus den Skriptorien der Klöster gingen in den Universitätsstädten die Werkstätten der Stationare hervor, wo die Lehr- und Textbücher für den akademischen Unterricht hergestellt wurden. Die Genauigkeit der Abschriften überprüfte eine aus den Lehrenden zusammengesetzte Kommission. In den Stationariaten wurde genauso kopiert wie in den Klosterskriptorien, doch frei von anderen Verpflichtungen konnten die Bücher hier schneller und in größerer Zahl vervielfältigt werden. Unter kalligraphischen Gesichtspunkten war diese Gebrauchsliteratur sicherlich nicht mit der hochwertigen Produktion der Skriptorien vergleichbar, die das Kopieren gemäß dem benediktinischen Grundsatz *ora et labora* als eine Art von Gottesdienst betrachteten.

Gebrauchsliteratur war die Literatur des 14. und 15. Jh. insofern, als sie, gleich in welchem Zusammenhang sie entstand, in weitestem Sinne der Lebenshilfe diente. Die ästhetischen Ansprüche an die literarische Produktion, die sich im 13. Jh. an den Höfen herausgebildet hatten, wurden zugunsten der inhaltlichen Belehrung, Anweisung und Orientierung durch Literatur zurückgedrängt. Die didaktischen Gattungen – Fabel, Spruchdichtung, Reimrede – gewannen an Bedeutung. Der geistlichen Erbauung und Information dienliche Literatur – Traktate, Legenden,

Heiligengeschichten – nahm im Vergleich zum 13. Jh. breiten Raum ein, dazu gehörten auch medizinische und juristische Texte. Alle Arten von Sachliteratur versuchten mehr oder minder kompetent, Kenntnisse über die sich verändernde Welt zu vermitteln.

Handwerk und Handel führten zu einem wirtschaftlichen Aufschwung der Städte. Der Fernhandel machte schriftliche Absprachen erforderlich, die von Kontoristen und Buchhaltern getroffen wurden. Bei vielen wohlhabenden Bürgern entstand der Wunsch nach Bildung, sei es, um die Geschäfte besser führen und die Schreiber kontrollieren zu können, sei es, um das neue gewonnene Selbstbewusstsein zum Ausdruck zu bringen, das mit dem Zugewinn an sozialer Bedeutung einherging. Aus den Erfordernissen der wirtschaftlichen und sozialen Entwicklung heraus entstand eine neue bürgerliche Intelligenz, die sich am literarischen Geschmack des Adels orientierte. Das Bildungsmonopol behielt jedoch bis zum 16. Jh. die Kirche, die mittlerweile neben den Domschulen städtische Orden unterhielt, die sich auch der Lehrtätigkeit widmeten. Die Entstehung eines frühen „Bildungsbürgertums" hatte im 14. und 15. Jh. eine erhebliche Ausweitung der handschriftlichen Buchproduktion zur Folge, über deren tatsächlichen Umfang sich aber keine genauen Angaben machen lassen. Gebrauchshandschriften wurden überwiegend privat hergestellt. Gelehrte schrieben sich die benötigten Texte selbst ab. So konnten sie sichergehen, eine korrekte Kopie zu erhalten. Teilweise wollten sie wohl auch das Geld für die Stationare sparen.

Zur rascheren Verbreitung von Büchern trug nicht zuletzt die Verwendung von Papier bei, das allmählich das kostbare Pergament ersetzte. Die Mauren hatten die Papierherstellung im 12. Jh. in Spanien bekannt gemacht. Die dortige Praxis diente als Vorbild für die erste Papiermühle in Italien, die 1278 errichtet wurde. Mit Wasserkraft betrieben, zerstampften schwere Stößel die Rohstoffe, hauptsächlich Stroh, Blätter, Rinde, altes Leinen und Baumwollreste, zu Fasern. Zur Reinigung des Materials wurde ständig Wasser zugeführt. Waren die Fasern hinreichend zerkleinert, verblieben sie im Wasser, so dass eine breiartige Masse entstand, die die Papiermüller in einen großen Bottich füllten. Mit einem Sieb in einem losen Holzrahmen, der sog. Bütte, schöpften sie die breiige Masse schließlich wieder aus dem Bottich und verteilten sie durch Schütteln gleichmäßig auf dem Sieb. So konnten sich die Fasern miteinander verknüpfen, und das überschüssige Wasser lief ab. Bütte und Sieb wurden so lange beiseite gelegt, bis das Papier die nötige Festigkeit erhalten hatte.

Dann wurde die Bütte vom Sieb getrennt, das Sieb mit dem Papier umgedreht und das so entstandene Blatt zwischen Filzfolien getrocknet und gepresst. Um die Saugfähigkeit des Papiers zu verringern, bestrich man es mit Knochenleim. Die Messingdrähte der Siebe hinterließen Spuren im Papier, die Wasserzeichen. Bald bogen die Papiermüller die Drähte der Siebe so, dass diese eine Figur bildeten. Am Wasserzeichen ließ sich nun erkennen, wo das Papier hergestellt worden war. Die erste deutsche Papiermühle ist für 1390 in Nürnberg belegt. Hochburg der Papierproduktion blieb im 14. und 15. Jh. aber Italien, von wo das begehrte Material in alle europäischen Länder exportiert wurde.

9. Gesellschaftlicher Wandel und Buchproduktion am Ausgang des Mittelalters

Das 15. Jh. war ein Zeitalter des Wandels. Neue Inhalte sprengten alte Formen, kühne Gedanken wurden gedacht, selbstbewusste Bürger verloren die Angst vor den adligen Herren auf ihren Burgen, die in demselben Maße an Macht verloren, wie die Städte an Einfluss gewannen. Gefördert wurde diese Neuformierung des Reiches von Friedrich III. (1415–1493), der aus dem Hause Habsburg stammte und von 1440–1493 deutscher König und Kaiser war. Er verstand es geschickt, die neuen Machtgruppen frei gewähren zu lassen, so dass sich Adel einerseits und Freie Reichsstädte andererseits gegenseitig banden.

In den Städten schlossen sich die Handwerker zu Zünften zusammen, wie schon zuvor die Kaufleute Gilden gebildet hatten. Die Gilden und Zünfte gingen zum Teil aus religiösen Bruderschaften hervor, deren Interessen sich mit der Zeit von theologischen Fragen zu wirtschaftlichen und sozialen Belangen verschoben. Dank ihrer theologischen Schulung waren die Mitglieder dieser Bruderschaften keine *illitterati* oder *idiotae*, sie konnten lesen und schreiben. Waren Zünfte und Gilden schon im 12. Jh. für die Entwicklung der Städte bestimmend gewesen, so wurden sie im 15. Jh. zur bedeutendsten wirtschaftlichen Kraft und zur wichtigsten Institution für das gesellschaftliche Leben. Häufig waren sie zudem an der Stadtverwaltung beteiligt. Als Symbol der neuen Macht wurden in vielen Städten prächtige Rathäuser erbaut oder doch zumindest die alten erweitert und verschönert.

Die Zünfte waren in drei Klassen untergliedert. Allein die Meister waren Vollmitglieder, die Gesellen gehörten zur zweiten, die Lehrlinge zur dritten Klasse. Die Ausbildung wurde von der Zunft vorgeschrieben. Sie bestand aus Lehrzeit, Gesellenzeit und Wanderzeit. Lehrlinge und Gesellen lebten meist im Haus des Meisters und wurden dort auch verpflegt. Die Lehrlinge erhielten keinen, die Gesellen nur einen geringen Lohn, dessen Höhe von der Zunft festgesetzt wurde. Ab dem 15. Jh. musste der Geselle, wollte er Meister werden, ein Meisterstück abliefern.

Neben den Stationariaten und der privaten Kopiertätigkeit der *litterati*, die sich bis weit ins 16. Jh. hielt, gab es in den Städten auch ein Schreibergewerbe, das sich schon verhältnismäßig früh in den größeren Handelsstädten mit ihren Messeplätzen konzentrierte. An der Herstellung von Büchern, Traktaten und einzelnen Blättern waren verschiedene Handwerksberufe beteiligt. Da war zunächst der *pergamentarius* oder *membranarius*, der aus Tierhäuten Pergament herstellte. Da gab es die Papiermacher, deren Mühlen meist vor den Toren der Stadt an einem Fluss angesiedelt waren. Es gab Illuminatoren und Rubrikatoren, die für die Gestaltung der Überschriften zuständig waren, und natürlich Buchbinder. Sie alle waren neben den Schreibern an der Entstehung eines Buches beteiligt. An Handelsplätzen, an denen Bücher in größerem Maßstab produziert wurden, schlossen sich auch diese Handwerker und Künstler zu Zünften und Gilden zusammen.

Von einem Handwerksstand der Schreiber, Buchmaler oder Kalligraphen kann man dennoch schlecht sprechen, denn diese Berufe erforderten weder eine Lehre noch eine bestimmte Ausbildung. Das Bücherschreiben und die Gestaltung von Büchern erforderten allerdings spezielle Fähigkeiten. Ein guter Buchschreiber musste des Lateinischen mächtig sein und die Volkssprache beherrschen, zudem sollte er über literarische Bildung verfügen. Neben der Gestaltung von Büchern wird sich solch ein *litteratus* auch mit dem Abfassen von Geschäftsbriefen und Urkunden beschäftigt haben, sei es in den landesfürstlichen Verwaltungen, bei den Räten der Städte oder in den Handelskontoren der Kaufleute. Mit dem aus politischen und wirtschaftlichen Gründen gestiegenen Bedarf an Schriftstücken wuchs auch die Zahl der Menschen, die in der Lage waren, kurze volkssprachliche Texte zu lesen. Die spätmittelalterliche Bezeichnung für den gebildeten Schreiber war *clericus*, womit im klassischen Latein der Geistliche oder Priester bezeichnet wurde. Obwohl die Buchproduktion jetzt überwiegend in der Hand von Laien (*laici*) lag, hielt man an der Bezeichnung *clericus*, die der Tradition der Klosterskriptorien entstammte, fest. Neben den laizistischen Schreibern gab es natürlich weiterhin kirchliche Schreiber, die sich teilweise zu Bruderschaften zusammenschlossen und als Erkennungszeichen eine Schreibfeder an der Kopfbedeckung trugen.

Zu Beginn des 15. Jh. entstand der Beruf des Schreibmeisters, der Bücherhandschriften nicht nur im Kundenauftrag herstellte, sondern auch für den freien Markt. Es bildete sich ein Buchhandel mit Lagerhaltung aus, der Literatur für jeden Lesergeschmack bereithielt, geistliche Literatur, weltliche Literatur oder gar pornographische Werke mit Abbildungen. Ein Schreibmeister beschäftigte mehrere Schreiber und Illustratoren. Der Text wurde zunächst mit einer Gänsefeder, die in Tinte getaucht wurde, auf Pergament oder Papier geschrieben. Die Illustratoren und Rubrikatoren fügten Federzeichnungen und Überschriften hinzu, die anschließend ausgemalt werden konnten. Angeboten wurden volkstümliche Medizin- und Arzneibücher, Astrologie- und Wahrsagebücher, genauso aber literarische Werke, die dem Adel und später auch den höher gestellten Bürgern gefielen, z. B. Erzählungen aus dem Artuskreis wie „Kung Artuss und her Ybin". So finden wir in den städtischen Buchwerkstätten schließlich den literarischen Geschmack der herrschenden Feudalschicht wieder.

Anmerkungen

[1] Vgl. H. Eggers: Deutsche Sprachgeschichte. Bd. I.: Das Althochdeutsche. Reinbek 1963, S. 111 ff.

[2] Vgl. Hugo Kuhn: Dichtung und Welt im Mittelalter. Stuttgart 1969, S. 91 ff.

[3] August Nitschke: Frühe christliche Reiche. In: Propyläen Weltgeschichte. Berlin, Frankfurt, Wien 1960–1964. Bd. 5, S. 316–393, S. 355 f.

[4] Vgl. RGG. Tübingen 1962. Bd. 6, S. 1166.

[5] Vgl. Fritz R. Glunk: Das Nibelungenlied. München 2002, S. 9 f.

[6] Das Nibelungenlied. Mittelhochdeutsch und neuhochdeutsch. Übersetzt und kommentiert von Siegfried Grosse. Stuttgart 1999

[7] Wolfram von Eschenbach: Parzifal. Herausgegeben von A. Leitzmann. Tübingen 1963, V. 115,27; Willehalm. Nach der Handschrift 857 der Stiftsbibliothek St. Gallen. Herausgegeben von J. Heinzle. Frankfurt a. M. 1991, V. 2, 19 f..

[8] Hartmann von Aue: Der arme Heinrich. Mittelhochdeutscher Text und Übertragung. Herausgegeben und übersetzt von H. de Boor. Frankfurt 1967, S. 6.

Die Erfindung des Buchdrucks mit beweglichen Lettern

Bei steigender Nachfrage nach Texten aus allen Bereichen des täglichen Lebens waren die Handwerker natürlich sehr daran interessiert, Verfahren zu entwickeln, die es möglich machten, Bücher besser, schneller und vor allem gewinnbringender herzustellen. Zur Vervielfältigung von Texten waren inzwischen auch Stempel gebräuchlich, die in beliebiger Größe aus Holz oder Metall angefertigt wurden. Doch dieser Aufwand lohnte sich nur für Einzelblätter in hoher Auflage. Für die Buchproduktion war diese Technik unwirtschaftlich. Erst die Erfindung des Buchdrucks mit beweglichen Lettern veränderte den Produktionsprozess grundlegend.

Johannes Gensfleisch zum Gutenberg, geboren zwischen 1394 und 1399, gestorben 1468, entwickelte ein Verfahren, das die Herstellung von Büchern revolutionierte und die Zahl der Leser in Europa erheblich steigerte. Als Johannes Gensfleisch in Mainz geboren wurde, zählte die Stadt etwa 6000 Einwohner. Vorfahren und Eltern von Johannes waren Patrizier, Angehörige des oberen Bürgertums, das sich aus Kaufleuten und ehemaligen Landadligen gebildet hatte, die dem niederen Adel gleichgestellt waren. Obwohl der Name seiner Familie Gensfleisch lautete, zog Johannes es vor, sich Gutenberg zu nennen, nach dem Hof, auf dem seine Eltern zusätzlich Landwirtschaft betrieben (Abb. 16). Die Zünfte der Goldschmiede und die der Münz- und Stempelschneider waren in Mainz besonders geachtet, da sie auf eine lange Tradition zurückblicken konnten. Es ist daher nicht verwunderlich, dass Gutenberg sich entschloss, das Goldschmiedehandwerk zu erlernen.

Mainz war keine freie Reichsstadt, sondern wurde von einem Erzbischof regiert, der zugleich Kurfürst und Kanzler des Heiligen Römischen Reiches Deutscher Nation war. Unter der Regentschaft von Konrad III., Graf zu Daun, kam es in Mainz zu Auseinandersetzungen zwischen den alten Patrizierfamilien und den aufstrebenden, in Zünften

Abb. 16: Fiktives Porträt Gutenbergs.
Kupferstich von André Thevet aus dem Jahr 1584
(Göttingen, SUB, Sign.: 2° Hist. lit. Bio, I, 648).

organisierten Handwerkern. Die Zünfte verlangten eine neue und gerechtere Besteuerung der Patrizier. Diejenigen Patrizier, die sich nicht den Forderungen der Zünfte beugen wollten, waren gezwungen auszuwandern. Zu ihnen gehörte auch Johannes Gutenberg, der nach Straßburg ging. Die Zünfte setzten in Mainz einen Stadtrat durch, der den Patriziern jegliche Vorrechte nahm. Schließlich griff Erzbischof Konrad III. in den Streit ein und gewährte den Ausgewanderten – unter ihnen namentlich erwähnt Johannes Gutenberg – wieder volle Bürgerrechte. Gutenberg kehrte jedoch nicht sofort zurück, sondern setzte zunächst in

Straßburg seine ersten Versuche zur Herstellung von Büchern mit beweglichen Lettern fort. Angehörige der Familie Gutenberg übten auch das Recht aus, Münzen zu prägen. Auch Gutenberg hatte sich darin wohl Kenntnisse erworben. So bestritt er in Straßburg seinen Lebensunterhalt mit dem Unterricht in mehreren handwerklichen Künsten wie der Edelsteinschleiferei und der Spiegelherstellung, wobei er sein eigentliches Vorhaben verschleierte. Er wollte keinen Konkurrenten auf seine Versuche aufmerksam machen, denn Patentrechte gab es damals noch nicht und die Mechanisierung des Buchdrucks versprach guten Gewinn.

Zwischen 1439 und 1448 kehrte Gutenberg nach Mainz zurück und nahm dort seine in Straßburg begonnenen Experimente wieder auf, die enorme Geldmengen verschlangen. So war er gezwungen, sich wie schon zuvor in Straßburg Geld zu leihen. Seinen bedeutendsten Geldgeber fand er in dem reichen Händler und Geldverleiher Johannes Fust, der wahrscheinlich eine Chance witterte, mit Hilfe Gutenbergs seinen Reichtum noch zu vermehren.

Wir wissen nicht, welche Erkenntnisse für den Druck von Texten Gutenberg schon aus Straßburg mitbrachte. Doch hatte er viele Probleme zu lösen. Zunächst ging es darum, die richtige Metalllegierung für den Guss der Drucktypen zu finden. Benötigt wurde ein Material, das sich beim Erkalten nicht übermäßig zusammenzog und für den Pressdruck weder zu spröde noch zu weich war. Die genaue Legierung, die Gutenberg schließlich verwendete, kennen wir nicht. Vermutlich bestand das Letternmetall aus einer Mischung von Blei, Zinn und Antimon, das die ungewöhnliche Eigenschaft besitzt, sich beim Erkalten auszudehnen. Dadurch war gewährleistet, dass die Gussformen vollständig ausgefüllt wurden. Nachdem das Problem der Legierung gelöst war, konnten für die Buchstaben beliebig viele Stempel aus hartem Stahl geschnitten werden. Die Stempel schlug man in Kupferplatten und stellte so die Matrizen für die einzelnen Buchstaben und Satzzeichen her. Gutenberg entwickelte zum Ausgießen des Gießmetalls in die Matrizen ein spezielles Handgießgerät, das in der Breite verstellbar war, um den unterschiedlichen Größen der Buchstaben gerecht zu werden. Die einzelnen Buchstaben wurden zu Zeilen zusammengestellt und dieser Satz dann auf ein mit Holz eingefasstes Brett gesetzt, bis eine Spalte bzw. Kolumne entstanden war. Zwei parallele Kolumnen bildeten eine Druckseite. War die Seite gesetzt, wurde sie in einer Holzpresse – ähnlich der schon in der Antike bekannten Weinpresse (Abb. 17) – unter einer Spindel befestigt und mit Farbe bestrichen.

Abb. 17: Presse für Öl oder Wein mit vertikaler Schraube (Aquileia, Archäologisches Museum).

An der Spindel bzw. Schraube war eine Metallplatte befestigt, die das eingelegte Papier beim Setzen fest gegen die Druckform presste. Ein weiteres Problem, das Gutenberg zu lösen hatte, war das der Druckerfarbe. Herkömmliche Tinte trocknete zu langsam, führte zu Verwischungen und schwankender Farbintensität. Gutenbergs Experimente brachten eine tiefschwarze, glänzende Druckerfarbe hervor, die aus schnell trocknendem, pigmentfreiem Firnis und beigefügtem Ruß bestand.

Im Jahr 1452 begann Gutenberg mit dem Druck der Bibel, dem Buch der Bücher, das zur damaligen Zeit sicherlich sehr gefragt war, kostete eine kunstvoll auf Pergament geschriebene Bibel doch mehr als 1000 Gulden. Nur reiche Fürsten, Klöster oder Universitäten konnten sich eine Bibel leisten. Als Folge des Kopierens wiesen die lateinischen Bibeln oft Textunterschiede auf. Gutenberg wählte als Druckvorlage einen Bibeltext, der an der Sorbonne gebräuchlich war. Im Gutenberg-Museum in Mainz findet sich nicht nur eine Rekonstruktion seiner Druckerpresse, sondern auch eine kleine, auf hauchdünnem Pergament, dem sog. Jungfernpergament aus der Haut ungeborener Kälber, gedruckte Bibel, deren Text mit dem Drucktext der Gutenbergbibel nahezu identisch ist. Das Papier für den Druck bezog Gutenberg aus Oberitalien. Es zeigte als Wasserzeichen einen Ochsenkopf oder eine Weintraube und war von hervorragender Qualität. Gutenberg brauchte drei Jahre, um gemeinsam mit seinem Gehilfen Peter Schöffer zwischen 150 und 200 Bibelexemplare herzustellen. Für den Druck einer einzigen Seite waren 3700 Buchstaben und Satzzeichen erforderlich.

1455 schuldete Gutenberg seinem Geldgeber Fust 2020 Gulden, eine ungeheure Summe, für die man damals mehr als zehn Landgüter hätte kaufen können. Fust klagte die Schulden vor Gericht ein, gewann und erhielt als Entschädigung wahrscheinlich die Druckerei Gutenbergs und die dort hergestellten Bibelexemplare. Er führte die Druckerei zusammen mit Schöffer, den er zu seinem Schwiegersohn machte, unter dem Namen „Fust und Schöffer" weiter. 1457 wurde hier die Psalmensammlung „Psalterium Maguntinum" gedruckt, das erste gedruckte Buch mit Druckdatum und Nachweis einer Druckerwerkstatt. 1462 druckten Fust und Schöffer wiederum die Bibel und 1465 „De Officiis" von Cicero, die erste gedruckte Klassikerausgabe, die auch griechische Buchstaben enthielt. Fust starb 1466. Er hatte mit dem Verkauf der Gutenbergbibel einen Gewinn von etwa 5000 bis 6000 Gulden erzielt. Mit finanzieller Unterstützung durch den Mainzer Stadtsyndikus Konrad Humery konnte Gutenberg nun weiterdrucken. Doch das Geld, das Humery ihm vorgestreckt hatte, reichte nicht aus, um die Löhne der Gehilfen zu zahlen. So war der kleinen Druckerei Gutenbergs kein Erfolg beschieden.

Im Oktober 1462 kam es in Mainz zum Bürgerkrieg. Der Papst hatte Dieter von Isenburg als Erzbischof und Kurfürsten abgesetzt und stattdessen den Grafen Adolf von Nassau zum Erzbischof ernannt. Während der Auseinandersetzung zwischen den beiden Parteien wurde Mainz geplündert und Gutenberg der Stadt verwiesen. Als sich Adolf von Nassau, nun Adolf II., als rechtmäßiger Kurfürst und Erzbischof von Mainz durchgesetzt hatte, kehrte Gutenberg zurück. 1465 ernannte Adolf II. ihn zum Hofmann. In dieser Stellung war Gutenberg von Steuern und anderen Abgaben befreit und erhielt ein geringes Entgelt. Er konnte diese Privilegien aber nur noch drei Jahre genießen. Am 3. Februar 1468 starb Gutenberg in seiner Vaterstadt.

Fust und Schöffer waren die ersten Händler, die gedruckte Bücher verkauften. Der Preis eines gedruckten Buches betrug nur ein Fünftel dessen, was ein Käufer für ein handgeschriebenes Buch bezahlen musste. Fust wählte geschickt die Messestadt Frankfurt am Main als Mittelpunkt für seinen Buchhandel. Von dort belieferte er die Universitäten und den

Klerus und gründete bald auch in Paris eine Filiale. Im Gegensatz zu Gutenberg starb Fust als reicher Mann.

Gutenbergs revolutionäre Erfindung des Drucks mit beweglichen Lettern verbreitete sich rasch in ganz Europa. Bereits 1459 gelangte sie nach Straßburg, wo 1465 die erste deutschsprachige Bibel gedruckt wurde. Gleichfalls 1459 erreichte sie Bamberg. 1464 siedelten sich deutsche Drucker in Rom an, 1469 in Venedig, 1470 in Paris. Bis 1470 gab es in Europa 17 Druckorte, 1480 waren es bereits 121 und 1490 204. Bis 1500 erhöhte sich die Zahl der Druckorte auf 252, allein 62 davon lagen im Heiligen Römischen Reich Deutscher Nation.

Nach dem Tod von Fust erlosch die Firma „Fust und Schöffer" und Peter Schöffer führte das Unternehmen unter eigenem Namen weiter. Schöffer war der erste Verleger, der für ein Buch Werbung machte. Waren beim Handel mit Handschriften Angebot und Nachfrage einfach festzustellen gewesen, so musste die Auflagenhöhe jetzt genau geplant werden, um Verluste zu vermeiden. So kündigte Schöffer im Frühjahr 1470 das Erscheinen der Briefe des heiligen Hieronymus für die Herbstmesse in Frankfurt an:

> Anzeige der Ausgabe von Hieronymi Epistolae,
> Moguntiae; Petr. Schoiffer de Gernssheym, 1470
> (welche im Herbst 1470 wirklich erschien).
> (Abgedruckt im „Serapeum". 17. Jahrgang 1855, S. 238. – Übersetzung des lateinischen Originals.)

„Allen denjenigen, welche von der vorliegenden Anpreisung hören, welche dem ruhmreichen Hieronymus ergeben sind und sich seiner herrlichen Lehren erfreuen, sei hiermit kund und zu wissen, dass dieses ruhmreichen Mannes, Doktors und tapfersten Vorkämpfers der Kirche Buch der Briefe oder das hieronymische Buch in Mainz durch Peter von Gernßheim zum Druck vorbereitet und unter dem Schutz des Spenders aller Güter, sowie unter dem Beistand des heiligen Hieronymus selbst in der nächsten Michaelismesse, wenn uns das Leben bleibt, glücklich vollendet werden wird. Der Vorzug dieser Hieronymus-Ausgabe vor allen übrigen, welche bis auf den heutigen Tag hervorgetreten sind, oder vielleicht inzwischen während ihrer Herstellung auftauchen könnten, wird durch die sorgfältige Zusammenstellung, durch gefällige Anordnung und bestmögliche Korrektur leicht erwiesen."[1]

Die Auflagen, die wie bei der Gutenbergbibel zunächst 150 bis 200 Exemplare umfassten, stiegen in den 70er Jahren des 15. Jh. auf 400 bis 500 Stück, um 1500 auf 1000 Exemplare, eine Auflagenhöhe, die bis zum Beginn des 18. Jh. nicht weiter gesteigert wurde. In den 252 Druckorten, die es um 1500 gab, erschienen nach neueren Berechnungen ca. 27000 Werke in etwa 20 Millionen Exemplaren, davon etwa ein Drittel im Heiligen Römischen Reich Deutscher Nation. 77% der Drucke waren in der Kirchen- und Gelehrtensprache Latein abgefasst, ca. 6% in Deutsch, 7% in Italienisch, 4,6% in Französisch, 1,3% in Spanisch, 1,1% in Niederländisch, der Rest in Englisch, Hebräisch, Griechisch und Kirchenslawisch.[2] Um 1480 hatte sich das gedruckte Buch als Massendruck durchgesetzt. Bei der Herstellung der Buchstabentypen folgten die Drucker nicht mehr dem Vorbild der Handschrift, sondern vereinfachten das Druckbild der Typen, um dadurch das Lesen zu erleichtern. Die großen Buchformate wurden auf benutzerfreundliche Kleinformate reduziert, so dass häufig keine stützende Auflage mehr erforderlich war und die Bücher bequem im Sitzen gelesen werden konnten.

Die katholische Kirche, der Hauptabnehmer der Buchproduktion, war zunächst von der neuen Technik begeistert, bot sie doch die Möglichkeit, allen Klerikalen einheitliche und fehlerfreie Texte an die Hand zu geben. Doch schon bald erkannte sie die Gefahr der Vervielfältigung häretischer Texte. Ausgerechnet in Mainz, wo der Buchdruck mit beweglichen Lettern erfunden worden war, gab Erzbischof Bertold von Henneberg 1485 das erste Zensuredikt heraus. 1487 erließ Papst Innozenz VIII. (1484–1492) eine Bulle, die bei Androhung der Exkommunikation die Vorzensur anordnete. Der erste Index verbotener Bücher datiert aus dem Jahr 1549. So versuchte die Kirche, eindeutig kirchenfeindliche Bücher zu unterdrücken, doch sollten diese Versuche wie viele spätere auch erfolglos bleiben. Von der Kirche abweichende Ansichten wurden weiter formuliert, gedruckt und heimlich verbreitet.

Mit der Massenherstellung von Büchern wurde nicht nur ein vorhandener Bedarf befriedigt, sondern auch neuer Bedarf geweckt. Indem sich die Kluft zwischen Gelehrten und Ungelehrten vertiefte, entstand ein neues Bildungsbewusstsein. Das Buch wurde zum „Statussymbol" und diente dazu, sich vom gemeinen Volk und vom nicht lesekundigen Adel abzugrenzen. Die Buchproduktion hatte sich aus den Fesseln der Kirche befreit. Der Vertrieb der Bücher erfolgte nicht analog zum Handel mit handgeschriebenen Texten, sondern orientierte sich weitgehend am

Der Buchdrücker.

Ich bin geſchicket mit der preß
So ich aufftrag den Firniß reß/
So bald mein dienr den bengel zuckt/
So iſt ein bogn papyrs gedruckt.
Da durch kombt manche Kunſt an tag/
Die man leichtlich bekommen mag.
Vor zeiten hat man die bücher gſchribn/
Zu Meintz die Kunſt ward erſtlich triebn.

F iij Der

Abb. 18: Im Hintergrund sieht man zwei Setzer bei der Arbeit, davor zwei Drucker, von denen der eine die Druckfarbe aufträgt und der andere die Presse bedient.
Aus: H. Sachs: Eigentliche Beschreibung aller Stände auf Erden. Mit Holzschnitten von J. Amman. Frankfurt 1568 (Göttingen, SUB, Sign.: 8° Poet. Germ., II, 3068 Rara).

Fernhandel mit anderen Gütern. Nicht die Bischofssitze wurden zu Stätten der Buchproduktion, sondern die Fernhandelsplätze (Abb. 18). Dienten bei handgeschriebenen Büchern Illustrationen und Überschriften hauptsächlich als Dekor und Schmuck, um die Kostbarkeit des Buches noch stärker hervorzuheben, wurden Abbildungen und Verzierungen jetzt als Holzschnitte in den Text eingefügt, entweder als Teil der Kolumne oder mit einem Zweitdruck. Die Illustrationen erläuterten den Text, so dass auch jene, die des Lesens wenig kundig waren, durchaus in der Lage waren, ihn zu verstehen.

Als erster Typograph, der seine Drucke mit texterklärenden Illustrationen ausstattete, gilt der Buchdrucker und Xylograph Albrecht Pfister, der 1461 Boners „Edelstein“ druckte, das erste in mittelhochdeutscher Sprache geschriebene Buch, das sowohl den Druckort als auch das Druckjahr enthält. Autor des Buches war der Dominikaner und Bettelmönch Ulrich Boner aus Bern, der um 1340 etwa 100 gereimte Fabeln nach lateinischen Vorbildern verfasst hatte. Boner nannte seine Schrift „Edelstein“, weil sie so viel „kluogheit“ enthielt. Dabei kann der Leser den Fabeln weniger theologische Moralvorstellungen als bürgerlich-praktische Nutzanwendungen entnehmen, die Boner am Ende einer jeden Fabel ausdrücklich betont (Abb. 19). Die Schlussverse seiner Fabelsammlung, wahrscheinlich von Pfister hinzugefügt, nennen den Druckort und das Erscheinungsjahr:

> Zu bamberg dies puchleyn geendet ist
> Nach der gepurt unsers herren ihesu crist
> Do man zalt tausend unde vierhundert iar
> Und ym ein und sechzigsten das ist war
> An sant valenteins tag
> Gott behüt uns vor seiner plag. Amen.[3]

Mit dem Übergang vom Spätmittelalter zur Frühen Neuzeit vollzog sich um 1500 ein Paradigmenwechsel. Das Zeitalter der Scholastik klang in der zweiten Hälfte des 14. Jh. langsam aus und wurde vom Humanismus abgelöst. Die Erfindung des Buchdrucks förderte die Verbreitung der Werke von Giovanni Boccaccio (1313–1375) und Francesco Petrarca (1303–1374), die zum einen die Entwicklung des Italienischen förderten, zum anderen das klassische Latein und Griechisch wieder als Lehrfächer einführen wollten, um eine Art Wiedergeburt des Menschen aus dem

Abb. 19: Auf der Miniatur erscheint links der Erzähler.
Rechts ist der Autor, der *tihter* (mhd. „Dichter"), dargestellt.
Unter dem rechten Arm trägt er sein Buch.
Das Spruchband verweist auf die mündliche Vermittlung.
Aus: Ulrich Boner: Der Edelstein. Bamberg 1461
(Wolfenbüttel, Herzog August Bibliothek, Sign. 16, I, Eth. 2).

Geist der Antike herbeizuführen. Der Staatsmann und Kunstmäzen Cosimo de' Medici (1389–1464) gründete 1459 in Florenz eine Akademie, die sich der Wiederbelebung des Platonismus widmen sollte. Die unter geistlicher Leitung stehende Pariser Universität hatte indessen nicht zuletzt bedingt durch den 100-Jährigen Krieg mit England (1339–1453) an Bedeutung verloren. Neue Universitäten entstanden, die von der Kirche unabhängig waren. In vielen Städten wurden weltliche Schulen gegründet, die das Lesen und Schreiben in der jeweiligen Volkssprache lehrten und oft mit den kirchlichen Schulen konkurrierten, die weiterhin den Schwerpunkt des Unterrichts auf das mittelalterliche Latein legten. Die Bürger forderten die Gründung von Gymnasien, die unabhängig von der Kirche waren und auf eine akademische Bildung vorbereiten sollten.

Trotz allem waren zu Beginn des 16. Jh. die meisten Menschen in Europa Analphabeten. Zwar gab es regionale Unterschiede. Doch war Kommunikation im Wesentlichen mündliche Kommunikation. Dies sollen einige Zahlen belegen: Im deutschsprachigen Raum konnten schätzungsweise 3% bis 4% der Bevölkerung lesen, wobei der Anteil der Frauen unter einem Prozent lag. Lese- und schreibkundig waren in England etwa

9% der männlichen und 1% der weiblichen Bevölkerung. Mit der Alphabetisierung, die im 16. Jh. einsetzte, vergrößerte sich die Zahl der Leser und Leserinnen und von nun an stehen uns auch zuverlässigere statistische Quellen zur Verfügung: 1587 besuchten in Venedig etwa 14% der Jugendlichen eine Schule, auch hier waren es überwiegend die Jungen, die eine Ausbildung in Lesen und Schreiben erhielten, nur 1% der heranwachsenden Mädchen wurde in eine Schule geschickt.

Die Erfindung des Buchdrucks mit beweglichen Lettern hatte eine Ausweitung des Bildungswesens, eine Steigerung der Lesefähigkeit und damit letztlich eine Mündigkeit von Individuum und Wissenschaft zur Folge, wie sie im Mittelalter noch undenkbar schien: Der Leser betrat die unendliche Gutenberg-Galaxis.

Anmerkungen

1 Mark Lehmstedt (Hrsg.): Geschichte des deutschen Buchwesens. Berlin 2000, S. 1539.

2 Vgl. Reinhard Wittmann: Geschichte des deutschen Buchhandels. In: Lehmstedt (Hrsg.), op. cit., S. 7752.

3 Zit. nach Rudolf Schmidt: Deutsche Buchhändler – Deutsche Buchdrucker. In: Lehmstedt (Hrsg.), op. cit., S. 7039.

Literatur

1. Werkausgaben

Apuleius

Metamorphosen oder der Goldene Esel. Lateinisch/Deutsch von R. Helm, 2. Aufl., Berlin 1956.

Apuleius

Über die Magie. Eingeleitet, übersetzt und mit interpretierenden Essays versehen von J. Hammerstaedt, P. Habermehl, F. Lamberti, A. M. Ritter und P. Schenk, Darmstadt 2002.

Aristophanes

Die Ritter. In: Ders., Komödien in zwei Bänden. Übersetzt von Ludwig Seeger, eingeleitet, bearbeitet und mit Anmerkungen versehen von Jürgen Werner, Weimar 1963, Bd. 1.

Aristoteles

Poetik. In: Ders., Hauptwerke. Ausgewählt, übersetzt und eingeleitet von W. Nestle, Stuttgart 1953.

Augustinus, A.

Confessiones/Bekenntnisse. Lateinisch/Deutsch, eingeleitet, übersetzt und erläutert von J. Bernhardt, München o. Jg.

Augustinus, A.

Der Gottesstaat. Vollständige Ausgabe. Eingeleitet und übertragen von W. Thimme. 2 Bde., München 1955.

Catull

Sämtliche Gedichte. Lateinisch/Deutsch, übersetzt und hrsg. von M. von Albrecht, Stuttgart 2001.

Catull, Tibull, Properz

Römische Liebeslyrik. Lateinisch/Deutsch, ausgewählt und übertragen von G. Dorminger, München 1964.

Cicero

Atticus-Briefe. Lateinisch – Deutsch. Hrsg. von H. Kasten, 2. Aufl., München 1976.

Cicero
Vom höchsten Gut und größten Übel. Übersetzt, eingeleitet und erläutert von Raphael Kühner, München 1963.

Das Nibelungenlied
Mittelhochdeutsch/neuhochdeutsch, übersetzt und kommentiert von Siegfrid Grosse, Stuttgart 1999.

Derrida, J.
Grammatologie. Frankfurt a.M. 1983.

Die Bibel
oder die ganze Heilige Schrift des Alten und Neuen Testaments nach der Übersetzung Martin Luthers mit Apokryphen. Stuttgart 1973.

Die gute Nachricht
Das Neue Testament in heutigem Deutsch. Stuttgart 1976.

Euripides
Hippolytos. In: Ders., Werke in drei Bänden. Aus dem Griechischen übertragen und hrsg. von Dietrich Ebener, 2., durchges. und erg. Aufl., Berlin/Weimar 1979, Bd. 1.

Foucault, M.
Archäologie des Wissens. Frankfurt a.M. 1981.

Foucault, M.
Die Ordnung der Dinge. Frankfurt a.M. 1974.

Foucault, M.
Sexualität und Wahrheit. Bd. 2: Der Gebrauch der Lüste. Übersetzt von U. Raulff und W. Seitter, Frankfurt a.M. 1986.

Foucault, M.
Sexualität und Wahrheit. Bd. 3: Die Sorge um sich. Übersetzt von U. Raulff u. W. Seitter, Frankfurt a.M. 1986.

Gellius, A.
Noctium Atticarum libri XX. 2 Bde. Hrsg. von M. Hertz, Leipzig 1903.

Goethe, J. W.
Dichtung und Wahrheit In: Ders.: Werkausgabe in sechs Bänden, Frankfurt a.M. 1981, Bd. 5.

Goethe, J. W.
Faust I. In: Ders.: Werkausgabe in sechs Bänden, Frankfurt a.M. 1981, Bd. 2.

Hartmann von Aue
Der arme Heinrich. Mittelhochdeutscher Text und Übertragung, hrsg. und übersetzt von H. de Boor, Frankfurt a.M. 1967.

Hegel, G. W. F.
Grundlinien der Philosophie des Rechts. In: Ders.: Werke in zwanzig Bänden, Frankfurt a.M. 1970, Bd. 7.

Hermas
Der Hirte. In: E. Hennecke: Neutestamentliche Apokryphen, 2. Aufl., Tübingen 1924, S. 327–384.

Homer
Die Odyssee. Deutsch von W. Schadewaldt, 10. Aufl., Reinbek 1969.

Homer
Ilias. Griechisch/Deutsch. Übertragen von H. Rupé, 2. Aufl., München 1968.

Horaz
Briefe. In: Ders., Werke in einem Band. Aus dem Lateinischen übersetzt von Manfred Simon und Wolfgang Ritschel, Berlin/Weimar 1990.

Juvenal
Satiren. In: W. Krenkel (Hrsg.): Römische Satiren. Aus dem Lateinischen übersetzt von W. Binder, H. Düntzer, W. Krenkel, J. von Siebold und Chr. M. Wieland, 3. Aufl., Berlin/Weimar 1984, S. 330–450.

Longos
Daphnis und Chloe. Übersetzung und Einführung von L. Wolde, Nachwort von G. Busch, Bremen 1966.

Lukian von Samosata
Wahre Geschichten. In: Ders., Lügengeschichten und Dialoge. Aus dem Griechischen übersetzt und mit Anmerkungen und Erläuterungen versehen von Chr. M. Wieland, Erstdruck Leipzig 1788/89, Nördlingen 1985.

Lukian von Samosata
Werke in drei Bänden. Übersetzt und kommentiert von Chr. M. Wieland, Berlin/Weimar 1974.

Martialis, M. V.
Die Epigramme. In den Versmaßen des Originals übersetzt und erläutert von A. Berg, 3. Aufl., Berlin 1914.

Ovid
Amores. In: Ders., Werke in zwei Bänden. Aus dem Lateinischen übersetzt von A. Berg, W. Hertzberg, E. F. Metzger und Reinhard Suchier, hrsg. von Liselot Huchthausen, 2. Aufl., Berlin 1973, Bd. 2, S. 5–84.

Ovid
Liebesgedichte. In: Ders., Werke in zwei Bänden. Aus dem Lateinischen übersetzt von A. Berg, W. Hertzberg, E. F. Metzger und R. Suchier, hrsg. von Liselot Huchthausen, 2. Aufl., Berlin 1973, Bd. 2.

Ovid
Metamorphosen. In: Ders., Werke in zwei Bänden. Aus dem Lateinischen übersetzt von A. Berg, W. Hertzberg, E. F. Metzger und R. Suchier, hrsg. von Liselot Huchthausen, Bd. 1, S. 3–388.

Ovid

Tristia. In: Ders., Werke in zwei Bänden. Aus dem Lateinischen übersetzt von A. Berg, W. Hertzberg, E. F. Metzger und Reinhard Suchier, hrsg. von Liselot Huchthausen, 2. Aufl., Berlin 1973, Bd. 2, S. 309–418.

Petronius

Das Gastmahl des Trimalchio. Eumolpos, der Dichter und Sänger. Übertragen und erläutert von G. Dorminger, München 1960.

Platon

Apologie, Kriton, Euthyphron, Phaidon. In der Übertragung von F. Schleiermacher, München 1962.

Platon

Die Briefe. Übersetzt und eingeleitet von H. Weinstock, Stuttgart 1947.

Platon

Die echten Briefe Platons. Übertragen und eingeleitet von E. Howald, Zürich 1951.

Platon

Kritias. Erste Übersetzung durch H. Müller unter dem Titel: Kritias, oder Athen und Atlantis neun Jahrtausende vor Solon. In: Ders., Sämtliche Werke. Bd. 6, Leipzig 1857.

Platon

Phaidros. Theaitetos. In: Ders., Sämtliche Werke, Griechisch/Deutsch, nach der Übersetzung F. Schleiermachers, erg. durch Übersetzungen von F. Susemihl u. a., hrsg. von K. Hülser, Frankfurt a. M./Leipzig 1991, Bd. 6.

Platon

Symposion. Phaidon. In: Ders., Sämtliche Werke, Griechisch/Deutsch, nach der Übersetzung F. Schleiermachers, erg. durch Übersetzungen von F. Susemihl u. a., hrsg. von K. Hülser, Frankfurt a. M./Leipzig 1991, Bd. 4.

Plautus, Terenz

Antike Komödien. 2 Bde., hrsg. und mit einem Nachwort vers. von Walther Ludwig. Plautus in einer grundlegenden Neubearb. der Übersetzung von Wilhelm Binder durch Walther Ludwig, Terenz in der Übersetzung von J. J. C. Donner, München 1966.

Plutarch

Große Griechen und Römer. Eingeleitet und übersetzt von Konrat Ziegler, 6 Bde., Zürich/Stuttgart 1954–1965.

Seneca

Briefe an Lucilius. 2 Bde., neu übersetzt und mit Erläuterungen sowie einer Zeittafel hrsg. von E. Glaser-Gerhard, Reinbek 1965.

Sueton

Kaiserbiographien. 2 Bde., München 1961.

Tacitus, P. C.
Annalen. Hrsg. v. H. Fuchs, 2. Aufl., Stuttgart 1963.
Tacitus, P. C.
Germania. Hrsg. v. W. Franzmeier, 9. Aufl., Münster 1971.
Vergil
Aeneis. In: Ders., Werke in einem Band. Aus dem Lateinischen übertragen von Dietrich Ebener, 2. Aufl., Berlin/Weimar 1987.
Vergil
Hirtengedichte. In: Ders., Werke in einem Band. Aus dem Lateinischen übertragen von Dietrich Ebener, 2. Aufl., Berlin/Weimar 1987.
Wittgenstein, L.
Philosophische Untersuchungen. In: Ders., Schriften, Frankfurt a. M. 1969, Bd. 1.
Wolfram von Eschenbach
Parzival. In: A. Leitzmann (Hrsg.): Wolfram von Eschenbach, H. 1–3, Halle (Saale) 1961–1963.
Xenophon
Erinnerungen an Sokrates. Griechisch/Deutsch, hrsg. von P. Jaerisch, München 1962.

2. Lexika und Nachschlagewerke

Die Religion in Geschichte und Gegenwart
Handwörterbuch für Theologie und Religionswissenschaft, in Gemeinschaft mit Hans Frhr. von Camphausen, hrsg. von Kurt Galling, 3. Aufl., Tübingen 1957–1965.
Evangelisches Kirchenlexikon
Internationale theologische Enzyklopädie, hrsg. von Erwin Fahlbusch, in Zusammenarbeit mit Ulrich Becker, Göttingen 1986–1997.
Geschichte des deutschen Buchwesens
Hrsg. von Marc Lehmstedt, Berlin: Directmedia Publishing 2004.
Graetz, Heinrich
Geschichte der Juden. Von den ältesten Zeiten bis auf die Gegenwart. Darmstadt 1998.
Illustrierte Geschichte der Medizin
Richard Toellner, Fachwiss. Beratung: Nelly Tsouyopoulos, übers. von Inge Fristel, Stuttgart 1986.
Kerényi, K.
Die Mythologie der Griechen, 2 Bde., München 1966.

Lexikon der Antike
Hrsg. von Johannes Irmscher in Zusammenarbeit mit Renate Johne, 10. Aufl., Leipzig 1990.
Metzler-Lexikon Sprache
Hrsg. von Helmut Glück, 2. Aufl., Stuttgart/Weimar 2000.
Propyläen-Weltgeschichte
Eine Universalgeschichte. Hrsg. von Golo Mann und Alfred Heuss, Berlin/Frankfurt a.M. 1991.
Reble, Alber
Geschichte der Pädagogik, 12. Aufl., Stuttgart 1975.
Schanz, M.
Geschichte der Römischen Literatur, 2 Bde., 4., neubearb. Aufl. von C. Hosius, München 1959.

3. Weitere Literatur

Ägyptische Unterweltsbücher
Eingeleitet, übersetzt und erläutert von Erik Hornung, Darmstadt 1984.
Antike Geisteswelt
2 Bde., Auswahl und Einführungen von W. Rüegg, München 1967.
Ariès, Ph. und G. Duby (Hrsg.)
Geschichte des privaten Lebens. Bd. 1: Vom Römischen Imperium zum Byzantinischen Reich. Hrsg. von P. Veyne, Frankfurt a.M. 1989.
Blanck, H.
Das Buch in der Antike. München 1992.
Bröcker, W.
Theologie der Ilias. Frankfurt a.M. 1975.
Chartier, R. und G. Cavallo (Hrsg.)
Die Welt des Lesens. Von der Schriftrolle zum Bildschirm. Aus dem Englischen von H. J. Bußmann, aus dem Französischen von Klaus Jöken und Bern Schwibs, aus dem Italienischen von Martina Kempter, Frankfurt a.M. 1999.
Classen, J.
Beobachtungen über den homerischen Sprachgebrauch. Nachdruck der Ausgabe Frankfurt a.M. 1879, Hildesheim, New York 1977, 2. Aufl., Darmstadt 1984.
Diels, H.
Poetorum Philosophorum. Freiburg/Berlin 1901.
Eggers, H.
Deutsche Sprachgeschichte. Bd. 1: Das Althochdeutsche, Reinbek 1963.

Erman, A.
Ägypten und ägyptisches Leben im Altertum. Neu bearbeitet von H. Ranke, Reprographie der Ausgabe Tübingen 1923, 3. Aufl., Hildesheim 1984.

Faulmann, K.
Illustrierte Geschichte der Schrift. Entstehung der Schrift, der Sprache und der Zahlen sowie der Schriftsysteme aller Völker der Erde. Reprint der Ausgabe von 1880, Augsburg 1990.

Forssmann, B.
ANNEMOTA in einer dorischen Gefäßinschrift. In: Münchner Studien zur Sprachwissenschaft 34 (1976), S. 39–44.

Gardiner, A. H.
Geschichte des alten Ägypten. Eine Einführung, Stuttgart 1965.

Gigante, M.
Cataloge di papiri ercolanesi. Napoli 1979.

Glunk, F. R.
Das Nibelungenlied. München 2002.

Heath, T. L.
Aristarchus of Samos. Oxford 1913.

Helmer, K.
Bildungswelten des Mittelalters. Denken und Gedanken, Vorstellungen und Einstellungen. Baltmannsweiler 1997.

Honoré, P.
Ich fand den weißen Gott. Frankfurt a. M. 1961.

Irmscher, J.
Götterzorn bei Homer. Leipzig 1950.

Kuhn, H.
Dichtung und Welt im Mittelalter. Stuttgart 1969.

Latacz, J.
Troia und Homer. Der Weg zur Lösung eines alten Rätsels. München/Berlin 2001.

Löwith, K.
Die Freiheit zum Tode. In: Ders.: Vorträge und Abhandlungen. Zur Kritik der christlichen Überlieferung, Stuttgart 1966.

Manguel, A.
Eine Geschichte des Lesens. Berlin 1998.

Patzek, B.
Homer und seine Zeit. München 2002.

Pfohl, Gerhard
Elemente der griechischen Epigrafik. Nachdruck, Darmstadt 1968.

Schadewaldt, W.
Iliasstudien. Unveränderter reprogr. Nachdruck der 3. Aufl. Berlin 1966, Darmstadt 1987.

Thompson, John E. S.
Die Maya. Aufstieg und Niedergang einer Indianerkultur (Kindlers Kulturgeschichte). Zürich 1968.
Vacano, O. W. von
Im Zeichen der Sphinx. Griechenland im 7. Jahrhundert. Stuttgart 1952.
Walzer, R.
Galen on Jews and Christians. Oxford 1949.
Welwei, K.-W.
Die griechische Frühzeit. München 2002.
Whitehead, A. N.
Prozeß und Realität. Entwurf einer Kosmologie. Übersetzt und mit einem Nachwort versehen von H. G. Holl, Frankfurt 1987.
Wiedemann, A.
Ägyptische Geschichte. Neuausgabe der Ausgabe Gotha 1884, Wiesbaden 1981.
Wilson, H.
Hieroglyphen lesen. München 1999.

Register

Personen

Sachen